KiWi
PAPERBACK
1045

Über das Buch:
Ausführliche Recherche, exakte Schilderung der Wege, keine falschen Versprechen, absolut gerechte Bewertungen, aber vor allem echtes Abenteuer – das machte die Bücher von Manuel Andrack schnell zu Klassikern der Wanderliteratur und ihn selbst zu Deutschlands Wanderpapst. Die Presse urteilte wie folgt:
»Manuel Andrack erweist sich als der Thomas-Bernhard-Typ, dem es mit seinem Spezi Hennetmair ja auch vor allem darum ging, sich wieder einen richtigen Hunger für die nächste Mahlzeit zu erlaufen.« *taz*
»Kaum vorstellbar, dass ein Leser nach der Lektüre dieses Buches nicht einen Rucksack kauft und sich auf den Weg macht.« *Trierischer Volksfreund*
»Altmodisch? Langweilig? Keine Spur!« *db mobil*
»Grundsympathisch, frei von Hipness, ein Herzens-Service, der sogar jeweils das Bier zur Landschaft empfiehlt.« *Mitteldeutsche Zeitung*
»Vielwanderer und Wanderanfänger, die Sinn für Humor haben, werden an diesem Buch ihre wahre Freude haben.« *Esslinger Zeitung*
»Andracks Erlebnisse sind keine typischen Wegbeschreibungen, sondern eher kleine Kammerstücke. (...) Wer nicht wandert, wird sich wundern, wie viel Spaß man dabei haben kann. Wer wandert, wird schnell wieder die Schuhe schnüren.« *Gießener Allgemeine*

Über den Autor:
Manuel Andrack, geboren 1965, als »Sidekick« von Harald Schmidt bekam er 2001 und 2003 den Deutschen Fernsehpreis, war zweimal für den Grimme-Preis Spezial nominiert und wurde mit dem Grimme Online Award TV 2001 und der Goldenen Feder 2002 ausgezeichnet. Sein erstes Buch »Du musst wandern« wurde mit dem Preis der Internationalen Tourismusbörse BuchAward 2006 ausgezeichnet.

Weitere Titel bei Kiepenheuer & Witsch:
»Du musst wandern. Ohne Stock und Hut im deutschen Mittelgebirge«, 2005, KiWi 879. »Meine Saison mit dem FC. Ein Bildungsroman. Ein Reiseroman. Ein Liebesroman«, 2005. »Wandern. Das deutsche Mittelgebirge für Amateure und Profis, 2006, KiWi 961. »›Die Ruhe der Schlammkröte‹ von Guy Helminger wiederentdeckt, herausgegeben und mit Anmerkungen versehen von Manuel Andrack«, 2007, KiWi 978

Manuel Andrack

Gesammelte Wanderabenteuer

Ohne Stock und Hut im deutschen Mittelgebirge. Mit zwei brandneuen Kapiteln

Kiepenheuer & Witsch

1. Auflage 2008

Du musst wandern

Fotos und Zeichnungen im Innenteil: © Manuel Andrack, Köln
Karten im Innenteil: Rudolf Linn, Köln, nach einer Vorlage
von Manuel Andrack
Wandern

Fotos, Karten und Zeichnungen im Innenteil: © Manuel Andrack, Köln
Fotos Seite 17 (Wanderparkplatz) © Manuel Andrack, Köln

Umschlaggestaltung: Barbara Thoben, Köln
Umschlagmotiv: Achim Kröpsch, Düsseldorf
Satz: grafik & sound, Köln
Druck und Bindung: CPI – Clausen & Bosse, Leck
ISBN 978-3-462-04001-2

Für meine Familie

Inhalt

Wandern – Das deutsche Mittelgebirge für Amateure und Profis

Neues Vorwort

Kinder, wie die Zeit vergeht. Dieses abgedroschene Bonmot ist heutzutage nur noch selten zu vernehmen, enthält aber einiges an Wahrheit. Genau drei Jahre ist es nun her, dass ich das erste Vorwort eines Wanderbuchs schrieb. Und nun ist wieder ein Vorwort fällig, hat sich doch mein Verlag entschlossen, meine gesammelten Wanderabenteuer mit zwei brandneuen Kapiteln in einem Band herauszugeben. Zum Vorzugspreis!

In den vergangenen drei Jahren hatte ich Zeit, vieles zu überprüfen, dass in meinen Wanderepisteln geschrieben steht. Es bleiben Fragen. Sind Wanderstöcke wirklich nutzlos? Wer braucht eigentlich ein GPS-Gerät? Ist der Rheinsteig perfekt ausgeschildert? Und: Welches ist das ideale Wanderalter?

Fangen wir mit der Beantwortung letzterer Frage an. Auch im Alter jenseits der 40 schreite ich mit wachsender Begeisterung in freier Natur aus. Nach oben hin scheint es also keine wirkliche Obergrenze für die Lust am Wandern zu geben. Auch Kinder kann man mit etwas Geschick zum Wandern überreden, sie erpressen oder zwingen. Der Spaß an der Wanderung kommt dann im Laufe des Tages. Wichtig erscheint mir, Kindern zu bleibenden, positiven Erinnerungen über das Wandern zu verhelfen. Denn kommt erst die dunkle Zeit der pubertären Wirrnis, ist mit dem Gemeinsam-mit-den-Eltern-Wandern erst einmal gründlich Schluss. Dann gibt es Wichtigeres im Leben, als Aussichten zu genießen und mäandernde Flusstäler toll zu finden. Dann machen die Gören eben Party. Als Faustregel gilt: Wer im Alter zwischen 15 und 30 Jahren wandert, hat definitiv einen an der Waffel. Aber natürlich gilt wie bei jeder Regel: Ausnahmen bestätigen sie.

Meine Meinung gegenüber Wanderstöcken hat sich in den letzten drei Jahren nicht geändert. Ich habe sogar festgestellt, dass sie auch im Hochgebirge, in das ich mich mittlerweile ab und an vorgewagt habe, nicht unbedingt hilfreich sind. Stöcke torpedieren den körpereigenen Gleichgewichtssinn und sind daher gefährlich und überflüssig. Die meisten hochalpinen Bergführer verzichten daher auf Stöcke. Am schönsten fand ich den Merksatz meines österreichischen Bergführers Stefan, der auch schon mit Horst Köhler und Edmund Stoiber Gipfel gestürmt hat: »Wer nicht gehen kann, kann auch mit Stöcken nicht gehen.«

Meine liebe Mühe habe ich immer noch mit der Vermeidung von Blasen. Auch den vermeintlichen Super-Tipp meiner Mutter mit den zwei Socken übereinander habe ich mittlerweile verworfen. Die Reibung der Strümpfe verursachte tatsächlich neue Blasen. Und auch das mittlerweile vierte Paar Wanderschuhe hat dieses Grundsatzproblem nicht nachhaltig (denn auch bei der Blasenproblematik geht es stets und ganz besonders um Nachhaltigkeit) lösen können. So habe ich mich mit den Blasen abgefunden. Durch viele Gespräche mit Leidensgenossen und Nichtleidensgenossen bin ich zu dem Schluss gekommen, dass es blasenanfällige Menschen gibt und solche, die nie welche bekommen. Es handelt sich anscheinend um eine genetische Disposition. Kann man nichts machen. Man kann aber sehr gut den Schmerz lindern. Spät, aber nicht zu spät, bin ich ein Freund von speziellen Blasenpflastern geworden. Die sind zwar teuer, helfen aber gigantisch. Mit einem speziellen Gel-Polster ausgestattet ermöglichen sie es dem Wanderer, auch mit Blasen absolut schmerzfrei weiterzuwandern. Da können die ererbten Blasen machen, was sie wollen.

Fasziniert habe ich im Kapitel »Zwölf Tausender« von der Begegnung mit der Welt der Geocacher erzählt, die mit Hilfe von GPS-Geräten auf Schatzsuche gehen. Diese Apparaturen sind der totale Renner auf dem boomenden Markt der Wander- und Outdoor-Accessoires. Und auch ich habe mir mittlerweile ein GPS-Gerät zugelegt, allerdings ohne Software. Ich habe also keine Karte auf meinem Display, weil ich mir schon zutraue, zumindest in den gut markierten deutschen Mittelgebirgen meinen Wanderweg zu finden. Ich benutze mein GPS nicht zur Orientierung, sondern zu Dokumentationszwecken. Denn Daten wie die WDG (Wanderdurchschnittsgeschwindigkeit), deren umständliche Errechnung ich im Kapitel »Der Plan« beschrieb, ermittelt der kleine Wandernavigator wie von Zauberhand und mit unfassbarer Präzision. Das GPS errechnet die Durchschnittsgeschwindigkeit in Bewegung, die Geschwindigkeit der Wanderung insgesamt, sowie die gelaufenen Kilometer metergenau und zeigt die zurückgelegten Höhenmeter an. Am heimischen Computer lassen sich dann Höhenprofile der Wanderung ausdrucken, die einen glauben lassen, man hätte gerade in der Eifel einen Berg von der Steilheit der Eigernordwand bezwungen. Ein tolles Spielzeug für Datenfreaks.

In meinen Büchern habe ich mich an der einen oder anderen Stelle über ungenügende oder fehlende Markierungen am Wegesrand beschwert. Das lag oft daran, dass Wege wie der Rheinsteig, als ich sie abgewandert bin, noch gar nicht durchgehend markiert waren. An anderen Orten hat meine Kritik Wirkung gezeigt. So ist zum Beispiel der Hermannsweg (im Kapitel »Darf man Mountainbiker grüßen?« beschrieben) mittlerweile vorbildlich ab dem Bahnhof Leopoldstal mit dem »H« gekennzeichnet. Und die »leicht unübersichtliche Markierung« (Seite 66) in der Eifel ist durch eine total übersichtliche Markierung ersetzt worden. Respekt und Lob an die verantwortlichen Wegewarte.

So, genug geschwätzt, jetzt gehts los. Viel Spaß beim Lesen und Wandern!

Köln, im Februar 2008 *Manuel Andrack*

Wanderparkplatz

Ein Parkplatz ist ein Parkplatz ist ein Parkplatz. Eigentlich. Dem Parkplatz sollte es recht schnuppe sein, was die Menschen, die gerade ihr Automobil geparkt haben, machen, nachdem sie ihr Automobil geparkt haben. Sie können ins Kino gehen, schwimmen oder sich ganz doll lieb haben. Es heißt dann noch lange nicht Filmguckparkplatz, Badeparkplatz oder Sexparkplatz. Wäre ja noch schöner.

Aber für die Tätigkeit des Wanderns gibt es einen eigenen Parkplatz, den Wanderparkplatz, oder, wie es genauer im §42 Absatz 4 der StVO heißt, den Wandererparkplatz. Dort sollen Naturliebhaber erst ihr Auto abstellen und sich dann an der frischen Luft bewegen. Nicht verwechseln: Der Wanderer und die Wandererin sollen wandern, nicht der Parkplatz. Es gibt hingegen die Wanderdüne, die sich mal hierhin, mal dorthin verwehen lässt. Nicht so der Wanderparkplatz, der bleibt meistens am Waldrand gelegen. Obwohl ich keinen Führerschein habe, schätze ich es sehr, auf meinen Wanderungen an einem Wanderparkplatz vorbeizukommen, da man an den Autokennzeichen erkennen kann, in welchem Umfeld und Umfang das jeweilige Wandergebiet genutzt wird. Außerdem gibt es meistens an den Wanderparkplätzen eine Übersichtstafel mit Wanderwegen, sodass man gut nachschauen kann, wie sehr man sich gerade verlaufen hat.

Das Schönste am Wanderparkplatz ist aber das auf ihn hinweisende Schild Nummer 317 der Straßenverkehrszeichenordnung. Es gibt eine neuere und eine ältere Version, wobei ich unempirisch und gefühlt einfach mal behaupte, dass die neuere Variante häufiger anzutreffen ist. Auf dem neueren Schild sind zwei Wanderer abgebildet, die geschlechtlich absolut nicht zuzuordnen sind. Der vordere der beiden hat einen Stock, der hintere nicht. Ist der vordere gehbehindert? Oder ist der hintere fitter und braucht keinen Stock? Man weiß es nicht. Die beiden androgynen Wesen bleiben im Ungefähren, verraten nicht ihr Geheimnis.

Wie anders auf dem alten Schild! Man sieht sofort, dass vorne der Mann wandert und die Frau hinterherläuft. Klar, der Kerl weiß eben, wo es langgeht. Es ist doch seit Jahrtausenden wissenschaftlich nachgewiesen, dass Frauen keinen Orientierungssinn haben. Unser Wanderfreund hat einen feschen Hut auf, er denkt praktisch, könnte vielleicht noch regnen. Oder möchte er nur die schon nicht mehr zu übersehende Glatze bedecken?

Seine Frau (Freundin, Geliebte, Kollegin, Mutter?) dagegen denkt sich: Es wird schon werden mit dem Wetter, ich brauch nicht so einen albernen Hut. Der Mann hat einen Wanderstab, die Dame nicht. Warum? Weil der Herr des Waldes natürlich als formvollendeter Kavalier die Last des schweren Rucksacks zu tragen hat. Dieses Gewicht kann er mit der Gehhilfe gut ausgleichen.

Die beiden legen ein ganz schönes Tempo vor. Schauen Sie nur, wie sich das Röckchen der Dame nach hinten bauscht und die Haare wehen. Die fliegen richtig! Also entweder volle Pulle Orkan, da ist Kyrill nichts dagegen,

oder eben Irrsinnstempo. Respekt! Und der Rock ist doch wirklich der absolute Wahnsinn, oder? Deutlich überkniekurz verleiht er der Frau einen feschen Touch. (Wollen wir mal hoffen, dass wir es nicht mit einem Wanderluder zu tun haben, die Britney-Spears-und-Paris-Hilton-mäßig ihren Slip drunter vergessen hat.)

Nicht alles war früher besser, aber dieses Verkehrsschild definitiv. Mein Tipp: Sofort ins Auto steigen, zum nächsten Wanderparkplatz fahren und das Schild anschauen. Und einfach loswandern.

Du musst wandern

Ohne Stock und Hut
im deutschen Mittelgebirge

Vorwort

Das Jahr 2004 war für mich das Jahr einer zwangsverordneten Kreativpause. Was genau aber ist eine Kreativpause? Eine Pause von der Kreativität, in der man endlich einmal dumpf vor sich hinleben darf? Oder ist es eine Pause vom dumpfen Fernsehgeschäft, in der man endlich einmal kreativ sein kann? Ich entschied mich für die zweite Variante. Ich wollte ein Buch über das Wandern schreiben.

Mein Umfeld reagierte überrascht. Immer wieder kam die unvermeidliche Frage im Herzliches-Beileid-Ton: »Und, was machst du denn jetzt?« – »Ich schreibe gerade ein Wanderbuch«, antwortete ich dann fröhlich. – »So, so.«

Nach landläufiger Meinung kann ein Buch übers Wandern nur ein Wanderführer sein. Und die gibt es in Deutschland in ausreichender Anzahl für jedes denkbare Wandergebiet. Auch ich werde in diesem Buch bestimmte Wandertouren beschreiben. Doch den Wanderführer oder Karten kann ich nicht ersetzen. Ich werde nicht beschreiben, an welcher Eiche man sich links halten und wo man welche Landstraße überqueren muss.

Ich möchte Werbung für das Wandern als Freiluftsport machen. Wandern ist besser, als in vermieften Sporthallen Volleyball, Squash oder Basketball zu spielen. Im Gegensatz zum Radfahren ist man wirklich an der frischen Luft, sprich im Wald, und nicht auf Autostraßen.

Außerdem verschafft das Wandern abwechslungsreichere Sinneseindrücke, im Vergleich zum Kachelzählen im Schwimmbad oder zu der immer gleichen Runde beim Joggen. Und, ganz wichtig: Kann mir jemand eine sportliche Tätigkeit nennen, bei der man zur Halbzeit ein Steak und drei frisch gezapfte Pils zu sich nimmt und danach gestärkt weitermacht?

Ich freue mich sehr, dass mein Faible fürs Wandern im Trend liegt. Wirtschaftsbosse wie Post-Chef Klaus Zumwinkel, Comedy-Star Hape Kerkeling und sogar Uno-Generalsekretär Kofi Annan sind Wanderfreaks. Mit dem würzigen Geruch des Laubs in der Nase und dem Ausblick auf eine geschwungene Hügelkette stärkt sich Herr Annan, um hernach die Welt zu retten.

Entschuldigen muss ich mich im Vorhinein bei allen, die gerne in den südlichen Mittelgebirgen wandern. Ich bin eher auf einem west-östlichen Diwan unterwegs. Von der Eifel, dem Hunsrück, dem Teutoburger Wald und dem Rothaargebirge im Westen über den Harz in der Mitte bis nach Thüringen und dem Elbsandsteingebirge im Osten reichen meine Beschreibungen. Was nicht heißen soll, dass man im Schwarzwald, in der Fränkischen Schweiz, im Pfälzer Wald (ein absolut großartiges Wandergebiet) und, und, und nicht auch toll wandern kann. Ich musste für das Buch eine Auswahl treffen.

Auf den nächsten Seiten steht, was man alles beim Wandern beachten soll. Was sich ändert, wenn man mit seinen Kindern, den Kumpels oder seinem Vater unterwegs ist. Und wie schnell und weit man gehen kann, wenn man alleine wandert. Aber keine Angst, meine Touren von 40 Kilometer Länge müssen keinen abschrecken. Jeder Wanderer sollte nach Lust und Kondition selber entscheiden, was ihm gut tut.

Ich beschreibe unterschiedliche Wege, Höhen- und Talwege, Felsenwege und Dörferwanderungen. Alles eben, was man in deutschen Mittelgebirgen, fernab vom Leistungsdruck des alpinen Wandern und Kletterns, erleben und sehen kann. Die Strecken kann, aber muss man nicht zwingend nachwandern. Neben dem Spaß am Lesen sollte das Buch Lust darauf machen, einfach loszuwandern – am besten im Mittelgebirge um die Ecke.

Übrigens, wer es nicht so mit dem Lesen hat – in diesem Buch gibt es auch jede Menge zu gucken: prima Bilder und Zeichnungen.

Ich werde allen persönlich von Angesicht zu Angesicht danken, die etwas für dieses Buch getan haben. Ich lese mir das in anderen Büchern nie durch, wer wem dankt, weil das einfach irre langweilig ist. Jetzt wird aber losgewandert. Viel Spaß damit!

Köln, im Februar 2005 *Manuel Andrack*

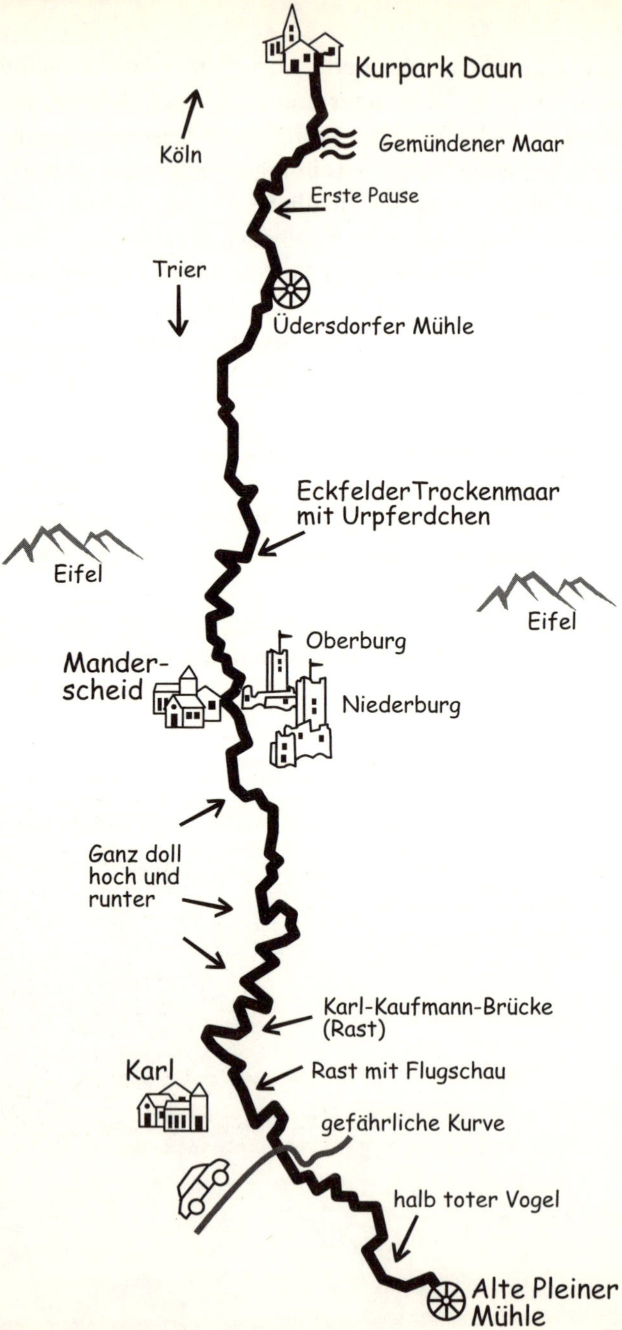

Kurpark Daun
Köln
Gemündener Maar
Erste Pause
Trier
Üdersdorfer Mühle
Eckfelder Trockenmaar mit Urpferdchen
Eifel
Eifel
Oberburg
Mander-
scheid
Niederburg
Ganz doll hoch und runter
Karl-Kaufmann-Brücke (Rast)
Karl
Rast mit Flugschau
gefährliche Kurve
halb toter Vogel
Alte Pleiner Mühle

Der schönste Wanderweg der Welt

Eine Zwei-Tage-Tour mit meinem Vater auf dem Lieserpfad von Daun nach Wittlich

Juni 2004

Der Lieserpfad ist der schönste Wanderweg der Eifel. Die Eifel ist das schönste Mittelgebirge Deutschlands. Deutschland ist das beste Wanderland der Welt. Also ist der Lieserpfad der schönste Wanderweg der Welt. Quod erat demonstrandum.

Sicher, man könnte das ein oder andere gegen diese Beweiskette einwenden. Aber für mich ist ja auch der Kölner Dom die schönste Kirche der Welt, der 1. FC Köln der beste Fußballverein der Welt und Kölsch das leckerste Bier. Dass ein, sagen wir mal, Franke, Südbadener oder Sachse sich eher für seine heimischen Gefilde interessiert und begeistert, ist okay. Das soll auch so sein.

Der Mann mit dem Rucksack ist mein Vater

Ich bin in Köln geboren. Und das größte zusammenhängende Waldstück Kölns ist der Königsforst, durchzogen von einem dichten Netz von Wanderwegen. Dort wurde ich auch als Kind wandermäßig sozialisiert. In meiner Erinnerung habe ich mit meinen Eltern jedes Wochenende eine Radtour oder eine Wanderung auf Waldschneisen von fünf bis acht Metern Breite durch den Königsforst gemacht. Das waren »Kaffeetanten-Wege«, wo man auf viele ältere Damen und Herren traf, die sich nach der dritten Schwarzwälder Kirschtorte einen kleinen Verdauungsspaziergang gönnten. Heute noch empfinde ich solche Waldautobahnen als Höchststrafe für jeden Wanderer. Sie sind nur im Jogging-Tempo oder auf dem Fahrrad zu ertragen. Zum Wandern sind sie eine Qual, da man schon nach kurzer Zeit ganz stumpf im Kopf wird.

Als Kind wollte ich »spannende Wege«, das genaue Gegenteil von »Kaffeetanten-Wegen«. Nicht schnurgerade, sondern verschlungen, sodass man nicht genau wusste, was einen hinter der nächsten Kurve erwartete. Ein »spannender Weg« war ein imaginierter Märchenwaldweg, wie bei Hänsel und Gretel, Rotkäppchen und Schneewittchen, wo man sich verlaufen konnte, der Wolf hinter dem nächsten Busch lauerte oder die böse Hexe.

Mit elf Jahren ging ich zur KSJ, der Katholischen Studierenden Jugend, und damit in die Eifel. Auf unterschiedlichen Eifel-Wiesen schlugen wir unsere Zeltlager auf, übernachteten in der Jugendburg Neuerburg an der Grenze zu Luxemburg oder in dem umgebauten Bahnhof von Blankenheim-Mülheim. Bei den damaligen Outdoor-Veranstaltungen wurde aber mehr im Wald rumgesessen als gewandert. Da die ersten Zigaretten und Alkohol im Alter von 14 schlecht in aller Öffentlichkeit vor den Gruppenleitern konsumiert werden konnten, gingen wir in den Wald. Im Schein der Taschenlampe tranken wir mitgebrachten Martini Bianco und rauchten dazu selbst gedrehte Zigaretten der Marke Javaanse Jongens braun. Die Folge war der erste Vollrausch meines Lebens. Und schon der Geruch von Martini Bianco schlägt mich heutzutage noch in die Flucht: frühpubertäres Alkohol-Trauma im Wald.

Seitdem rauchte ich 17 Jahre lang meine 40 bis 50 selbst gedrehten Van-Nelle-Zigaretten am Tag (ich war von Javaanse Jongens auf Van Nelle umgestiegen), bis ich es 1997 satt hatte. Ich war Anfang 30 und schnaufte bei jeder größeren körperlichen Anstrengung wie ein pensionierter Minenarbeiter. Damit sollte Schluss sein. Ohne Nikotin-Stäbchen, die Guru-Bücher von Herrn Carr oder Akupunktur gelang mir der Absprung. Wie bei vielen anderen wurde meine Ersatzdroge das Joggen. Zuerst verschaffte mir das Joggen enorme Erfolgserlebnisse. Tag für Tag wurde ich fitter. Doch mein Körper hielt mit meinem Ehrgeiz nicht Schritt. Ich bekam schnell Knieprobleme. Schwimmen als gelenkschonenden Sport fand ich immer schon öde, und so begann ich zu wandern. Ich war also wieder da angelangt, wo alles angefangen hatte: im Wald.

Die erste Wanderstrecke, die ich im Herbst 1997 ging, führte von der Bahnstation Langerwehe bei Düren nach Vossenack in der Nordeifel. Ohne Wanderkarte folgte ich 25 Kilometer lang der meist guten Markierung des

Eifelvereinhauptwanderwegs Nummer 5a durch den Hürtgenwald. Seit ich denken kann, kenne ich den Hürtgenwald aus Erzählungen meiner Mutter. Da gewesen war ich jedoch nie. Und obwohl er so nah ist, kennen auch die meisten Kölner den Hürtgenwald nicht. Dafür aber die Militärhistoriker.

Gegen Ende des Krieges war meine Mutter (Jahrgang 1936) als Kind in Vossenack untergebracht worden. Ihre Tante arbeitete dort als Hauswirtschafterin bei einer begüterten Familie, und als in Köln immer mehr Bombennächte zu überstehen waren, wurde meine Mutter 1942 nach Vossenack geschickt. Nach einer schönen ruhigen Zeit erlebte sie dort die ersten Kämpfe der letzten großen Schlachten des Zweiten Weltkriegs. Im harten Winter 1944/45 rückten die Amerikaner auf ihrem Weg nach Köln durch einen Eifelwald vor.

In den engen Schluchten blieben dann alle Panzer und Militärfahrzeuge stecken. Die amerikanischen Truppen wurden ein leichtes Ziel für die auf den Höhen postierten deutschen Scharfschützen. In Vossenack und anderen Hürtgenwald-Dörfern tobte fast ein halbes Jahr ein veritabler Partisanenkampf. Die Amerikaner verloren in der Schlacht im Hürtgenwald, bei der übrigens auch Herr Hemingway mitmischte, mehr Soldaten als im ganzen Vietnamkrieg zusammen. Es war die verlustreichste amerikanische Schlacht aller Zeiten. Ungefähr 45.000 amerikanische und 20.000 deutsche Soldaten kamen um. Meine Mutter war in einer Nacht-und-Nebel-Aktion von meinem Großvater durch die Gefechtslinien hindurch nach Köln zurück gebracht worden.

Bis heute lehnen Sägewerke Holz aus dem Hürtgenwald ab – die Gefahr ist zu groß, dass in den Baumstämmen noch Granatsplitter stecken und die Sägemaschinen kaputtmachen.

Weshalb man dort auch auf keinen Fall von den markierten Wanderwegen abweichen sollte. Auf »normalen« Wanderwegen gilt dies zum Schutz von Flora und Fauna. Im Hürtgenwald schützt man die eigene Gesundheit. Kein Mensch kann dafür bürgen, dass schon alle Minen und Bomben gefunden wurden.

Nach meiner ersten Hürtgenwald-Wanderung 1997 wollte ich diesen Weg auch einmal mit meiner Mutter gehen. Als es 2000 endlich klappte, wurde es mehr als eine schöne Mutter-Sohn-Wanderung, es war eine Reise in ihre Vergangenheit. Eine Vater-Sohn-Wanderung stand immer noch aus.

Zu seinem 67. Geburtstag schenkte ich meinem Vater ein Wander-Rundum-Erlebnis und entschied mich für den Lieserpfad. Obwohl er aus Trier stammt, war er dort noch nie gewandert. Ich war entsetzt: Mein eigener Vater kannte den schönsten Wanderweg der Welt nicht!

Der Lieserpfad ist Teil des Hauptwanderwegs 3 des Eifelvereins. Der Hauptwanderweg 3, auch Erft-Lieser-Weg genannt, verläuft über 138 Kilometer von Euskirchen bis zum Dorf Lieser an der Mosel. Das schönste Stück dieses Weges befindet sich zwischen Daun und Manderscheid (Oberer Lieserpfad) und Manderscheid und Wittlich (Unterer Lieserpfad).

Die Gesamtlänge zwischen Daun und Wittlich beträgt genau 40 Kilometer, was locker an einem Tag zu bewältigen ist. Doch ich wollte meinen Vater nicht quälen, sodass wir beschlossen, den Weg in zwei Etappen zu gehen.

Wir hatten die gemeinsame Wanderung schon zweimal verschoben. Beim ersten Termin war es zu regnerisch gewesen, den zweiten Termin musste ich absagen, da ich meinen Hochzeitstag nicht berücksichtigt hatte. Nun war es Anfang Juni, und der Wetterbericht hatte warmes bis heißes, sonniges Wetter vorhergesagt. Am liebsten hätte mein Vater auch diesen Termin verschoben, da er Hitze überhaupt nicht mag. Ich konnte ihn aber überzeugen, dass es in den Wäldern der Eifel angenehmer sein würde als in der schwülen Kölner Bucht.

Um 11:20 Uhr trafen wir uns am Kölner Hauptbahnhof, um in den Eifel-Express Richtung Trier zu steigen. Mein Vater ist kein Frühaufsteher und lässt sich morgens nicht gerne hetzen. Darauf hatte ich selbstverständlich Rücksicht genommen, schließlich war die Wanderung ein Geburtstagsgeschenk.

In Gerolstein stiegen wir um in den Bus Richtung Daun. Wir setzten uns auf die Bank vorne im Bus, hinter dem Fahrer, da mir beim Busfahren schnell übel wird. Ich war überrascht, wie höflich die einheimische Bevölkerung war. Jeder Fahrgast, egal ob jung oder alt, hat sich von uns und dem Fahrer beim Aussteigen verabschiedet. Nur in der Schweiz hatte ich bisher erlebt, dass man beim Aussteigen aus dem Bus »Ade« sagt.

Der Bus hielt direkt neben der Dauner Sprudelwasser-Fabrik. Damit befanden wir uns mitten in der Vulkaneifel. Und nach kurzer Zeit sahen wir auch schon das Gemündener Maar. Ein Maar ist, vereinfacht gesagt, ein mit Wasser voll gelaufener Vulkantrichter. Die Maare sind relativ jungen Datums. Vor 50 Millionen Jahren gab es schon einmal eine Vulkanismus-Phase, in der die höheren Eifelberge wie Hohe Acht und Nürburg entstanden sind. Die Maare dagegen sind ungefähr 13.000 Jahre alt, was bedeutet, dass die steinzeitlichen Eifelbewohner ihre Entstehung live miterleben konnten.

Heute kann man im Gemündener Maar in einem sehr schönen Natur-Freibad schwimmen. Das Wasser ist tiefschwarz und selbst im Hochsommer eisig kalt. Und etwas unheimlich. Angeblich wimmelt es nur so von Leichen am mehrere hundert Meter tiefen Grund. Strömungen und plötzlich auftretende Strudel sollen vielen Schwimmern das Leben gekostet haben. Und außerdem ist schon das ein oder andere obskure, prähistorische Wassertier gesichtet worden.

Am Gemündener Maar habe ich ein Foto von meinem Vater gemacht, und dann sind wir zügig weitergegangen. Man rastet ja nicht schon nach einer Viertelstunde!

Doch keine 45 Minuten später hatten wir Hunger. Es musste eine Bank her. Auf der ersten Bank prangte ein Messingschildchen: Gestiftet von einem langjährigen Gast aus Köln-Müngersdorf. Schau an! Hier hätten wir uns gerne hingesetzt, doch die Bank stand in der Sonne. Also, weiter. Nach einem Kilometer kam wieder so eine Sonnenbank. Das ist ja im Winter ganz schön, aber nicht in der Mittagshitze eines Junitags.

Erst in einem kleineren Nadelwaldstück entdeckten wir unsere Traumbank. Schattig gelegen mit Blick aufs Tal, allerdings wackelte die Rückenlehne, und die Sitzfläche war verdreckt. Aber wozu hatte ich den Wirtschaftsteil der Frankfurter Allgemeinen Zeitung dabei? Der Wirtschaftsteil war auseinander gefaltet

Das ist mein Vater und im Hintergrund das Gemündener Maar

schön groß und diente als praktische Sitzunterlage.

Ich packte mein Käsebrötchen aus und fing an zu essen. Neidisch blickte ich zu meinem Vater hinüber, denn er hatte picknicktechnisch viel, viel mehr zu bieten. Meine Mutter hatte ihm drei selbst gebackene Vollkornbrötchen mit vegetarischer Schmierwurst und Brie eingepackt. Außerdem gab es ein süßes Brot mit Butter, zwei gekochte Eier, einen Apfel in vier Teile geschnitten, eine Banane und Bitterschokolade, selbstverständlich fair gehandelt. Mein Vater teilte mit mir. Als wir die Reste zusammenpackten, fehlte plötzlich ein weißes Drahtbändchen. Ein Drahtbändchen, das dazu diente, die Tüte mit den Vollkornbrötchen sorgfältig zu verschließen, damit alles frisch blieb. Und bevor dieses Bändchen nicht gefunden war, konnte es nicht weitergehen. Also suchten wir. Ich habe es schließlich auf dem Wirtschaftsteil der FAZ gefunden, und wir machten uns auf Richtung Manderscheid.

Meinen Vater habe ich immer als sehr schnellen Zu-Fuß-Geher erlebt. Ob auf dem Weg zur Straßenbahn, beim sonntäglichen Kirchgang übers Feld oder zum Stadion, mein Vater raste voran. Mit 45 Jahren fing er an zu laufen. Doch kurz vor seinem ersten Marathon musste er wegen heftiger Kniebeschwerden das Laufen aufgeben. Ein Wanderer ist mein Vater aber immer noch. Ungefähr einmal im Monat nimmt er zusammen mit meiner Mutter an organisierten Wanderungen teil. Der langjährige Nachbar meiner Eltern veranstaltet seit 21 Jahren für den Kolpingverein Wanderungen durch Eifel und Bergisches Land. Die große Runde ist 14 Kilometer lang, und für die Fußkranken gibt es als Alternative einen 7-Kilometer-Weg. Meine Eltern gehören bei diesen Wanderungen immer zu den Jüngsten.

Auf dem Lieserpfad schonte sich mein Vater und zog ein gemächliches Tempo vor. Es war ihm wohl doch zu heiß. Kurz nach unserer Picknickpause erreichten wir die Üdersdorfer Mühle. Die Mühle liegt etwas abseits, und eine große Tafel direkt am Wegesrand warb für hausgemachten Apfelsaft und Wein, Hausmacher Blut- und Leberwurst, Honig aus eigener Imkerei und Rindfleisch aus eigener Zucht und Schlachtung.

Wer nicht von einer Einkehr in der Üdersdorfer Mühle überzeugt war, für den gab es ein Gedicht:

»Dein Weg ist noch drei Stunden weit
Auf deiner Tour nach Manderscheid
Erfrischung tut gewiss noch Not
Nimm Eierkost und Eifelbrot
Auch für den Durst bekommst du hier
Milch, Selterswasser, Fassbier
Dann scheint der Weg dir halb so weit
Der Lieser lang nach Manderscheid«

Schade, dass wir satt waren. Aber in dem Gedicht wurde eine absolut wichtige Gegebenheit angesprochen: Der Lieserpfad sollte nun die nächsten drei Stunden fernab jeder Zivilisation durch den Wald führen.

Auf den zehn Kilometern zwischen Üdersdorfer Mühle und Manderscheid gibt es kein einziges Haus, an dem man vorbeikommt, keine Straße verläuft parallel im Tal oder kreuzt den Wanderweg. Der Wanderer ist im Wald. Punkt. Obwohl den Lieserpfad schon Hunderttausende Wanderer überlebt haben, bleibt er immer ein kleines Abenteuer: Haben wir genug zu essen und zu trinken dabei, um es bis zum nächsten Ort zu schaffen, oder wird man meine Gebeine und die meines Erzeugers Tage später gebleicht in der Sonne finden? Da kam meine Urangst als langjähriger Karl-May-Leser durch, und in Ermangelung des Mittleren Westens musste es in der Phantasie auch die Eifel tun. Werden wir mit der Einsamkeit des Waldes fertig werden? Wir sollten nämlich bis zum Abend keinen Menschen mehr sehen. Nur an der Mühle, wo es einen Wanderparkplatz gab, trafen wir eine Gruppe von sechs Wanderern und eine sehr alte Seniorin. Doch das ist im 500-Meter-Umkreis von Wanderparkplätzen normal: Da gehen die Spaziergänger hin und her und zurück zum Auto. Außerhalb des Wanderparkplatz-Bannkreises ist man wieder allein. Ganz allein.

Ich bekenne mich auch zur Furcht vor der *bestia*, dem wilden Tier, das einem jederzeit in den üppigen germanischen Wäldern begegnen kann. Ich habe schon viele Rehe am Lieserpfad gesehen. Gut, die haben mich bisher noch nicht angegriffen. Aber es soll auch Wildschweine geben. Und wenn man unglücklicherweise zwischen eine Wildsau und deren Frischlinge gerät, überlebt der Wanderer im Zweifelsfall nicht. Und gibt es nicht wieder vermehrt Wölfe in Deutschland?

Weitere bange Fragen blieben offen: Werden wir uns verlaufen? Trotz Wanderkarte und guter Wegmarkierung weiß man ja nie. Und kommen wir ohne Verletzungen aus dem Wald heraus? Wie schnell ist man mit dem Fuß umgeknickt oder auf dem schmalen Lieserpfad abgerutscht und die Böschung hinuntergestürzt.

Eine Stunde hinter der Üdersdorfer Mühle führte ein ein Kilometer langer Weg bergan zum Eckfelder Maar. Uns war es zu heiß für einen Abstecher, also erzählte ich meinem Vater, dass das Eckfelder Maar ein Trockenmaar ist. Es enthält also seit vielen Jahrtausenden kein Wasser mehr. Der Vulkan muss ziemlich plötzlich explodiert sein, was man an der unglaublichen Anzahl an Fossilien erkennt. Leider darf man als Hinz-und-Kunz-Fossilien-Sammler dort nicht graben, da die Universität Mainz das gesamte Gebiet abgesperrt hat. Gefunden haben sie ein ungefähr 40 Zentimeter großes Urpferdchen. Diese Mini-Stute war auch noch schwanger, sodass das werdende Baby-Urfohlen erhalten ist. Durch diesen

Top-Fund konnte nachgewiesen werden, dass die winzige Stute der evolutionäre Vorfahr unserer heutigen Pferde ist.

Wir folgten weiter dem Lieserpfad und überquerten auf einer schmalen Betonbrücke den Fluss. Ich weiß nicht, ob die Lieser ein Bach oder ein kleiner Fluss ist. Irgendwie ist sie zu breit für einen Bach. Aber auf einem Fluss müsste eigentlich Schiffsverkehr stattfinden, oder? Ich nenne die Lieser einfach mal einen breiten Bach.

An diesem Junitag führte die Lieser sehr wenig Wasser. An vielen Stellen ragten kleinere und größere Steine über den Wasserspiegel hinaus. Mein Vater nannte sie »Hungersteine«, wie die berühmten sieben Hungersteine vor der Loreley, die »Sieben Jungfrauen«, die schon manches Schifferschicksal entschieden haben. Wir fragten uns, warum es Hungersteine und nicht Durststeine heißt, weil die Steine ja bei Niedrigwasser sichtbar werden.

Nach der Brücke ging es auf einem schmalen Pfad bergan mit einer Vielzahl von Blumen am Wegesrand. Gegenseitig gestanden wir uns, dass wir beide absolute botanische Nieten wären. Wir gerieten sogar ein bisschen in Streit darüber, wer denn die noch größere Niete sei. Der Praxistest musste es entscheiden.

Mein Vater erkannte die Schafgarbe. Diese Pflanze hatten sie als Kinder für die Frontsoldaten pflücken müssen, die sich daraus einen Tee machen konnten. Er identifizierte aber auch noch Klatschmohn und blaue Kornblumen. Ich wusste, was Brennnesseln sind, entdeckte einen Farn. Auch Margeriten, gelbe Butterblumen und Löwenzahn waren nicht so schwer zu bestimmen. Ging doch. Ein Unentschieden zwischen Vater und Sohn im Blumen-am-Wegesrand-Erkennen.

Der schmale Blumenpfad mündete in einen breiteren Weg. »Jetzt betreten wir den Weg zur Hölle«, sagte mein Vater. – »Hä, Hölle?« – Anscheinend brauchte ich eine Nachhilfestunde in katholischer Heils- und Erlösungslehre: Der breite, bequeme Weg ist der Weg der Laster und Sünde und führt direkt in die Hölle, der schmale, entbehrungsreiche, krumme, dornige, anstrengende und steinige Weg aber ins Himmelreich. Vielleicht ist das der tiefere Grund für meine Affinität zu schmalen, gewundenen Pfaden: mein tief verwurzelter rheinischer Katholizismus. Ich möchte eben in den Himmel kommen.

Wir hatten nun keine Wahl und mussten über den Höllenweg gehen. Nach einer halben Stunde erreichten wir eine große, offene Wiesenfläche, die so genannte Hahnerfläch. An der Hahnerfläch-Wanderhütte stand auf einem Zettel mit amtlichem Stempel, dass die Hütte vom Eifelverein für den 6. September 2004 zwischen 12:30 Uhr und 14:00 Uhr für eine 30-köpfige Wandergruppe reserviert worden war. Wir notierten uns das, um Bescheid zu wissen.

Von hier war es nicht mehr weit nach Manderscheid. Schon zwei Kilometer später sahen wir den Kirchturm und die beiden Burgen. Jetzt mussten wir nur noch an der Pension Garni »Burgenblick« vorbei und standen fünf Minuten später auf dem Rathausvorplatz. Genau an der Stelle, an der ich schon mal den Manderscheider Rosenmontagszug gesehen habe.

Eigentlich wollte ich mit meiner Familie 1999 keinen

Karneval feiern. Ich hatte Manderscheid als Kurzurlaubsziel ausgewählt, da dort die meisten Hauptwanderwege der Eifel zusammentreffen. Experten sprechen in diesem Zusammenhang auch von »Wanderscheid«.

Doch auch in der Eifel wurde Karneval gefeiert. Und wie! Die Zugstrecke war zwar nur 400 Meter lang. Trotzdem dauerte der Zug über eine Stunde, da er sich sehr langsam vorwärts bewegte. In der Eifel werden nämlich keine Kamelle geschmissen. Dort gibt es für die Zuschauer am Wegesrand Schnaps. Genever, Baileys, Whiskey, Wodka, Jägermeister, Cognac, alles wird abwechselnd in kleine Plastik-Schnapsgläschen geschüttet, sodass alle Jecken nach einer Stunde abgefüllt sind.

Dass ich immer wieder gerne nach Manderscheid fahre, liegt gewiss nicht an seinem Karnevalszug. Es sind vielmehr die großartigen Wanderwege rund um die Stadt, Wanderwege mit Wasserfällen und gefährlichen Wolfsschluchten. Vom Steinrondell Belvedere hat man einen atemberaubenden Blick über das Tal der Lieser und die Burgen. (Den fand schon Kaiser Wilhelm II. gut, allerdings ist er nicht dort hingewandert, sondern war bequem mit der Kutsche unterwegs.)

In Manderscheid findet man sehr gute Unterkünfte, wie den »Kapellenhof« der Familie Krämer, der mehrfach als Ferien-Bauernhof des Jahres ausgezeichnet wurde, oder das Hotel »Zens« mit Hallenbad und Sauna, das einen urigen Eifel-Charme versprüht. Dort habe ich mit meinem Vater am Abend unserer ersten Etappe übernachtet. Aber Vorsicht: Dieses Hotel hatte ich unter der Rubrik »Kleine Fluchten« schon einmal in einer Frauenzeitschrift empfohlen. Danach hat sich eine Frau bitter beschwert, wie ich denn so ein Hotel empfehlen könne. Da hätten in der Nachbarschaft Kinder geschrien. Empfehlungen sind nun mal Geschmackssache.

Trotzdem möchte ich die Manderscheider Küche erwähnen. Im Eifel-Vergleich ist sie sensationell. Mein Favorit ist die neudeutsche Kochkunst in der »Alten Molkerei«. Hier wird mit Zutaten aus der Umgebung gekocht, und dazu gibt es tolle Weine aus dem Liesertal zwischen Wittlich und der Mosel. Leider hatte die »Alte Molkerei« Ruhetag, als ich mit meinem Vater da war. Dafür haben wir sehr lecker im »Postillion« gegessen. Die Wirtsfrau hatte erstaunlicherweise einen leicht hessischen Zungenschlag. Sie führte das Restaurant zusammen mit ihrem Mann bereits 33 Jahre und suchte nun einen Nachfolger. In drei bis vier Jahren sei Schluss, sagte sie, und die Kinder wollten oder konnten das Restaurant nicht übernehmen. Sie erzählte, dass die meisten Wanderer im Herbst kämen. Im Frühling und Frühsommer bei bestem Wanderwetter fände kaum einer hierher. Damit bestätigte sie unseren Eindruck, wie wenig auf dem Weg los war und dass wir uns für die beste Wanderzeit entschieden hatten, wenn man keine vollen Wanderwege mag.

Darüber hinaus hat Manderscheid ein herrliches Freibad, das 1965 eröffnet wurde und immer noch top in Schuss ist. Das Drei-Meter-Sprungbrett ist in satten Blau- und Rotfarben gestrichen und seit fast 40 Jahren unverändert. Genauso sahen die Freibäder meiner Kindheit aus, ohne Rutschen-Schnickschnack und Spaßbad-Faktor. Dieses Freibad ist ein Freibad-Freilichtmuseum, eine Zeitreise in die Vergangenheit.

Ein »richtiges« Museum besitzt Manderscheid aber auch: das Maarmuseum, wo das Urpferdchen vom Eckfelder Maar ausgestellt ist und in einer Rüttelmaschine der Ausbruch eines Vulkans nachempfunden wird. Sehr gefühlsecht.

Aber es sind die Burgen, die Manderscheid so unverwechselbar machen. Am zweiten Tag gingen wir morgens vom Hotel »Zens« aus den Lieserpfad weiter, und nach kaum zehn Minuten waren die beiden Burgen bereits zu sehen. Ich machte ein Foto, wie jedes Mal, wenn ich an diese Stelle kam. Ich hätte mir auch eine Postkarte kaufen können, denn dieser Blick auf die beiden Burgen ist der Motivklassiker von Manderscheid.

Mir ist weltweit kein ähnlicher Fall bekannt, dass sich zwei Burgen auf derart kurzer Distanz belauern. Die ältere Burg ist die Oberburg, die, wie der Name schon sagt, auf einer Bergkuppe hoch über der Lieser liegt. Später gebaut wurde die Niederburg, die sich über einzelne Terrassen den Hang hinaufzieht. Die Gewalt über die Burgen wechselte oft. Meist war die Oberburg in der Hand des Erzbischofs von Trier, und die Niederburg gehörte zum Herzogtum Luxemburg. Diese beiden Machtblöcke bekämpften sich jahrhundertelang, und in Manderscheid lag sozusagen der Eifeler Checkpoint Charlie.

Die ganze Gegend war über 500 Jahre bis zum Wiener Kongress 1815 luxemburgisch. Luxemburgisch zu sein hieß aber nicht, auch wirklich Luxemburg zu gehören. So ein Herzogtum wurde ja auch öfter mal verpfändet, verliehen und erobert. So kam Manderscheid erst an Burgund, dann an die spanische Niederlande, dann an Frankreich, an Spanien, wieder an Frankreich und

Ein Motiv, das es auch als Postkarte gibt

schließlich an Österreich. Multikulti und total globalisiert im Herzen der Eifel.

Der Lieserpfad war nun in den felsigen Abhang auf halber Höhe zwischen Tal und Berghöhe gehauen. An der linken Seite fiel der Hang hundert Meter zum Bach hinab, teilweise durch Holzgeländer abgesichert. An der rechten Seite ging es steil den Berg hinauf. Auf den ersten Kilometern standen Wanderhütten im Zehn-Minuten-Abstand für die vielen Spaziergänger der Gegend. Wir gingen gut eine Stunde bis zur Hütte Weifelsjunk, wo wir wegen der Hitze eine Pause machten. Bis dahin war der Weg wunderbar gewesen. Ein schmaler Traumwanderweg. Danach erwartete uns der erste größere Anstieg. Der obere Lieserpfad verläuft ziemlich auf gleicher Höhe, während das Profil des unteren Lieserpfades wesentlich welliger ist. Dreimal muss ein Höhenunterschied von ungefähr 150 Metern überwunden werden, die schmalen Wege führten in steilen Kehren den Berg hinauf. Oben angekommen erwartete uns ein traumhafter Blick über das Liesertal und eine frisch geharkte Fläche, wo dereinst – wie ich von früheren Wanderungen wusste – eine Bank gestanden hatte. Was das Schicksal dieser Bank an exponierter Stelle gewesen war, vermag ich nur zu vermuten. Altersschwäche, Vandalismus, Holzwurm? (Liebe Lieserpfad-Wanderbank-Aufsteller! Egal, was der Grund war, diese Bank zu entfernen, bitte stellt wieder eine neue Bank dahin, damit der vom Aufstieg müde Wanderer den Blick übers Tal in Ruhe genießen kann.)

Wir machten unsere große Pause erst, als wir die Lieser an der Karl-Kaufmann-Brücke überquert hatten. Leider war auch hier keine Bank vorhanden, sodass wir uns auf den Brückenstufen niederließen. Mein Vater erzählte, dass sein erster Klassenlehrer am Trierer Max-Planck-Gymnasium auch Lieser geheißen habe. Und der Herr Lieser sei als führendes Eifelvereins-Mitglied ein richtiger Wandervogel gewesen und habe mit seiner Klasse so manche Wanderung im Trierer Umland unternommen.

Mit seinen Eltern ist mein Vater eigentlich nie gewandert. Sie besaßen ein Füllfederhalter-Spezialgeschäft in der Trierer Innenstadt und hatten wenig Zeit. Manchmal kam aber Onkel Gusti aus Bergisch Gladbach zu Besuch. Hin und wieder fuhr er zu seiner Schwester nach Trier und ging mit meinem Vater und seinen beiden Geschwistern wandern. Onkel Gusti mochte das Wandern, hatte es aber während der Pausen gerne gemütlich. Doch die Kinder hatten Hummeln in der Hose und wollten lieber weitergehen. Onkel Gusti sagte dann: »Jetzt bleibt doch erst mal sitzen und trinkt in Ruhe eure Limo.« Das ist heute anders, da wollen die Onkel wandern, und die Kinder haben keine Lust dazu.

Für meinen Vater war der folgende Teil des Weges der eigentliche Höhepunkt der Wanderung. Immer wieder genoss er die herrlichen Ausblicke. Nach dem zweiten größeren Berg gingen wir durch ein naturbelassenes Seitental der Lieser, das mit seinen umgestürzten Bäumen und meterhohem Farn an einen Regenwald erinnerte. Nach dem Regenwald-Trail machten wir Rast auf einer Bank unterhalb der Ortschaft Karl. Genau: Karl. Das Dorf heißt nicht Franz, Heinz oder Willi, sondern Karl. Während wir auf der Bank saßen, bekamen wir eine Eifel-Düsenjäger-Show geboten. Die Eifel ist wie viele andere deutsche Mittelgebirge nicht nur Wanderparadies, sondern vor allem Militärzone. Nach dem schrittweisen Abzug der Amerikaner sind es aber nur noch deutsche Düsenjäger, die hier für den Ernstfall üben.

Direkt über unseren Köpfen flogen zwei Düsenjäger mal einzeln, mal im Formationsflug, mal donnernd schnell und laut, mal summend leise und langsam, mal geradeaus, mal sich in die Kurve legend – eine perfekte Flugschau.

Langsam wurde es zu steil für meinen Vater, besonders der Abstieg hinunter Richtung Landstraße. »Majusebedda«, fluchte er, »das ist hier aber gar nicht gut für Venen und Gelenke.« »Majusebedda« ist ein Stoßgebet aus dem Trierer Raum. Die Kurzform »Maju« gebraucht man, wenn nicht so viel Zeit ist. »Majusebedda« steht für Maria, Josef und Peter. Es werden also die Eltern des Heilands und der Stadtpatron Triers, der heilige Petrus, angerufen, um den Verdruss in kritischen Situationen des Lebens zu lindern.

Und das »Majusebedda« half. Der Weg verlief von nun an angenehm auf halber Höhe zwischen Tal und Bergkamm. Erst zwölf Kilometer hinter Manderscheid stießen wir auf das erste Anzeichen von Zivilisation. Wir erreichten die Landstraße 60. Wir mussten ungefähr 300 Meter an der Straße entlanggehen. Wir liefen auf der rechten Fahrbahnseite, weil der Lieserpfad auch von dort abzweigen sollte. Das war gegen die Vorschrift, da man auf Landstraßen ohne Bürgersteig immer links gehen soll. Es rettete uns aber das Leben. Ein sichtbar geisteskranker Eifeleinwohner in einem roten Golf raste mit ungefähr 120 Stundenkilometer durch die lang gezogene Kurve.

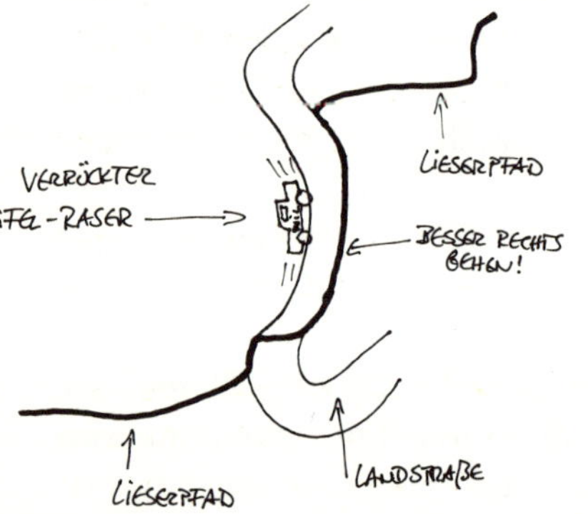

Er nahm sie jedoch so eng, dass wir auf der linken Seite Matsch gewesen wären.

Der irre Autoraser hatte ein Wittlicher Kennzeichen (WIL). Bei meinen Wanderungen achte ich immer auf die Autokennzeichen der Orte, die ich durchquere. Die Wanderung mit meinem Vater war in DAU gestartet, die

Fast wären wir von einem kranken Eifel-Raser überfahren worden

Grenze zu WIL hatten wir schon kurz vor Manderscheid durchbrochen. Zwei Autokennzeichen-Regionen sind fast ein Muss, aber besonders stolz bin ich auf Touren, die drei Autokennzeichen entsprechen.

Nach der Landstraße ging es ruhig weiter, und mein Vater und ich hingen unseren Gedanken nach, obwohl zumindest in meinem Kopf meist überhaupt kein Gedanke war. Oft fragt dann der Partner: »Schatz, woran denkst du?« – »An nichts.« Und das stimmt sehr, sehr oft.

Kurz vor unserem Ziel versuchten wir, schon einmal ein Resümee des Tages zu ziehen. Wie Fußballreporter kurz vor Ende der Spielzeit das gesamte Spielgeschehen vom Ergebnis her kommentieren. »Das zeichnete sich frühzeitig ab«, »dieses Ergebnis geht auch in dieser Höhe in Ordnung«.

Dem letzten Abschnitt bescheinigte mein Vater Wellness-Charakter, und so lautete das vorläufige Fazit: Das war ein Wanderprofil Marke »Qual & Meditation«, erst Muckibude, dann Wellness, erst Intervalltraining, dann lockeres Auslaufen.

Ich geriet noch in eine größere moralische Zwickmühle. Am Wegesrand lag ein Bilderbuch-Vogelnest, aus kleinen Zweigen zusammengebastelt. Zwei kleine Vögel lagen in dem Nest und waren tot. Neben dem Nest lag ein weiteres Küken im Todeskampf und zuckte mit den kleinen Beinchen. Sollte ich jetzt einfach weitergehen oder das Leid des Vögelchens durch einen beherzten Hieb mit einem Stein beenden? Ich blieb tatenlos und ging einfach weiter. Die Szene verfolgte mich aber noch einige Tage. Ich fragte einige geschätzte Moralinstitutionen in meinem Umfeld. Alle verurteilten mein Weitergehen. Natürlich hätte ich dem Vogel den Gnadenstoß geben müssen. Aber meine Moralinstanzen hätten es auf Nachfrage wohl auch nicht geschafft, wirklich zuzuschlagen. Ich nahm mir vor, bei einem eventuellen nächsten Mal beherzter zu handeln.

18 Kilometer hinter Manderscheid stießen wir auf das erste Hinweisschild der Gaststätte »Alte Pleiner Mühle«. Wir verließen den Lieserpfad, um einzukehren. Am lauschigen Bach gönnten wir uns einen kühlen Käsekuchen (Vater) und eine köstliche Tomatensuppe (ich). Wir beschlossen, dass der Restweg nach Wittlich (es wären noch sechs Kilometer gewesen) das heute Erlebte nicht mehr toppen würde. Außerdem hätten wir durch das Weiterwandern den Intercity nach Köln verpasst. (Im eigenen Interesse eine Bitte an alle Lieserpfad-Wanderer: Unbedingt in der »Alten Pleiner Mühle« einkehren! Nicht dass die Eigentümer mangels Umsatz dichtmachen müssen und ich da kein Bier mehr trinken kann! Danke!)

Ich bat den Wirt der »Alten Pleiner Mühle«, uns ein Taxi zu bestellen. In einer Gaststätte wissen sie, wo man anrufen muss, ansonsten kann es ganz schön lange dauern, bis man herausgefunden hat, in welchem Dorf und unter welcher Telefonnummer es überhaupt ein Taxi gibt. Verzögerungen können sich immer noch ergeben, wenn der Taxifahrer gerade bei Tisch ist oder schnell noch die Kühe melken muss. Denn oft wird in ländlichen Gegenden das Taxifahren als Nebenerwerbsquelle betrieben. Man sollte auch immer nachfragen, woher der Taxifahrer kommt und wie hoch die Anfahrtskosten sind. Ich habe schon erlebt, dass auf der Taxiuhr schon 15 Euro standen, ohne dass man einen einzigen Kilometer zurückgelegt hatte. In einem solchen Fall lässt der gute Mann das Taxometer von dem Augenblick an laufen, in dem er losfährt – »Anfahrtskosten, Sportsfreund!«. Da helfen keine Proteste, es fehlt schlicht die Alternative. Aber meiner Meinung nach ist das ein klarer Fall fürs Kartellamt, da hier arme Wanderer von ländlichen Taxifahrern mit Monopolstellung ausgebeutet werden.

Der Wittlicher Taxifahrer führte nichts Böses im Schilde und fuhr uns zum Wittlicher Hauptbahnhof, der an der Bahnstrecke Trier-Koblenz liegt. Wir erreichten bequem den Intercity nach Köln und genossen die Fahrt entlang Mosel und Rhein. Mein Vater ist nicht der Typ, der mir am Schluss unserer Wanderung um den Hals gefallen wäre, um mir für die beiden Wandertage mit blumigen Worten zu danken. Ich hatte aber schon das Gefühl, dass es ihm gefallen hat.

Eine Woche später erzählten mir dann meine Mutter und meine Tante Herti, dass mein Vater noch tagelang von der Wandertour geschwärmt habe. Da habe ich mich sehr gefreut.

1. Tag	
Wegstrecke:	15 Kilometer
Wanderzeit brutto:	4 Stunden, 58 Minuten
Wanderzeit netto:	4 Stunden, 5 Minuten
WDG:	3,67 km/h
2. Tag	
Wegstrecke:	18 Kilometer
Wanderzeit brutto:	6 Stunden, 9 Minuten
Wanderzeit netto:	5 Stunden, 4 Minuten
WDG:	3,55 km/h
Autokennzeichen:	Von DAU (Kreis Daun) nach WIL (Kreis Wittlich)
Wanderkarten:	Daun, Rund um die Kraterseen. Wanderkarte Nr. 20 des Eifelvereins, 1:25.000, Vulkaneifel um Manderscheid. Wanderkarte Nr. 20a des Eifelvereins, 1:25.000
Das Bier der Region:	Bitburger Pils
Höchster Punkt der Wanderung:	450 m (Gemündener Maar)
Niedrigster Punkt der Wanderung:	199 m (Alte Pleiner Mühle)

Der Plan

Es gibt spontane Menschen und Planer. Ich bin Planer. Ich würde niemals einen Supermarkt ohne Einkaufszettel betreten. Ich muss mir zu Hause genau überlegt haben, was es einzukaufen gilt. Auch ein Feier- oder Ferientag ohne genaue Planung ist mir ein Gräuel. Ein »Ist das herrlich, mal einfach in den Tag hineinzuleben« würde mir nie über die Lippen kommen.

Und genauso plane ich meine Wanderungen weitgehend minutiös. Ich setze mich mit meinen Arbeitsmaterialien, Wanderführer, Wanderkarten, Kilometerrädchen und Kursbuch, an den großen Esstisch und starte generalstabsmäßig die Vorbereitung. Diese Planungen, die sich über mehrere Abende hinziehen können, sind mir keine lästige Pflicht. Nein, der Wanderplan ist für mich ein eigenständiges sinnliches Unterfangen, fast so schön wie die eigentliche Wanderung. Ich halte es mit Hugo von Hofmannsthal, der schrieb: »Ich habe gehört, dass in den Gefangenenhäusern keines von den erlaubten Büchern so sehnlich verlangt wird als eine Wanderkarte. Seine Finger auf einer Landkarte wandern zu lassen, das ist der spannendste Abenteuerroman.«

Dabei erstelle ich keineswegs einen Fünfjahresplan, der dann abgearbeitet und abgewandert werden muss. Es gibt einen Fundus von Wandertouren, die ich noch einmal oder zum ersten Mal wandern möchte. Aber die Entscheidung, welche Tour als Nächstes dran ist, erfolgt meist kurzfristig.

Der erste Schritt besteht in einer guten Recherche. Wenn ich eine ungefähre Idee habe, wohin es gehen soll, besorge ich mir die Wanderführer und -karten der Gegend. Aus einer Mischung von Wanderwegbeschreibung und Ansicht der Karte entsteht ein erster Entwurf der Route.

Ob man einen Wanderführer braucht, kommt darauf an, wo man wandern möchte. Im weit verzweigten Wandergebiet der Sächsischen Schweiz ist ein Führer sinnvoll. Er nimmt einem die Arbeit ab, bestimmte Touren auszutüfteln. Dort gibt es nämlich keine ausgeprägten Weitwanderwege, wie etwa der Rothaarsteig mit einer Länge von 154 Kilometern oder der Hermannsweg, der insgesamt 165 Kilometer umfasst. Für diese Wege brauche ich keinen Wanderführer, um mir ein schönes Teilstück auszusuchen. Für das Elbsandsteingebirge empfiehlt es sich dagegen, einen der zahlreichen Wanderführer zu Rate zu ziehen. Man muss sich dann nur noch entscheiden, welcher Stil einem am besten gefällt. Ob das unpersönliche »man« der Reihe »dumont aktiv« – »Nach links über einen Bohlenweg und über Felstrümmer durchschreitet man diese Lücke zwischen den Felsen« – oder das persönlichere »Wir«-Gefühl aus »Wandern kompakt«: »Von der Schrammsteinaussicht gehen wir zurück und wenden uns dem Gratweg zu. Wir folgen ihm über Metalltreppen und Leitern«.

Aber egal ob kühles »man« oder kumpeliges »wir«, vor Ort schaue ich in eine Wanderkarte. Dann weiß ich, wo ich langgehen muss. Wanderführer sind gut für die Vorbereitung und für einen ersten Eindruck, unterwegs und nach Ansicht der Wanderkarte ändert sich die Route schon mal.

Erst im Laufe der Zeit haben sich meine Ansprüche an einen Wanderweg entwickelt. Heute gibt es für mich einige Qualitätskriterien, die einen richtig guten Wanderweg ausmachen:

Erreichbarkeit

Für Autofahrer stellt sich dieses Problem nicht so wie für den Bahnfahrer. Ich gehöre allerdings zu den führerscheinlosen Verkehrsteilnehmern, und somit ist für mich ein Bahnhof als Ausgangspunkt unverzichtbar. Zur Not tut es auch eine Busverbindung. Daher gehört zu meinem meistgenutzten Nachschlagewerk, neben Brockhaus und Diercke-Weltatlas, die 8-bändige, 5,2 Kilo schwere Gesamtausgabe der Deutschen Bahn im praktischen Pappschuber. Im Kursbuch eröffnen sich die wahren Zeit- und Entfernungsdimensionen einer Zugfahrt.

Ein Beispiel: Um auf dem Rothaarsteig zu wandern, kann man verschiedene Bahnhöfe ansteuern: Brilon Wald, Winterberg, Lützel, Dillbrecht oder Dillenburg. Von all diesen Bahnhöfen gelangt man in höchstens einer halben Stunde auf den Wanderweg. Aber es liegen bis zu 120 Kilometer zwischen den einzelnen Orten. Also sollte ich tunlichst festlegen, wie lange die Strecke meiner Wanderung eigentlich sein soll.

Länge der Wege

Zunächst ist es natürlich wichtig zu wissen, ob man eine Tagestour oder eine mehrtägige Wanderung unternehmen möchte. Aber auch andere Variablen sind wichtig: Wenn ich früh aufstehe, kann ich mehr am Tag schaffen, wenn ich im Sommer unterwegs bin, kann ich bis in den Abend hinein wandern. Gehe ich allein, kann ich mein Tempo selber bestimmen. Gehe ich zu zweit oder in einer größeren Gruppe, muss ich auf die anderen Rücksicht nehmen. Was kann ich den anderen wirklich zumuten? Die Kenntnis meiner persönlichen WDG oder die meiner Mitwanderer entscheidet, ob die Tagesetappe 20, 30 oder 40 Kilometer lang sein kann.

WDG, was soll das denn heißen, Wohnduschgemeinschaft? Nein, WDG ist die Wanderdurchschnittsgeschwindigkeit. Die WDG errechnet sich aus den gelaufenen Kilometern und der dafür benötigten Zeit. Dafür merkt man sich zunächst die Zeit vom Anfang bis zum Ende der Wanderung. Das sind zum Beispiel acht Stunden. Das ist dann die Wander-Bruttozeit. Jetzt hat man aber während dieser acht Stunden drei Burgen besichtigt und zweimal längere Vesperpausen gemacht. Die Zeit für diese Pausen muss von der Bruttozeit abgezogen werden, sodass fünf Stunden Wander-Nettozeit übrig bleiben. Ist man 20 Kilometer an diesem Tag gewandert, teilt man 20 durch die Wander-Nettozeit von 5 Stunden, und schon erhält man eine WDG von 4 km/h. Für mathematisch Interessierte nochmal als Formel:

$$\text{WDG} = \frac{\text{gelaufene Kilometer}}{\text{Netto-Wanderzeit}}$$

4 km/h ist eine typische WDG für eine Gruppenwanderung. Bei einer sportlichen Solo-Wanderung liegt meine WDG um die 5,5 km/h. Aber die WDG ist nicht alleine eine Zahlenspielerei für die persönliche Bestenliste, sondern ist im Vorfeld jeder Wanderung entscheidend.

Die Länge des verschlungenen und gezackten Wanderweges auf der Karte ermittle ich mit einem Kilometerrädchen, wie man es im gut sortierten Wanderkarten-Fachhandel bekommt. An einem Stil zum Anfassen bewegt man das kleine Rädchen am Weg entlang. Ein großer Zeiger gibt je nach Maßstab die zu laufenden Kilometer an.

Oft stimmen die errädelten Kilometer zwischen dem geplanten Ausgangs- und Endpunkt nicht mit dem geplanten Tourziel überein. Die 56 Kilometer zwischen Winterberg und Lützel am Rothaarsteig sind wohl doch etwas zu lang für einen Tag, dagegen könnten mich die 29 Kilometer zwischen Winterberg und Brilon Wald unterfordern. In solchen Fällen muss man dann auf Alternativrouten ausweichen, oder ich streiche den Bahnhof als Endpunkt meiner Tour zugunsten einer Ortschaft mit einer Gaststätte, in der man sich ein Taxi zum nächsten Bahnhof rufen lassen kann. Genug Taxigeld sollte man in deutschen Mittelgebirgen immer bei sich haben, denn die nächste Bus- oder Bahnhaltestelle kann sehr, sehr weit entfernt sein.

Hotels und Gaststätten am Weg

Bei einer mehrtägigen Wanderung gehört auch die Suche eines Hotels zur Planung. Da man sich nicht darauf verlassen kann, dass in einer größeren Ortschaft auch wirklich eine Übernachtungsmöglichkeit besteht, schaue ich im Internet nach. Selbst die kleinste Pension in Deutschland ist von den örtlichen Fremdenverkehrsverbänden erfasst, und erstaunlich viele haben sogar eigene Webseiten, auf denen eine Fotogalerie das zu erwartende

Ambiente einfängt. Unter www.hotel-forellenzucht.de informierte ich mich zum Beispiel vor der zweitägigen Wanderung mit meinen Kindern im Hunsrück. Dort entdeckte ich die hübsch gestickten Blumenbilder in den Zimmern, ein Luftbild des Hotels zeigte mir die Lage. Außerdem war die hoteleigene Tischtennisplatte zu sehen sowie der Billardtisch im Frühstücksraum, auf dem morgens das Frühstücksbüffet aufgebaut wird. Manchmal gibt es auch ein Bild der Wirtsfamilie und der Speisekarte. Vorfreude ist die schönste Freude.

Wenn man nicht größere Mengen Proviant mitnehmen möchte, empfiehlt es sich, Restaurants am Wegesrand aufzusuchen. Doch man sollte vorher durch Karten-, Wanderführer- und Internetstudium sichergehen, dass eine Einkehrmöglichkeit zur Mittagszeit besteht. Es schadet auch nicht, sich vorher nochmals telefonisch über mögliche Öffnungs- und Ferienzeiten der Restaurants zu informieren. Das versäume ich meistens und stehe häufig genug vor verschlossenen Türen.

Stil des Weges

Wanderwege sind wie Kleidungsstücke. Die einen passen, die anderen nicht. Es gibt Klamotten für den Sommer und für den Winter. Was dem einen steht, sieht an dem anderen unmöglich aus. Manchmal ist man in der Stimmung für etwas Gewagtes, mal bevorzugt man gedecktere Farben. Daher sollte man bei der Planung einer Wanderung viel Wert auf den Stil des Weges legen.

Der Wanderfreund kann zwischen Höhen-, Tal-, Kletter-, Wald-, Feldwegen und Dorf-Durchwanderungswegen wählen.

Ich war jahrelang eher der Talwege-Typ, war also wanderwegmäßig etwas einseitig veranlagt.

Wenn ein Wanderweg in der Wanderkarte so

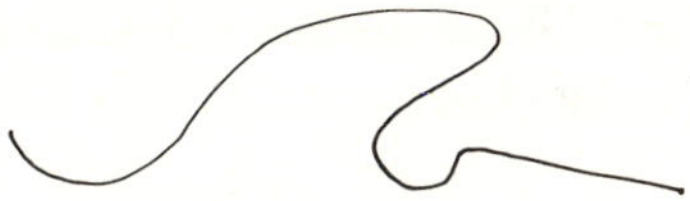

verläuft, kann man sich sicher sein, dass es sich um einen Talweg an einem kleinen Bach entlang handelt. Sieht er wie folgt aus,

muss man in Kehren bergab oder bergauf kraxeln. Manchmal habe ich zu so einer Kraxelei Lust. Meistens nicht. Häufig kommt es auch vor, dass ich noch am Morgen der Wanderung meine ursprünglichen Pläne über Bord werfe und einen stilistisch anderen Wanderweg wähle, weil mir der Sinn nach etwas anderem steht.

Eines weiß ich jedoch sicher: Ich verachte Rundwanderwege. Rundwanderwege sind Autofahrerwege. Erst fährt der Naturfreund mit dem Auto auf den (Wander-)Parkplatz. Dann will er am Ende natürlich wieder am Auto landen, um gemütlich nach Hause zu fahren. Das ist nichts für mich.

Rundwanderwege sind zu kurz. Die meisten Wanderführer bieten zu 90 Prozent Rundwanderwege an, die zwischen 4 und 12 Kilometer lang sind. Und was soll man dann nachmittags machen?

Rundwanderwege sind zu eintönig. In den seltensten Fällen gelingt es, ohne eine Überschneidung den Weg wieder zum Ausgangspunkt zurückzuführen. So ist man gezwungen, die ersten Kilometer auf dem Rückweg wieder zu passieren. Dadurch erhalten Rundwanderwege die Form eines Luftballons anstelle eines Kreises, sind also gar nicht richtig rund.

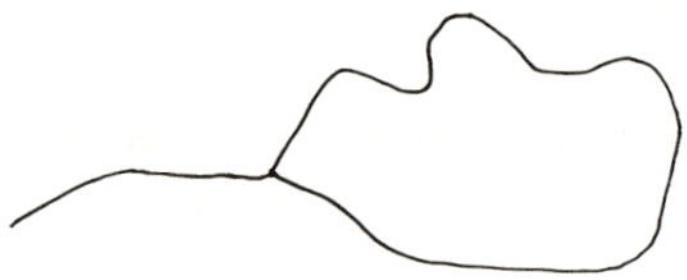

Und diese Luftballonwanderwege sind noch verachtenswerter als Rundwanderwege.

Rundwanderwege sind unflexibel. Was ist, wenn der Weg dem einzelnen Wanderer zu kurz oder zu lang ist? Keine Chance. Die Rundwanderung ist festgelegt. Es gibt keine Erweiterungs- oder Abkürzungsmöglichkeiten wie bei einer Streckenwanderung.

Rückschlüsse auf den Stil des Weges lassen auch die Farben auf einer Wanderkarte zu. Klar. Wenn es grün wird, geht es durch den Wald. Und wenn es hell ist, führt der Weg über Felder. Abgesehen davon, dass es auch hier Geschmackssache ist, was man bevorzugt, gibt es klare jahreszeitliche Vor- und Nachteile. Genauso wie es im Sommer zu warm für den Pelzmantel ist, kann ein kilometerlanger Feldweg in der sengenden Juli-Hitze ordentlich auf die Wanderstimmung drücken. Da ist hingegen das kühlende Kleid des Waldes wie ein Kopfsprung in einen kalten Gebirgssee. Im Winter dagegen ist es im Wald schnell bitterkalt, während draußen in der Flur die Wintersonne wärmen kann.

Führung des Wanderwegs

Wenn ich mich für einen Wanderweg-Stil entschieden habe, muss ich noch genau überprüfen, ob der Wanderweg auch gut geführt ist. Gute Führung bei einem Wanderweg hat nichts mit wohlfeilem Verhalten im Gefängnis zu tun. „Gute Führung" ist Wanderdeutsch. Und für einen gut geführten Weg gibt es einige Kriterien.

Oft verläuft der im Wanderführer hochgelobte Weg kilometerlang so:

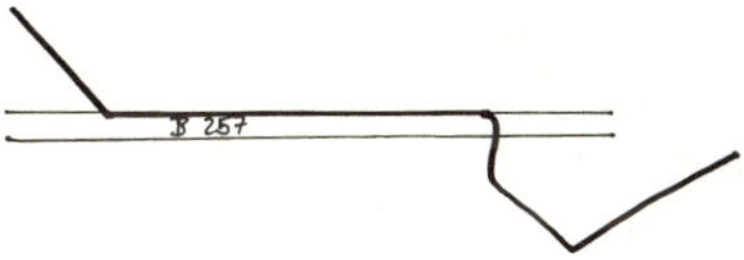

Höchststrafe! Nicht gehen! Ein Wanderweg entlang einer Bundesstraße ist kein Wanderweg, sondern ein Selbstmordprogramm. Auch Landstraßen sind zu meiden. Bei Kreisstraßen kann man anfangen zu diskutieren. Aber auch auf selten befahrenen Straßen stundenlang über Asphalt zu gehen ist nicht erfreulich. Mangelhaft bis ungenügend.

Das Gleiche gilt für solche Strecken:

Auf den ersten Blick kann es auf der Wanderkarte toll aussehen, wie ein solcher Weg sich durch Feld und Wald zieht. Es handelt sich aber um einen asphaltierten Wirtschaftsweg. Unromantisch. Gerade noch ausreichend.

Der gute Wanderweg sollte mindestens über Wege geführt werden, die so

oder so

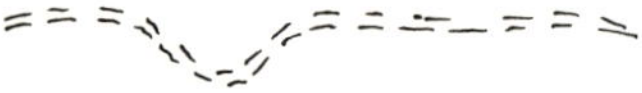

oder auch so

auf der Wanderkarte verzeichnet sind. Das sind alles nicht asphaltierte, breitere Forst- und Wirtschaftswege. Teilweise sind sie aber immer noch drei bis vier Meter breit. Gut bis befriedigend.

Die sehr guten Wanderwege sind so markiert:

Es handelt sich um schmale Pfade, um ausschließliche Fußwege, die auch nur die Fortbewegungsart »Gehen« zulassen. Das sind die eigentlichen Wanderwege.

Wenn dann im Idealfall alles bedacht ist, der Weg fixiert, die Bahnverbindung herausgesucht, der Tisch im Restaurant reserviert und das Hotelbett gebucht ist, ist er fertig, der Plan. Und dann kann die Wanderung beginnen. Und dann kommt sowieso alles ganz anders.

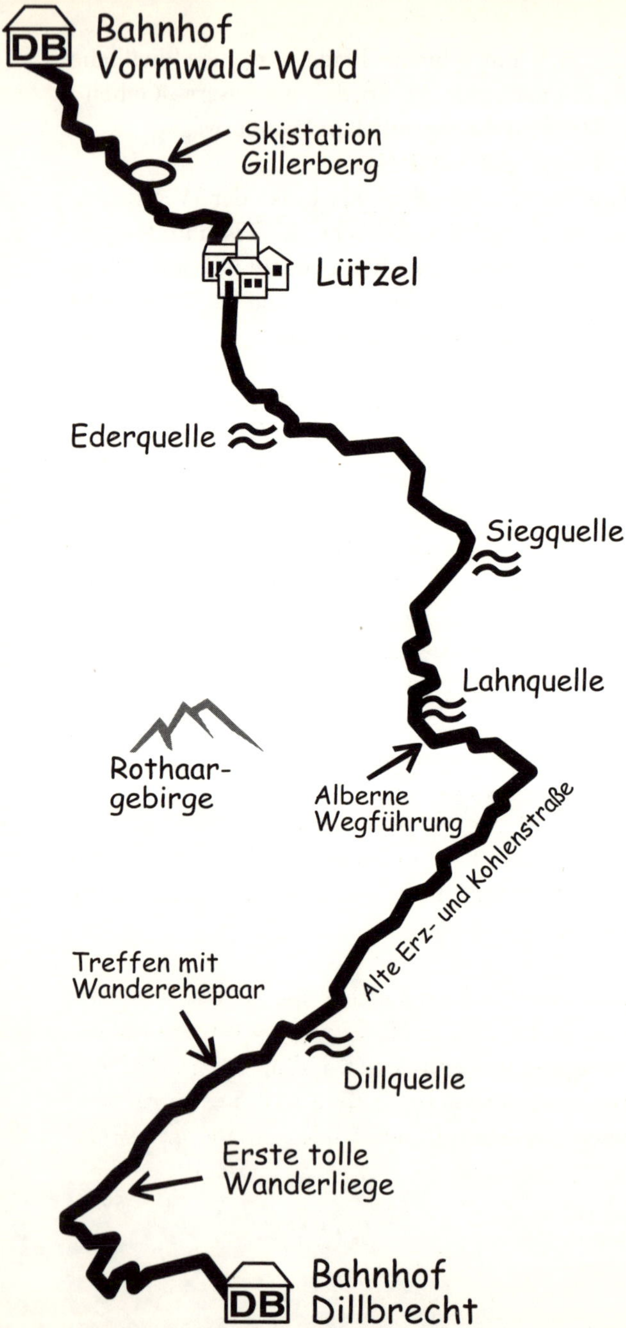
DB
Bahnhof
Vormwald-Wald
Skistation
Gillerberg
Lützel
Ederquelle
Siegquelle
Lahnquelle
Rothaar-
gebirge
Alberne
Wegführung
Alte Erz- und Kohlenstraße
Treffen mit
Wanderehepaar
Dillquelle
Erste tolle
Wanderliege
DB
Bahnhof
Dillbrecht

Der Weg der Sinne

Neues Wandern auf dem Rothaarsteig

März 2004

Ich fuhr in den Tunnel. Minutenlanges Dunkel. Ich bekam Beklemmungen und hatte Angst. Es war der längste Tunnel von Nordrhein-Westfalen: der Gotthard von NRW! Der Rudersdorfer Tunnel führt unter dem Rothaargebirge hindurch; 2652 Meter lang. Immer, bevor der Zug in einen Eisenbahntunnel fährt, schaue ich, wie lang der Tunnel ist. Bei jedem deutschen Eisenbahntunnel steht die Länge an der rechten Seite der Einfahrt, daneben der Name.

Lange Tunneldurchfahrten erinnern mich ich an die famose Erzählung »Der Tunnel« von Friedrich Dürrenmatt, wo der Zug in einen nicht enden wollenden Tunnel rast. Es stellt sich dann heraus, dass der Tunnel mit einer führerlosen Lokomotive in immer steilerem Winkel in den Berg hineinfährt: Der Tunnel wird tatsächlich nie mehr ein Ende haben.

Nach endlosen Minuten tauchte meine Regionalbahn wieder ans Licht, nun waren es nur noch wenige Kilometer bis zu meinem Startpunkt: Dillbrecht im Rothaargebirge. Das Rothaargebirge zieht sich an der Ostseite des größten deutschen Bundeslandes entlang und ist das

Gebirge der Superlative, ein Rausch der Rekorde: Der längste Tunnel von NRW und obendrauf der höchste Berg von NRW: der Langenberg (843m), der den ungleich bekannteren Kahlen Asten (841m) knapp schlägt.

Laut Definition ist ein Mittelgebirge ein Mittelgebirge, wenn die Berge um die 1000 Meter hoch sind und der höchste Berg keinesfalls 2000 Meter überschreitet. Sind daher die Eifel, der Hunsrück oder der Teutoburger Wald gar keine Mittelgebirge, da sie eher zwischen 300 und 500 Meter hohe Höhenzüge aufweisen? Aber den Begriff Niedriggebirge gibt es auch nicht. Deshalb ist es ganz interessant, sich einmal die Hitliste der jeweils höchsten Mittelgebirgsberge anzuschauen.

1. Feldberg (1493m) im Schwarzwald
2. Großer Arber (1456m) im Bayrischen Wald
3. Brocken (1142m) im Harz
4. Schneeberg (1051m) im Fichtelgebirge
5. Schwarzkoppe (1042m) im Oberpfälzer Wald
6. Großer Beerberg (987m) im Thüringer Wald
7. Wasserkuppe (950m) in der Rhön
8. Großer Feldberg (880m) im Taunus (Wieso heißt dieser Berg eigentlich »Großer Feldberg«, ist aber über 600 Meter niedriger als der Schwarzwälder Feldberg?)
9. Langenberg (843m) im Rothaargebirge
10. Erbeskopf (816m) im Hunsrück
11. Hohe Acht (747m) in der Eifel

Dillbrecht liegt an der Dill im Lahn-Dill-Kreis (Autokennzeichen LDK), nicht weit von Siegen an der Sieg entfernt, ist aber schon in Hessen. Vom Ort selbst habe ich eigentlich gar nichts mitgekriegt, da sich der Bahnhof, wie so häufig, weit vor, hinter oder neben dem Ort befindet. Vom Bahnhof aus führt ein Zugangsweg direkt zum Rothaarsteig, und daher stand ich keine fünf Minuten später mitten im Wald. Auf den eigentlichen Rothaarsteig gelangt man aber erst nach einer halben Stunde.

Auf dem breiten Waldweg gab es einen regen und nicht minder rasanten Forstverkehr. Ob die alle wohl hier rumfahren dürfen – braucht man dafür nicht eine besondere Erlaubnis?, fragte ich mich. Ist eigentlich der ehrenwerte Beruf des Wilderers ausgestorben? Gibt es heutzutage noch Baumdiebe? Und lebt denn der Holzmichel noch? Ich müsste mich mal an einen Förster meines Vertrauens wenden.

Dann sah ich von weitem die erste riesige rote Markierung. Das hübsche Logo des Rothaarsteigs zeigt ein auf dem Rücken liegendes »R« auf rotem Grund. Dabei sieht das »R« aus wie eine stilisierte Hügellandschaft.

Der Rothaarsteig ist in Zusammenarbeit der verschiedenen Anlieger-Tourismusverbände und mit Fördergeldern der drei beteiligten Bundesländer NRW, Rheinland-Pfalz und Hessen seit 1997 ausgebaut worden. Insgesamt sind es 155 Kilometer, die man im Rothaargebirge zwischen Brilon und Dillenburg wandern kann. Toll ist auch der Slogan: der Weg der Sinne. Das versprach Gefühle, Leidenschaft, vielleicht auch ein Schuss Erotik. Trotzdem konnte ich mir eigentlich nicht vorstellen, was wohl mit »Weg der Sinne« gemeint war. Bestimmt nicht sinnliche Rothaarige im Rotlichtviertel des Rothaargebirges.

Ich befand mich also auf dem Weg der Sinne. Und der ging direkt tüchtig bergauf. Der Rothaarsteig ist das genaue Gegenteil einer Talwanderung, wie man sie entlang des Lieserpfads machen kann. Die meisten Kilometer werden auf der Höhe zurückgelegt. Der Wanderweg verläuft obenan, und auf beiden Seiten geht es talwärts. Doch geht es hier nicht so steil bergab wie teilweise auf dem Moselhöhenweg, wo es wirklich Gratwanderungen auf extrem schmalen Pfaden gibt, bei denen ein falscher Schritt das Aus bedeuten kann.

Während meiner Vorbereitung auf diese Tour wurde schnell klar, der Rothaarsteig ist nicht einfach ein Wanderweg wie jeder andere, der Rothaarsteig hat eine Philosophie. Er ist meines Erachtens der erste Wanderweg mit einer eigenen Philosophie, um nicht zu sagen Philosophieschule. Es fängt schon damit an, dass ich den Rothaarsteig gar nicht ohne das hoch gestellte »c« mit einem Kreis drum herum schreiben dürfte. Der Rothaarsteig ist eine geschützte Marke. Und jede Marke braucht eine eigene Philosophie: Dieser Wanderweg ist »konzipiert nach landschaftspsychologischen Gesichtspunkten« und bedient die »gehobenen Ansprüche des neuen Wanderpublikums«. Das neue Wanderpublikum! Nach der Neuen Mitte, dem Neuen Markt, New Wave und New Economy kommt jetzt das »Neue Wandern«.

Damit haben die Macher des Rothaarsteigs (das ergäbe auch eine schöne Kinowerbung: »Von den Machern des Rothaarsteigs jetzt der nächste Blockbuster: der Odenwaldsteig«) einen neuen Trend geschaffen. In der Eifel wird diese Konzeption gerade auf dem Eifelsteig umgesetzt. Außerdem wird an einem Rheinsteig gebaut, der den alten Rheinhöhenweg ersetzen soll.

Denn der »neue Wanderer« möchte schmale Pfade

statt Wanderautobahnen, schicke Ruheplätze statt vergammelter Bänke und ein ausreichendes gastronomisches Angebot. Der »neue Wanderer« möchte einfach ein »wanderbares Deutschland«, ein weiterer Spitzenslogan, der auch schon zur Marke geworden ist.

Ein positiver Nebeneffekt der Philosophieschule »Neues Wandern« sind die Markierungen. Teilweise sind sie handtuchgroß mit leuchtend roter Farbe an die Bäume gepinselt. Es gibt auch waschlappengroße Metalltäfelchen. Selbst wenn es schnurgerade geradeaus geht, ist ungefähr alle 300 Meter eine Markierung angebracht. An Abzweigungen ist die Markierung hinter der Abzweigung an den nächsten Baum gemalt oder genagelt, sodass jeder Wanderer direkt sehen kann, wohin er gehen muss. Nicht so wie in der Eifel, wo die Wegewarte vor der Abzweigung mit Pfeilen den Wanderer verwirren wollen. Dort kann man oft nur erraten, wo es vielleicht langgehen könnte.

An größeren Kreuzungen sind am Rothaarsteig Wegweiser mit Kilometerangaben zu den diversen Wanderzielen aufgestellt. Teilweise ist das Zeichen auch auf den Asphalt gemalt, wenn es der besseren Orientierung dient. Kurz, ich war hin und weg von

Rothaarsteig – vorbildliche Markierung

der Markierungsfülle. Das war wirklich mal eine Wanderung, bei der ich die Wanderkarte hätte vergessen können.

Die Wanderkarte hatte ich eingesteckt, dafür fehlte etwas anderes: meine Wandersocken. Beim Laufen merkte ich, dass ich in meinen Wanderschuhen hin und her rutschte. In der frühmorgendlichen Hektik musste ich sie vergessen haben und hatte die Wanderschuhe einfach über meine herkömmlichen, schwarzen Herrenknie-

Schweiz – ordentliche Markierung

Eifel – leicht unübersichtliche Markierung

strümpfe gezogen. (Diese hervorragende Herrensocke habe ich in einer edlen Zehner-Packung von dem Chef einer bekannten deutschen Sockenfirma, der zufällig auch Falke heißt, geschenkt bekommen. Den Mann dauerte es, dass ich einst in der Harald Schmidt Show mit löchrigen Socken zu sehen war, und er beschenkte mich so reichlich, dass ich heute noch davon zehre.)

Ich fing an mich zu hassen, weil ich mit jedem Schritt einer Blase näher kam. Nach vielleicht höchstens vier Kilometern spürte ich, wie es unter dem linken großen Zeh so weit war. Und Blasen sind wirklich die Hölle. Manche sind sogar lebensgefährlich, doch dazu später.

Dass die Macher des Rothaarsteigs an alles gedacht hatten, entdeckte ich schon nach wenigen Kilometern in Form der ersten ergonomisch geformten Bank. Sie sah sehr einladend aus. Das ist nicht selbstverständlich, denn es gibt viele Sorten von Wanderbänken:

Typ 1: Die verlotterte Bank

Dies ist eine Bank, auf die man sich beim besten Willen nicht mehr setzen kann. Der Nässeschutz ist lange Zeit schon abgenutzt, sodass der Regen ins Holz dringen konnte. Auf dieser modrigen und fasrigen dunkelbraunen Holzmasse bekommt man auch bei herrlichstem Sonnenschein einen nassen und dreckigen Hintern. Mit ein bisschen Pech fängt man sich auch noch einen Holzspan. Meistens fehlen aber bei diesen Uraltbänken sowieso einzelne Latten der Sitz- oder Anlehnfläche. Diese Bänke sind die Ruinen vergangener Wanderzeiten.

Verlotterte Bank

Steinbank

Typ 2: Die Steinbank

Der ortsansässige Steinmetz hatte wohl genug davon, ständig nur an Grabsteinen herumzumeißeln. Endlich konnte er sich auch einmal in der freien Natur beweisen und allen zeigen, dass ein kleiner Rodin in ihm steckt.

Typ 3: Die Luxus-Wanderbank

Sie sind kreisförmig angeordnet und überdacht und werden auch Wanderhütte genannt. Oft riecht es etwas feucht, und es ist so dunkel, dass nicht genau zu erkennen ist, auf was man sich da gerade setzt.

Typ 4: Die spießige Wanderbank

Sie ist top in Schuss. Sie besteht entweder aus grünen Kunststofflatten oder aus gepflegten, holzschutzbehandelten Balken. Was macht eine Wanderbank zur spießigen Wanderbank? Ein winziges Detail, das niemals fehlt: Ein kleines, an der Rückenlehne angebrachtes Metallschildchen, das den oder die Stifter der Wanderbank nennt. Es gibt in den deutschen Mittelgebirgen unzählige Vereine oder Institutionen, die Wanderbänke sponsern. Das geht von der Kreissparkasse über das ortsansässige Beerdigungsinstitut bis zu Kegelvereinen, die sich als Mäzene ins Schildchen eingravieren lassen.

Typ 5: Die teilamputierte Wanderbank

Sie sieht man vor allem im Winter. Bei diesen Exemplaren stehen nur noch zwei Betonfüße, die im Boden verankert sind. Es gibt keine Sitz- und Lehnfläche mehr. Dies ist also keine Bank im engeren Sinne. Sie wird erst im Frühling zur Sitzmöglichkeit, wenn aus der Bankraupe ein wunderschöner Bankschmetterling wird. Dann kommt der Bankwart und schraubt die fehlenden Sitz- und Lehnteile wieder auf die Betonfüße. Der verborgene Sinn hinter dieser Übung: Dass die witterungsanfälligen Holzteile im Winter nicht vergammeln.

Teilamputierte Bank

Typ 6: Die rustikale Wanderbank

Sie findet man oft an Grillplätzen. Die Sitzfläche ist ein halbierter Baumstamm. Auch die Rückenlehne ist aus massivem Holz gearbeitet und befindet sich auf der Gemütlichkeitsskala bei »super-urig«.

Rustikale Bank

Man könnte jetzt einwenden, wozu braucht man mit zwei gesunden Beinen bitte schön eine Bank? Man will doch wandern und nicht rumsitzen. Und ich bin sowieso ein Freund des Power-Wanderns, der im Gehen isst und

Ergonomische Wanderliege

trinkt. Aber gerade zum Ende einer Wanderung habe ich schon häufig geflucht, wenn zehn Kilometer lang keine Bank kam, um die schmerzenden Glieder zu strecken.

Und hier nun die Wanderbanksensation im Rothaargebirge: eine Bank mit ergonomisch geformter Rückenlehne. Es gibt keine Zweiteilung mehr zwischen Sitzfläche und Rückenlehne, sondern eine geschwungene Fläche aus hellem Naturholz. Die Bänke sind trocken und ohne Metallschildchen.

Zwei Kilometer weiter wurde es allerdings noch besser. Da stand plötzlich eine Wanderliege. Das Ding war sensationell. Ich konnte mich gemütlich hinlegen, die Beine entspannen und in die Ferne schauen. Das war in der Tat etwas für die Sinne.

Später sah ich auch Zweierliegen, auf denen sich ein Wanderpärchen aneinander geschmiegt dem Naturgenuss hingeben kann. Für die Wanderliege allein lohnt es sich, dem Rothaarsteig einen Besuch abzustatten.

Den Kamm entlang führte der Weg nun in einen dichten Tannenwald. Durch die Tannen brach sich die Frühlingssonne in Streifen ihren Weg. Aber waren das überhaupt Tannen? Wahrscheinlich waren es eher Fichten, denn im deutschen Wald wimmelt es von Fichten, weil sie rasch wachsen und sich damit für die Forstwirtschaft schneller lohnen. Vom ökologischen Standpunkt ist von der Fichtenmonokultur eher abzuraten, da Fichten flache Wurzeln haben und leicht von Sturm, Lawine und Wassermassen umgeknickt werden. Ich wusste zumindest, dass ich durch einen Nadelwald ging. Da federt jeder Schritt leicht nach. Wenn der Untergrund weich, gelenkschonend und nadelig ist, gehe ich durch Nadelwald. Den Laubwald erkenne ich am Rascheln bei trockenem Wetter und am schmatzenden Geräusch der feuchten Blätter bei Regen. Die einzigen Bäume, die ich sofort ausmachen kann, sind Birken und Eichen. Birken sind für mich wegen ihrer weiß-schwarzen Musterung die Schimmel unter den Bäumen. Alte Eichen bestimme ich anhand des Baumumfangs. Je größer der Umfang, umso eher handelt es sich um eine Eiche. Ganz sicher und froh bin ich, wenn an einer Eiche ein Schild angebracht ist, das den Baum als alte Eiche ausweist.

Die Anschaffung eines Baumbestimmungsbuchs hat sich als sinnlos erwiesen, da ich nie darin gelesen habe.

Waldlehrpfade sind eigentlich für Menschen wie mich eingerichtet worden. Sie erklären auf Täfelchen mit lateinischen Namen die exotischen Baumarten, die aus fernen Ländern in die deutschen Mittelgebirge verschleppt wurden. Aber Wanderlehrpfade sind unpraktisch. Sie hemmen den Wanderfluss und bieten viel zu viele Informationen, die mir meist nach wenigen Metern schon entfallen sind.

Im Nadelwald traf ich auf einen älteren Wanderer. Er hatte sich dick in einen Schal eingewickelt und trug einen braunen Filzhut mit rotem Zierband. Er blieb stehen und stützte sich auf seine zwei Wanderstöcke. Sofort fing er ein Gespräch über mein Wanderziel an.

Das ist meist die erste Frage, wenn sich zwei Wanderer begegnen: »Wohin soll's denn gehen?« Ich bin es gewohnt, wenn ich mein Ziel nenne, ein bewunderndes oder ungläubiges »Was, so weit?« zu hören. Doch dieser Wanderfreund war von meinem Tagesziel Lützel, das noch 30 Kilometer entfernt war, nicht beeindruckt. »Ach Lützel, das kommt ja bald.« Hatte er mich einfach akustisch nicht verstanden?

Während wir uns unterhielten, näherte sich auch seine Frau, die anscheinend seinem Tempo nicht hatte folgen können. Sie trug eine leuchtend orange Steppjacke. Gemeinsam klärten sie mich über die Quellen auf, die mich auf meiner heutigen Wanderschaft erwarteten: Die Dill- und Siegquelle wären schön eingefasst, aber Lahn- und Ederquelle, na ja, das wäre Geschmackssache. Ihr Geschmack war es nicht, wie ich deutlich ihrem Gesichtsausdruck ablesen konnte.

Die beiden kamen dem Dialekt nach aus der Gegend, mundartlich also zwischen Herbert Knebel und Jürgen von der Lippe. Sie kannten sich wirklich gut aus und waren diesen Weg schon seit Jahrzehnten gegangen, auch als der noch nicht »Rothaarsteig« hieß und ein Weg der Sinne war. Sie hielten nicht viel von dem ganzen Getue rund ums »Neue Wandern«. Ein wenig hilflos stand ich mit den beiden rum und hörte zu. Ich wollte weiterwandern. Doch die beiden redeten einfach ohne Unterbrechung und waren inzwischen bei der Wanderkunst angelangt, die extra für den »Weg der Sinne« aufgestellt worden war. Ob ich das schon gesehen hätte? Hatte ich nicht. Das wäre doch furchtbar. Kurz vor Winterberg befänden sich einige Skulpturen, die merkwürdige Titel wie »Kein leichtes Spiel« und »Stein-Zeit-

Mensch« hätten. Vor allem der »Stein« wäre grauenhaft. Ob ich den nicht schon einmal gesehen hätte? Hatte ich nicht. Einfach furchtbar. Und der Künstler? Ob ich denn wisse, wo der Künstler wohnen würde? Der wohne in Paris und würde sich ins Fäustchen lachen über die Schweinekohle, die er für diesen Mist mitten im Sauerland bekommen habe.

Ich bedankte mich für die Informationen und wünschte den beiden noch einen schönen Tag. Auf den Wanderstöcken der beiden hatte irgendetwas mit »Trail« gestanden. »Wandern« sagt heute niemand mehr. Im »Oxford Advanced Learner's Dictionary of Current English«, herausgegeben von einem Herrn A.S. Hornby, kann man einige Umschreibungen für die gebräuchlichsten Wander-Anglizismen nachschlagen.

Trail - *path through rough country.* Na ja, als »rough country« würde ich die deutschen Mittelgebirge nicht bezeichnen.

Trek/Trekking – *make a long, hard journey.* So lange und hart wird es in Deutschland nicht.

Hike/Hiking – *long walk in the country, taken for pleasure or exercise.* Ja, das kommt dem deutschen Wort »Wandern« schon näher, zumindest das »walk for pleasure«. »Walk for exercise« heißt hierzulande eher »Marsch« und ist zudem historisch vorbelastet.

Walk/Walking – *move by putting forward each foot in turn, not having both feet off the ground at once.* Danke, Herr Hornby. Ich werde in Zukunft darauf achten, mit mindestens einem Fuß auf dem Boden zu bleiben. Die neue Hip-Variante des Walking ist übrigens das »Nordic Walking«, frei übersetzt »Nordisches Nicht-mit-zwei Füßen-gleichzeitig-den-Boden-Verlassen«. Ich finde das nicht so schön und sage weiter »Wandern«.

Nun wollte ich zu den Quellen. Die Vorfreude kulminierte in dem Schlachtgesang »Wir woll'n die Quellen sehn, wir woll'n die Quellen sehn, wir woll'n wir woll'n, wir woll'n die Quellen sehn«, den ich lauthals durch den Wald grölte.

Mein Gesang war kein korrektes Wanderverhalten, da sich der Wanderer zum Schutz des Wildes still verhalten soll. Aber das war mir in diesem Moment egal, und der Wander-Hooligan brach aus mir heraus. Den Song »Wir woll'n die Quellen sehn« entlehnte ich dem alten Fußballgassenhauer »Ihr könnt nach Hause gehn«, der sich im Erfolgsfall an die gegnerischen Fans richtet. Wenn es nicht so gut läuft, heißt es »Wir woll'n euch kämpfen sehn« als Aufforderung an die eigene Mannschaft. Es ist schön beim Solo-Wandern, dass ich oft stundenlang durch den Wald laufe, laut pfeifen und singen kann, ohne dass mich ein Mensch hört. Das ist – Achtung! – mein Pfeifen im Wald. Häufig, und das ist wirklich unangenehm, kriegt man die gesungenen Lieder nicht mehr aus dem Kopf. Das mag am monotonen Gehen liegen. Aber so ein Wanderohrwurm kann ganz schön nerven. Die stumpfe Melodie des Fußballsongs sollte mich noch bis zum Ende begleiten, obwohl ich da schon alle Quellen gesehen hatte.

Im Rothaargebirge sind die Quellen etwas Besonderes, weil es auf einer Wasserscheide liegt. Auf der einen Seite des Gebirges entspringen die Flüsse, die in den Rhein fließen, wie zum Beispiel Sieg und Lahn, auf der anderen Seite liegen die Quellen von Eder und Röspe, die in die Weser münden. Die meisten deutschen Mittelgebirge quellen nur für einen Strom. Alles Feuchte, was zum Beispiel der Eifel entspringt, landet entweder direkt oder indirekt (über die Mosel oder die Maas) im Rhein. Es gibt also einstromige und zweistromige Gebirge. Ein anderes zweistromiges Mittelgebirge ist die Schwäbische Alb, die auf der einen Seite durch viele Neckarzuflüsse den Rhein und auf der anderen Seite die Donau bedient.

Von der Dillquelle sah ich als Erstes einmal eine Schutzhütte und einen Grillplatz mit kostenlosem Grillholz. Unterhalb des Rastplatzes befand sich eine Naturstein-Einfriedung, eine einfache Backsteinmauer mit einem dünnen Röhrchen in der Mitte, aus dem die ersten Tropfen der Dill kommen. Ich fand die Vorstellung faszinierend, wie lang der Weg dieser ersten Tropfen sein würde und wie viele Dörfer und Städte sie passieren würden. Die Dill fließt durch Dillbrecht, durch Haiger mit der aus Staumeldungen bekannten Autobahnausfahrt Haiger/Burbach, durch Dillenburg, Herborn und Wetzlar. Hier lernte Goethe den Kammergerichtsassessor Karl-Wilhelm Jerusalem kennen, der sich aufgrund einer unerwiderten Liebe umbrachte und so zum Vorbild des literarischen Werther wurde. In Wetzlar mündet die Dill in die Lahn.

Ich habe die Dill an der Quelle probiert und sie schmeckte sehr gut. Das Wasser war aber so kalt, dass ich nach der Dill-Verkostung meine Handschuhe anziehen musste. Überhaupt war ich gut beraten gewesen, warme Sachen mitzunehmen. In Köln waren die Temperaturen in diesen Märztagen auf vorsommerliche 20 Grad gestiegen. Aber der Videotext des WDR hatte in seinem Wetterdienst angekündigt, dass es im Bergland von NRW zwar sonnig, aber nur um die 12 Grad warm werden sollte. Dazu kam oben auf dem Wanderweg ein böiger Wind. Fleecejacke und Wollmütze hatte ich seit Beginn an, nun also auch die Handschuhe.

Nach der Dillquelle zog sich der Rothaarsteig kilometerlang über einen Gebirgskamm. Auf diesem Höhenweg verläuft auch eine Loipe. Ich war froh, dass kein Schnee mehr lag. Skilangläufer auf einem Wanderweg stelle ich mir ungefähr so toll vor, wie auf einem asphaltierten Feldweg einem Rollerblader zu begegnen. Es gibt Fortbewegungsarten, die einfach nicht kompatibel sind.

Eine Tafel am Wegesrand erzählte von der Vergangenheit des Höhenwegs: Entlang des Bergkamms verläuft die Sprachgrenze zwischen dem west-niederdeutschen und dem hessisch-mitteldeutschen Sprachgebiet. Hier trennt sich also sozusagen Millowitsch von Heinz Schenk.

In der Mitte des ungefähr vier Meter breiten Weges fanden sich häufig Stolpersteine. Doch das musste so sein, denn sie markieren die Grenze zwischen dem kurkölnischen Sauerland im Westen und der Grafschaft Wittgenstein im Osten. Von einer großen Schlacht im oder am Rothaargebirge ist mir nichts bekannt, also gehe ich davon aus, dass es zwischen dem kurkölnischen und dem Wittgensteiner Volk weitgehend friedlich zuging.

Der Höhenweg war aber nicht nur ein Grenzweg. Er war einst ein jahrtausendalter Wirtschaftsweg. Zum einen wurde hier Erz abgebaut. Wissenschaftler sind sich nicht einig, ob der Name des Gebirges von dem roten Erscheinungsbild des Rotbuchen-Waldes abgeleitet wurde oder von der rötlichen Färbung des Eisenerzes kommt. Dieses Erz ist der Grund, warum schon vor etlichen hundert Jahren im Siegerland Eisenhütten entstanden und dieser Landstrich ein Eldorado der Eisenerzeugung war. Von den Tälern, die sumpfige Auenlandschaften waren, wich man auf die Höhenwege aus, wo sich das Erz relativ problemlos transportieren ließ. Zum Eisenmachen brauchte man aber nicht nur Erz, sondern auch Kohle. Ich ging nicht nur auf einer Sprachgrenze, einer politischen Grenze, einer Wasserscheide und auf einem Ex-Erzweg, sondern auch auf einem Kohlenweg. Bevor die Steinkohle im Ruhrgebiet und die Braunkohle von Garzweiler II entdeckt war, musste die Holzkohle glühen. Wenige Meter abseits des Rothaarsteigs kann man heute noch eine Nachbildung eines Köhlerzelts und eines Köhlers sehen. Im Köhler brannte Tag und Nacht das Feuer, damit das Holz zur Holzkohle wurde. Daneben stand ein »Zelt«, aus dünnen Ästen und Lehm gebaut. Dieses »Zelt« hieß Köthe. Köthe als Wort kannte ich gar nicht. Die Köthe schützte den Köhler, der das Feuer bewachte, vor Regen und Wind. Dabei war sie so klein, dass er höchstens im Stehen darin schlafen konnte. Aber er sollte ja auch auf das Feuer aufpassen und nicht schlafen. Ein hammerharter Job, und das alles auch noch ohne Gewerkschaften.

Ich war nun ungefähr 15 Kilometer gewandert und fühlte mich richtig gut. Ich schwebte mehr, als dass ich wanderte. Ich war glücklich. Solche Wandererhochgefühle sind nicht selten. Das Glücksgefühl und der Rauschzustand des Läufers heißt »runners high«. Schon wieder ein unnötiger Anglizismus. Gemeint ist die Endorphin-Ausschüttung beim intensiven, fast meditativen Laufen. Das »Wanderhoch« ist dagegen leichter und öfter zu haben, wenn der Weg schön ist. Es ist natürlich wichtig, lange Strecken zu wandern, um in diesen komatösen Rauschzustand zu gelangen. Man darf sich da nichts vormachen: Ich beschreibe in diesem Buch die eine oder andere Abwechslung unterwegs: hier eine Burg, da eine Mühle oder eine Quelle. Die meiste Zeit aber sieht man viele Bäume und marschiert öde voran. Doch diese Eintönigkeit hat eine ganz eigene Qualität. Die Monotonie bläst das Gehirn frei. Und wenn dann ein toller Ausblick kommt, der Weg endlich bergab geht oder sich der Gasthof nähert, dann – zack! – kommen die Endorphine. Das ist ein Grund, warum ich gerne allein unterwegs bin. Klar, es gibt auch Vorteile zu mehreren, mit dem Partner, der Familie oder den Freunden zu wandern, aber jene meditative Wanderstimmung stellt sich in diesen Fällen seltener ein und wird durch zu viel Kommunikation gestört.

Anscheinend kennen aber viele Wanderer nicht die Vorteile des Allein-Unterwegs-Seins. Ich traf an diesem Tag immer nur auf Pärchen. Insgesamt acht, bis auf zwei ältere Herren alle gemischtgeschlechtlich. Mir fiel auf, dass eines der Wanderpärchen (auch mit Stöcken unterwegs) sehr jung war. Ich würde schätzen, dass die beiden um die zwanzig Jahre alt waren, womit sie das Durchschnittsalter der anderen Pärchen erheblich senkten. Sie hatten praktische Wanderklamotten neueren Datums in gedeckten Farben angezogen und waren mit zwei größeren Rucksäcken anscheinend mehrere Tage auf dem Rothaarsteig unterwegs. So wie diese Wanderer, jung, gut aussehend, wohlhabend und klug, stellten sich die Macher des »Weges der Sinne« wahrscheinlich die Prototypen des »Neuen Wanderns« vor.

Um die ging es wahrscheinlich auch, als ein Kilometer vor der Lahnquelle die Wegführung ein bisschen albern wurde. Der schnellste Weg zur Lahnquelle ist eine asphaltierte Kreisstraße. Um jetzt aber die Freuden des »neuen Wanderers« nicht durch unnötigen Lärm zu trüben, wurde ein neuer Pfad im Wald neben der Straße angelegt. Dieser Pfad schlängelt sich ein bis drei Meter neben der Straße entlang. Ich musste höllisch aufpassen, dass ich mich nicht am überaus reichhaltig vorhandenen Wurzelwerk verfing und mir einen Bänderriss zuzog.

Aus meinem Wanderführer wusste ich von zwei gastronomischen Betrieben an der Lahnquelle. Der Hunger trieb zur Eile und mich schließlich auf die Kreisstraße. »Weg der Sinne« hin oder her, das brachte mich jetzt schneller zur Mittagsvesper.

Es ist ganz praktisch, dass es so genannte »Qualitätsbetriebe« am Rothaarsteig gibt. Diese Hotels und Gasthöfe sind speziell auf Wanderer und ihre Bedürfnisse eingerichtet. Hier kann man zum Beispiel seine Schuhe säubern. Eine ungewöhnliche Serviceleistung, die den normalen Gastwirt schon bei dem Gedanken an die vielen hartnäckigen Lehmklumpen um den Verstand bringt. Es gibt auch die Möglichkeit, Wanderschuhe und -rucksäcke auszuleihen. Unterkünfte, die nicht direkt am

Wanderweg liegen, haben einen Shuttle-Service, der den Wandertourist zum Rothaarsteig bringt und abholt. Ich habe bisher noch nicht ausprobiert, ob das auch immer und überall in der Praxis funktioniert, aber es hört sich schon mal ganz gut an.

Im Forsthaus »Lahnquelle« bestellte ich Nudeln mit gebratenen Scampis und einen Beilagensalat und bekam Nudeln in Pesto-Sahne-Krabben-Sauce. So was kann passieren. Weil die Sahne-Nudeln billiger waren als die Scampi-Nudeln, habe ich nichts gesagt. Ich reklamiere sowieso nicht gerne.

Weil es drinnen in der Gaststube etwas stickig und verqualmt war, setzte ich mich nach draußen, mit Blick auf die Lahnquelle. Das war Ende März viel zu kalt, aber ich hatte auch meinen Stolz und ging nicht wieder hinein. Die Lahnquelle selber kann man im Unterschied zur Dillquelle nur ungefähr erkennen. Sie beginnt mit einer Art kleinem Tümpel. Von diesem Tümpel aus macht sie sich dann auf ihren 240 Kilometer langen Weg Richtung Rhein und fließt dabei durch Biedenkopf, Marburg, Gießen, Wetzlar, Weilburg. Übrigens ein wunderschönes Städtchen, das aber aufgrund seiner Nähe zu Limburg oft übersehen wird. Sollte man aber mal hinfahren. Weiter fließt die Lahn durch Limburg, mit seinem berühmten Dom, den man von der A3 und der ICE-Neubaustrecke Köln-Frankfurt aus sehen kann. Dann kommt Nassau. Von diesem Ort leitet sich der Begriff des »Nassauers« bzw. das »Nassauern« ab. Der »Nassauer« versucht sich einen Vorteil zu verschaffen, ohne dafür aufzukommen. Der Legende nach waren die Nassauer so arm, dass sie sich keine eigene Universität leisten konnten. Daher wurden die Nassauer Studenten nach Göttingen geschickt. Als Ausgleich für die Unannehmlichkeit, immer nach Göttingen pendeln zu müssen, richtete der Herzog von Nassau in der Göttinger Mensa einen Freitisch für die Nassauer Studenten ein, an dem sie umsonst verköstigt wurden. Das nutzten wiederum finstere Gestalten aus, die gar nicht aus Nassau kamen und trotzdem freie Kost wollten. Diese Lumpen waren dann »Nassauer«: Also nicht die Original-Nassauer sind die Nassauer, sondern die, die die Nassauer ausnutzten, sind die Nassauer.

Später erreicht die Lahn das Kurbad Bad Ems mit seiner Blütezeit im 19. Jahrhundert. Berühmte Kurgäste waren Richard Wagner, Kaiser Wilhelm I., Zar Alexander II. und andere Russen wie Dostojewski und Gogol. Bad Ems war das Modebad der Franzosen. Eine Pariser Boulevardzeitung schrieb: »Bad Ems ist die Perle der Thermalbäder und der Vergnügungsturm zu Babel.« An der Lahn war echt was los.

Und schließlich erreicht die Lahn kurz vor ihrer Mündung in den Rhein Lahnstein. Die Scharping-Stadt. Hier ging der Fast-Bundeskanzler und ehemalige SPD-Vorsitzende mit der Vorliebe für Swimmingpools zur Schule und wurde in jungen Jahren in den Stadtrat gewählt. Noch heute ist der Wahlkreis Rhein-Lahn der Stammwahlkreis von Rudolf Scharping.

Von dem Lahnwasser habe ich nichts getrunken, da es in dem Quelltümpel ziemlich brackig aussah.

Entgegen der eigenen Philosophie, den Sinnenfreuden und dem »Neuen Wandern« führt der Rothaarsteig nach der Lahnquelle auf eine Asphaltstraße, die den Status einer Landstraße hat. Dass diese Landstraße auch gleichzeitig Wanderweg ist, hielt die ortsansässige Jugend nicht davon ab, mit mindestens 100 Stundenkilometern an mir vorbeizurasen.

Ich war froh, als der Rothaarsteig in den Wald schwenkte. Ich wollte noch mehr Quellen sehen. Ich wollte Quellenexperte werden. Und die Quellen sprudelten jetzt wirklich im Minutentakt: Erst kam die Ilmquelle, dann die Siegquelle und schließlich die Ederquelle. Die Ilm ist auf keinen Fall mit der thüringischen Ilm zu verwechseln, die der Stadt Ilmenau ihren Namen gab, die Ilm, die durch Weimar fließt und später in die Saale mündet. Nein, diese Ilm war das nicht. Aber auch nicht die Ilm, die zwischen Ingolstadt und Regensburg in die Donau fließt. Diese Ilm quillt hier auch nicht aus dem Berg. Es war die Rothaar-Ilm, die schon ziemlich bald in der Lahn aufgeht.

Warum haben so viele Flüsse gleiche Namen? Die neuere Sprachforschung geht davon aus, dass fast alle Flussnamen Europas über 10.000 Jahre alt sind und einer baskischen Ursprache entstammen. Das Indogermanische hat sich erst später verbreiten können. Vor 10.000 Jahren kannte man keine Eigennamen für Flüsse. Da hieß der Fluss Fluss und der Berg Berg und das Tal Tal. Daher, so diese These, gibt es Namensverwandtschaften zwischen dem spanischen Ebro und dem bayrischen Ebersbach. Der Ebro könnte durch Sprachmutationen aber auch mit der Eder verwandt sein. All das heißt Fluss. Genauso verwandt sind Flüsse mit den Bestandteilen il-, el- und al-. Alle drei Ilms, die Iller, die Elz und die Aller entstammen dem gleichen Wortstamm. Es handelt sich eben um Flüsse, und daher heißen sie auch so.

Nach der Ilmquelle kam die Siegquelle. Und zwischen Sieg- und Ederquelle machte ich kurz Rast auf einem der ergonomischen Wandersofas und genoss die Sonne. Die Aussicht auf die Talmulde war herrlich, und die Ritter-Sport-Trauben-Nuss-Schokolade schmeckte ausgezeichnet, obwohl sie nicht meine Lieblings-Ritter-Sport-Sorte ist. Aber im Süßigkeiten-Automaten am Bahnhof von Siegen war die Sorte gerade vorne. Das hat mich schon am Süßigkeiten-Automaten der Harald Schmidt Show genervt. Im Fach für Mars sind nur Mars. Im Fach von Duplo sind nur Duplo. Aber im Ritter-Sport-Fach sind verschiedene Sorten. Die guten wie Marzipan, Haselnuss und Nougat, und die, die ich nicht mag. Und meistens steht vorne eben eine Sorte, die ich nicht so mag.

Mir fiel auf, dass es auf den neu eingerichteten Rast- und Ruheplätzen des Rothaarsteigs keine Abfalleimer gab. Auf der Internetseite des Rothaarsteigs wird darauf hingewiesen, dass es zur Philosophie gehöre, dass jeder Wanderer seinen Müll selber wieder mitnehme und entsorge. Und das ist auch gut so. Ich habe mich sowieso immer gefragt, wer bitte schön die Mülleimer an den einsamsten Wanderwegen leert. Scheinbar wissen das die Verantwortlichen auch nicht, weswegen viele Körbe an Rastplätzen auch von Bierdosen und fettigen Brotpapieren überquellen.

Wenige Minuten nach meiner kurzen Rast erreichte ich die Ederquelle. Wie die Siegquelle und die Dillquelle hatte man in den 70er Jahren die Ederquelle nach dem Geschmack der Zeit eingefasst. Das sah ordentlich aus, war sauber und leicht zu pflegen. So wie eine schöne Klinkerwand an der Hausfassade. 1991 wurde dann diese

Wandermülleimer – typisch

Einfassung zugunsten einer naturbelasseneren Variante wieder entfernt. Um etwas über die Ederquelle zu erfahren, musste ich einer Schautafel vertrauen. Sehen konnte ich kaum etwas, da ein Geländer den Zutritt versperrte und man nur ein paar Sträucher und eine größere Pfütze erkennen konnte. So wie es jetzt ist, das erzählte mir die Schautafel, ist alles ganz prima für die Natur. Ohne Mauern und Einfassung hat sich die für eine Quelle typische Flora und Fauna wieder ausgebreitet. Es handelt sich um verschiedene Pflanzen und Tiere. Die Namen habe ich natürlich sofort wieder vergessen, aber ich hatte das gute Gefühl, eine politisch korrekte Quelle gesehen zu haben.

Ich hatte fast schon 30 Kilometer hinter mir und war froh, dass der sanfte Abstieg ins Tal begann. Der Weg folgte dem Lauf der Eder, die sich in extremen Windungen durchs Tal mäandert. Dieses Tal war keine Schlucht, sondern ein weites, sanft geschwungenes Tal. Den Talgrund schätzte ich auf 200 Meter Breite. Zwischen einer Art Steppengras wuchsen ein paar vereinzelt herumstehende, trostlose Birken. So stelle ich mir die russische Tundra vor. Die Aussicht und das Wandererlebnis waren genauso aufregend wie eine sibirische Steppendurchquerung. Fast war ich im Gehen eingeschlafen und hatte beinahe die Abzweigung des Weges Richtung Lützel verpasst. Die Eder verabschiedete sich hier in Richtung Weser. Auf Wiedersehen Eder, hallo Lützel!

Ein ungelenker, blasser 13-Jähriger mit Limp-Biskit-T-Shirt und geschultertem Kickboard kam mir entgegen. Überaus freundlich begrüßte er mich und wünschte mir einen schönen Tag. Respekt! Die Legende vom maulfaulen und sturen Sauerländer muss umgeschrieben werden, wenn einheimische Pubertierende jetzt einsame Wanderer grüßen.

Und schon war ich im Ortskern von Lützel. Lützel ist die mittelhochdeutsche Bezeichnung für klein. Der größte deutsche Dichter, Robert Gernhardt, schrieb in seiner Frühphase manchmal unter dem Pseudonym Jeman Lützel. Dabei ist Lützel gar nicht so klein, ist aber auf jeden Fall entschieden hässlicher, als es der knuffige Name vermuten lässt. Der Ort liegt auf beiden Seiten einer viel befahrenen Bundesstraße, und die herausragenden Gebäude sind lang gestreckte Industriehallen. Also schnell weg hier und den Berg hinauf, auch wenn Lützel ursprünglich mein Ziel gewesen war. Ich spürte noch genug Kraft für weitere Schritte.

Der Rothaarsteig führte mich mit einer ziemlich brutalen Steigung einen Feldweg herauf. Schon von weitem erkannte ich eine gebückte Gestalt vor mir, die sich im Schneckentempo bergaufwärts bewegte. Beim Näherkommen konnte ich einen Schlauch erkennen, der vom Rücken des Wanderes zu seinem Mund führte. Der

Mann sah sehr hinfällig aus. Ich überlegte, ob es in der Nähe vielleicht eine Klinik gab und der Mann sich gerade von seinen Apparaten losgerissen hatte. Als ich überholen wollte, sprach er mich an. Der Wanderkollege war mindestens 85 Jahre alt. Aus seinem Rucksack ragte eine Trinkflasche, von der er durch einen Schlauch trank, während er mit mir sprach.

Er erzählte, er würde seit 40 Jahren jeden Tag zwischen 20 und 35 Kilometer durchs Rothaargebirge wandern. Jeden Tag! Und bei jedem Wetter!

Im Gegensatz zu meinen Wanderfreunden am Morgen, die es lieber sauber und eingefasst hatten, war der Wander-Greis ein ausgesprochener Grüner.

Er erklärte mir, wie er in den letzten Jahren den Klimawandel und das Waldsterben erlebt hat. Da er sozusagen auf Wanderschaft lebt, bekam er natürlich Temperaturunterschiede und Einschnitte in die Vegetation genau und direkt mit. Seine Ausführungen waren aber nicht nur emotional gefärbt, sondern auch durch großes ökologisches Fachwissen unterfüttert.

Er versprach mir, dass ich am Ende des steilen Feldwegs eine fantastische Aussicht auf die gesamten umliegenden Bergzüge hätte. Und so war es auch. Noch mehr überraschte mich, dass sich auf der Höhe des Gillerbergs ein kleines Wintersportgebiet mit rostiger Sprungschanze und Skilift befindet. Ohne Schnee war hier nichts los. Im weiteren Verlauf durchquert der Rothaarsteig noch die sauerländischen Top-Wintersportgebiete Schmallenberg und Winterberg. Was bedeutet, dass im Winter auf ungefähr 15 Kilometern mit nervigen Langläufern zu rechnen ist. Am schlimmsten sind die vielen sturzbetrunkenen Holländer, die unvermittelt auf ihren Skiern aus dem Wald brettern. Die Berge des Sauerlands sind ja die Alpen der Holländer, und dass die sich nicht jeden Tag im Winter in Horden gegenseitig beim Skifahren überfahren, grenzt an ein Wunder.

Das Skigebiet oberhalb von Lützel ist im Unterschied zum Winterberger Ski-Eldorado kompakt, klein und stört beim Durchwandern nicht. Drei Kilometer hinter dem Gillerberg erreichte ich die Ginsburg. Genauer gesagt verläuft der Wanderweg knapp unterhalb dieser Burg. Mir war es zu anstrengend, die 200 Meter zur Burg hochzulaufen, die vom Wanderweg aus nicht sonderlich spektakulär aussah.

Ich hatte genug für diesen Tag und ging hinunter zur Bahnstation Hilchenbach-Vormwald. Ich spürte meine Füße und die schmerzenden Blasen. Am Bahnhof zählte ich nach intensiver Fußsohlenrecherche fünf unterschiedlich große Blasen.

Die 1300 Meter zum nächsten Bahnhof Vormwald-Dorf wären mir schwer gefallen. Beide Bahnhöfe Vormwald und Vormwald-Dorf liegen nah beieinander, und wenn man in Vormwald den Zug verpasst hat, kann man mit hurtigem Schritt noch in Vormwald-Dorf zusteigen. Die Eisenbahnstrecke macht hier nämlich eine riesige Schleife, um ungefähr 70 Höhenmeter zu überwinden.

Im Bahnhofsgebäude von Vormwald gab es eine Gaststätte, den »Gasthof zum Zollposten«, geführt vom Ehepaar Voss, wie es das Wirtshausschild an der Straße ankündigte. Allerdings ließ das Schild »Gaststättenaufgabe! Geschlossen!!! Die Wirtin« vermuten, dass sich hier nicht nur ein Wirtschafts-, sondern auch ein Ehedrama abgespielt hat. Schade. Hier hätte ich gerne noch etwas gegessen, statt später auf der Rückfahrt den Bahnhofs-McDonald's in Siegen zu plündern.

In den letzten Jahren bin ich insgesamt 100 Kilometer des Rothaarsteigs gewandert. Wer auf kleine Pfade steht, wird enttäuscht sein, wie ich es bei meiner ersten, zweitägigen Wanderung auch war. Nach einem viel versprechenden Anfang hinter Brilon ging es kilometerlang auf breitesten Waldwirtschaftswegen dahin. Höhenwege werden nun mal oft über alte Wirtschaftswege geführt, die sich schnurgerade durch den Wald ziehen. Auch wenn Höhenwanderungen nicht so abwechslungsreich sind wie Tal- oder Felswanderungen, entschädigt die eine oder andere Aussicht für die Monotonie. Und für den aktiven Allein-unterwegs-Sportwanderer ist der Rothaarsteig eine feine Sache.

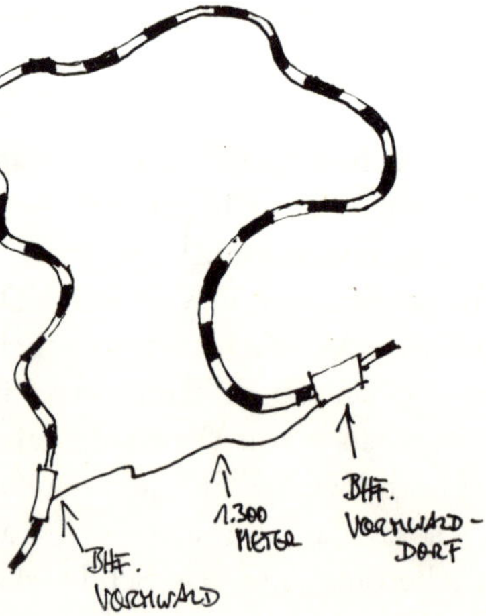

Wegstrecke:	39 Kilometer
Wanderzeit brutto:	8 Stunden, 3 Minuten
Wanderzeit netto:	7 Stunden, 19 Minuten
WDG:	5,32 km/h
Autokennzeichen:	LDK (Lahn-Dill-Kreis) bis SI (Kreis Siegen)
Wanderkarte:	Wanderkarte Rothaarsteig, Blatt Süd, 1:50.000
Das Bier der Region:	Krombacher
Höchster Punkt der Wanderung:	674 m (Jagdberg)
Niedrigster Punkt der Wanderung:	349 m (Dillbrecht)

Die Ausrüstung

Es ist natürlich eine Typfrage, welches Wanderoutfit man bevorzugt. Als traditioneller Wanderer nimmt man Filzhut und Wanderstock vom Haken und zieht mit Kniebundhose und Stoffrucksack los, fallera.

Auf der anderen Seite gibt es die High-Tech-Wanderer, die auch in der Eifel so ausgerüstet und gekleidet sind, dass sie problemlos jederzeit den K2 ohne Sherpa besteigen könnten.

Ich bewege mich zwischen diesen beiden Extremen, bin sozusagen – Achtung! – ein Wanderer zwischen diesen beiden Welten. Traditionsbewusst, aber auch durchaus neuen Entwicklungen aufgeschlossen.

1. Schuhe und Socken

Ein ganz großer Fehler ist es, mit Straßenschuhen, auch wenn sie keine Absätze haben, auf Wanderschaft zu gehen.

Das mit den Absätzen gilt übrigens nicht nur für Frauen, da die aktuelle Schuhmode auch Männern wieder höhere Absätze aufnötigt. Zumindest habe ich das während der Oscar-Verleihung bei Sean Penn gesehen. Aber vielleicht ist Sean Penn ja ein Zwerg, wie die meisten Filmschauspieler. Persönlich bin ich ja mal Tom Cruise begegnet, und der war sehr, sehr klein. Aber auch sehr, sehr nett. Er hat sich bei der Premiere von »Mission Impossible II« für den Gang über den roten Teppich eineinhalb Stunden Zeit genommen, um jedem Journalisten ein Interview zu geben und jedem Fan ein Autogramm. Ein, sagen wir mal, Thomas Gottschalk schafft den roten Teppich in eineinhalb Minuten. Aber was hat dieser Cruise auch für verrückte Fans. Auf die Absätze von Tom Cruise habe ich nicht geachtet, die von Sean Penn waren jedenfalls sehr hoch.

Ich habe eigentlich nie Absatzprobleme, da ich immer die gleichen Schuhe trage. Das sind weiche Doc-Martens-artige Schuhe aus dem Gut-für-deine-Füße-Laden. Mit denen kann ich an einem Nachmittag 15 bis maximal 20 Kilometer um den Block gehen, danach ist blasenmäßig Schluss.

Bei meiner ersten größeren Wanderung 1997 im Hürtgenwald hatte ich meine Joggingschuhe angezogen. Zunächst sieht das schon mal wahnsinnig bescheuert aus. Joggingschuhe gehen farblich höchstens in Verbindung mit dem bunten und vor allem engen Lauflook. Der Wanderer sollte eigentlich Wanderschuhe in gedeckten Farben (braun, dunkelblau) tragen. Außerdem sind Joggingschuhe zu weich, auch wenn sie ganz toll federn. Der erste Stein ging mir durch Mark und Bein.

In einem Wanderfachhandel habe ich mir meine ersten richtigen Wanderschuhe aufschwatzen lassen, die ich zwei Jahre und hunderte Blasen später hasserfüllt nach einer 12-Kilometer-Kurzwanderung weggeworfen habe. Mehrfach war ich gestolpert und befand mich kurz vor einem Bänderriss. Die Schuhe waren zu klobig gewesen, und ich hatte nie ein Gefühl für den Wanderuntergrund in diesen Schuhen gehabt. Dafür hatten sie über 150 Euro gekostet.

Für den halben Preis habe ich mir dann in einem Wander-Discounter wunderbare Billig-Schuhe gekauft. Das Gefühl für den Boden hatte sich nun enorm verbessert, die Blasenhäufigkeit war aber immer noch zu hoch. Langsam fing ich an, mir die Schuld daran zu geben. Vielleicht bin ich ja zu dick. Stimmt aber nicht. Viele Leute, die mich nur aus dem Fernsehen kennen, versichern mir, dass ich im Fernsehen viel dicker aussehe als im wirklichen Leben. Es gab schon Frauen, die mir sagten, ich sähe in der Realität richtig gut aus. Ich lasse das jetzt mal so stehen.

Wenn es weder an mir noch an den Wanderschuhen lag, was war es dann? Vielleicht waren die Socken falsch. Socken muss jeder Wanderer tragen. Auch im Sommer, auch in Sandalen, selbst wenn so mancher Ästhet einwenden wird, das sehe doch grauenhaft aus. Auf jeden Fall sollten es Wandersocken sein. Keine Fahrradsocken (die gibt es immer mal wieder günstig bei Tchibo), niemals Joggingsocken und in überhaupt keinem Fall Tennissocken.

Irgendwann vor zwei Jahren kam der entscheidende Tipp von meiner Mutter. »Junge, zieh dir deine Wandersocken immer über deine normale Socken.« Die normale Socke liegt eng an meiner Haut, die normale Socke hat sich somit an meinen Fuß gewöhnt. Darüber kommt die Wandersocke, die die Haussocke ideal mit dem Wanderschuh verbindet. Seit ich dieses Prinzip befolge, habe ich mir nur noch sehr wenige Blasen gelaufen.

Ab 15 Grad im Frühjahr, Sommer und Herbst bleiben bei trockenem Wetter meine Wanderschuhe im Schrank, dann wird nur mit Sandalen aus der Abteilung »Füße müssen sich wohlfühlen« gewandert. Sandalen sind toll, da der Wandersmann oder die Wandersfrau nicht an den Füßen schwitzt. Zudem kann man sich nicht die Zehen anstoßen. Gerade bei Bergabstiegen hauen einem die Zehen in geschlossenen Schuhen immer gegen die Spitze des Schuhs. Selbst bei perfekter Pediküre, die ich mir nach einigen schmerzhaften Erfahrungen beim Joggen angewöhnt habe, sind die Folge oft blaue Zehennägel. Bei Sandalen gibt es keine geschlossene Schuhspitze, darum sind sie die perfekten Wanderschuhe.

2. Blasenmedizin

Trotz bester Schuhe und Socken lässt sich eine Blase nicht immer vermeiden. Was macht man, wenn man sich Blasen gelaufen hat? Am besten nichts, wenn es sich nicht um eine offene Blase handelt. Ich habe mir einmal eine besonders dicke und schmerzhafte Blase unter der Ferse mit einer Nagelschere aufgeschnitten, die überschüssige Haut beseitigt und die offene Wunde mit einem Pflaster versehen. Das hat beim Laufen sehr wehgetan, da das Pflaster in der feuchten Wunde festklebte. Daher würde ich von einer solchen Selbst-OP abraten. Außerdem dachte ich immer, es sei in Ordnung, das Blasenwasser mittels einer glühenden Nadel abzulassen. Besser nicht! Sich im Selbstversuch die Blasen zu öffnen kann sehr gefährlich enden. Das sollte wegen der Entzündungsgefahr lieber der Hautarzt tun.

In Frankreich wäre ich fast an einer Blase gestorben. Ich hatte mir eine Etappe der Tour de France in den Alpen angeschaut. Nachdem ich die Fahrer den Col de la Forclaz hoch angefeuert hatte, machte ich mich zu Fuß auf den Heimweg. Ich musste 700 Höhenmeter abwärts zum Lac d'Annecy gehen und lief mir während des steilen Abstiegs eine Blase an meinem rechten kleinen Zeh. Nun ja, das war schon oft passiert. Über die offene Blase klebte ich abends ein Pflaster. Zwei Tage später war mein rechter Fuß dick geschwollen, und ein stechender Schmerz zog den Unterschenkel hinauf. Inzwischen war ich in Paris zum Finale der Tour auf den Champs-Élysées angekommen. Die französische Notfallapotheke hatte mir Wespenstichspray verkauft. Ich war skeptisch, ob eine Wespe wirklich der Grund für den immer dicker werdenden Fuß war.

Bei der Abschlussfeier des Teams T-Mobile auf einem Seine-Boot traf ich den Teamarzt des Rennsport-Stalls. Prof. Dr. Andreas Schmid von der Universität Freiburg diagnostizierte mit einem Blick eine Wundrose. Streptokokken-Entzündung! Kann sich am ganzen Körper bis zu den Lymphknoten hochziehen! Einnahme von schwersten Breitspektrum-Antibiotika vonnöten! Ich war Freund Hein noch einmal von der Schippe gesprungen. Der Rat vom Freiburger Chefarzt an den Wandersmann war, in Zukunft immer Jodsalbe und sterilen Wundverband im Wandergepäck zu haben, um offene Blasen an Ort und Stelle entzündungshemmend behandeln zu können.

3. Wanderstöcke

Im Hochgebirge vielleicht sinnvoll. Im Mittelgebirge alberner Wanderschnickschnack. Braucht man nicht.

4. Rucksack

Einen guten Wanderrucksack sollte man schon haben. Nicht zu empfehlen sind billige Plastikrucksäcke, da schwitzt man schon nach wenigen Metern am Rücken. Bei Regen untauglich sind Rucksäcke aus Stoff, auch wenn sie so knuffig altmodisch aussehen.

Mein Rucksack ist aus einem Super-Rucksack-Kunststoff. Nicht so riesig, wie man sie auf europäischen Bahnhöfen zur Sommerzeit oft bestaunen kann, sondern eben ein Mittelgebirgs-ein-bis-drei-Tagestouren-Rucksack. Er hat stabile und gepolsterte Schulterriemen, einen Bauch- und einen Brustgurt, die beim Gehen den Rücken entlasten.

In der großen, verschnürbaren Innentasche findet sich auf Wanderungen immer eine Mineralwasserflasche (natürlich aus Plastik wegen des Gewichts), Wechselklamotten und Regenjacke.

Die große Außentasche erfüllt für mich den Zweck einer Damenhandtasche. Hier versteckt sich alles, was man beim Wandern unbedingt braucht oder eventuell gebrauchen könnte:

- ein Schoko-Ceralien-Riegel (Wichtig für die kleine Schwäche zwischendurch. Ähnlich wie beim Radrennen sollte man regelmäßig während der Wanderung essen, um keinen Wander-Hungerast zu bekommen.)
- eine Sonnenbrille (Ich habe mir endlich eine in meiner Sehstärke machen lassen. Früher habe ich eine riesige Ray Ban immer über meine eigentliche Sehbrille gezogen. Das sah zum einen nicht toll aus,

zum anderen rutschte die Sonnenbrille immer beim Gehen über meine Nase.)

- Wanderkarte
- Taschentücher
- Streichhölzer
- Sonnenmilch (Auch ein sonniger Wintertag kann einen unangenehmen Sonnenbrand verursachen.)
- Fotoapparat
- Ersatzfilm
- Notizblock
- Stifte
- steriles Blasenpflaster und Jodsalbe
- eine kleine LED-Taschenlampe (Habe ich noch nie gebraucht, sieht aber wahnsinnig cool aus.)
- Labello (Besonders wichtig bei trockenem, kaltem Winterwetter. Ich habe schon minutenlang in der Kälte mit spröden Lippen meinem Chef gegenübergestanden. Ich konnte mich kaum auf das konzentrieren, was er sagte, da ich damit beschäftigt war, mit der Zunge die blutenden Lippen freizulecken.)

Wenn man zu zweit wandert, ist das Überkreuz-Rucksacking sinnvoll. Dabei packt man die eigenen Sachen in den Rucksack des Mitwanderers und umgekehrt. So kann man bequem, hinter dem anderen hergehend, an seine Sachen gelangen.

5. Jacke

Je nach Witterung sind Fleecejacke, Gore-Tex-Jacke, leichte Regenjacke oder einfach ein Pullover eine gute Wanderbekleidung. Ein ganz entscheidendes Kriterium für Jacken und Pullover wird oft unterschätzt: die Knotbarkeit.

Meistens ist man ja doch zu bequem, die Jacke im Rucksack zu verstauen, wenn es einem warm geworden ist. Dann wird die Jacke oder der Pullover um die Hüfte geschlungen und vorne zweimal verknotet. Nicht selten merkt man bereits nach ein paar Schritten, dass der Knoten sich lockert und die Jacke anfängt, einem über das Gesäß zu rutschen. Also, Jacke wieder hochzerren und noch einmal zuknoten, diesmal fester. Nutzt aber alles nichts, das Zeug rutscht immer wieder. Es gibt einfach unknotbare Jacken und Pullover.

Ich schlage wie bei einem Autokauf beim Kauf einer Jacke oder eines Wanderpullovers eine Proberunde vor. Vom Kleidungsgeschäft aus sollte man mindestens einmal um den Block laufen, um die Knotbarkeit zu überprüfen.

6. Mütze und Handschuhe

Bitte im Winter nicht vergessen.

7. Hose

Als Wandernovize habe ich mir vor einigen Jahren zuerst eine zünftige Breitcord-Kniebundhose mit passenden grauen Wollkniestrümpfen gekauft. Damit bin ich aber nicht glücklich geworden. Wie gesagt, es empfiehlt sich eine ordentliche Wandersocke, und die ist wiederum nicht mit einer Kniebundhose kompatibel. Daher wandere ich im Winter in Jeans und im Sommer in einer dünnen Stoffhose mit abnehmbaren Beinen. In kurzen

Hosen sollte man relativ unempfindlich gegen Insektenstiche und dorniges Gestrüpp am Wegesrand sein. Mit Jeans zu wandern ist heutzutage allgemein anerkannt. Das war nicht immer so. Ein Bekannter war vor einigen Jahren mit Jeans im Schwarzwald unterwegs. Dort traf er einen kniebundbehosten Wanderfreund, der zu meinem Bekannten sagte: »Ein deutscher Wanderer wandert nicht in amerikanischen Arbeitshosen!«

8. Unterhose

Die 40 Kilometer einer ausgiebigen Wanderetappe entsprechen ungefähr der Länge eines Marathons. Daher ist es logisch, dass man auch beim Wandern ähnliche Vorkehrungen wie beim Marathon treffen muss.

Das betrifft auch die Wahl der Unterhose. Der knappe, in die Gesäßritze einschneidende sexy Tanga ist mit Sicherheit die falsche Wahl. Aber auch die Baumwollshorts mit kurzem Bein kann bei der ständigen Reibung schmerzhafte Aufschürfungen an den Leisten zur Folge haben. Vorsorglich sollte man sich sowieso die Leistengegend mit Vaseline eincremen. Aber auch die Anschaffung einer Sportunterhose aus baumwollfreien Textilien lohnt sich bei häufigeren Wandertouren. Die zarte Haut wird es euch danken.

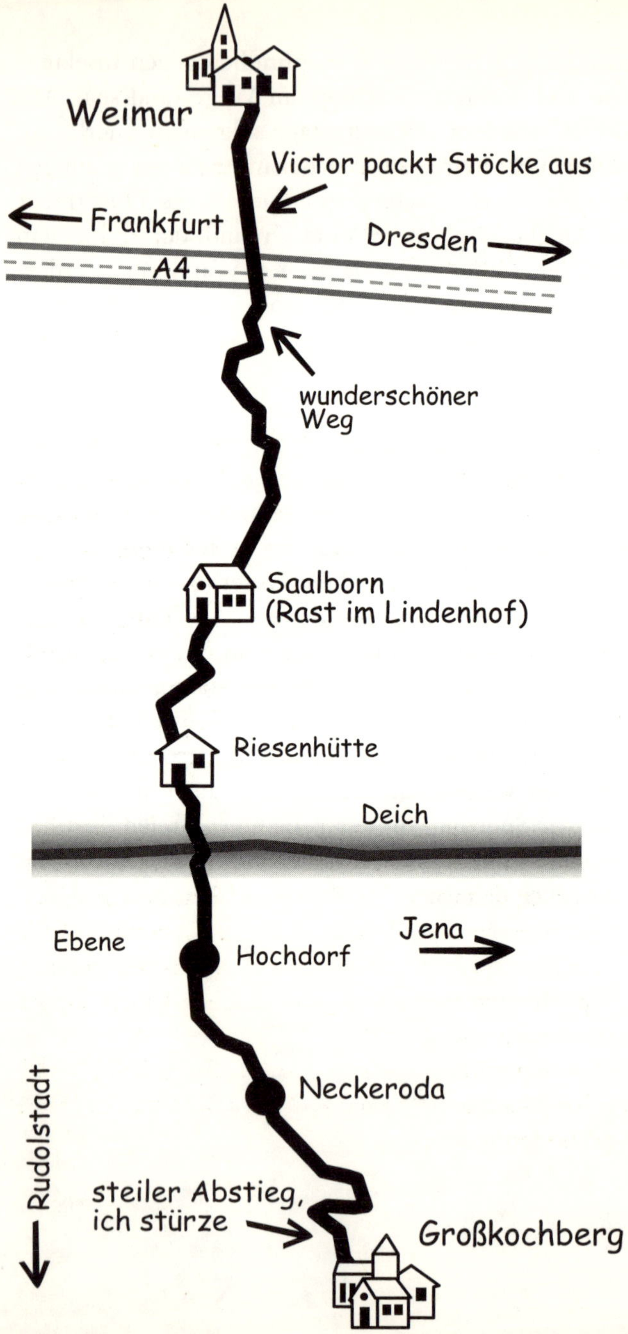
Weimar
Victor packt Stöcke aus
Frankfurt
Dresden
A4
wunderschöner Weg
Saalborn (Rast im Lindenhof)
Riesenhütte
Deich
Ebene
Hochdorf
Jena
Neckeroda
Rudolstadt
steiler Abstieg, ich stürze
Großkochberg

Stöcke und Bratkartoffeln

Auf dem Goetheweg von Weimar nach Großkochberg

Mai 2004

Wie fange ich dieses Kapitel an, um dem hohen literarischen Anspruch der wandernden Romantiker gerecht zu werden? Wie Büchner? »Den 20. Jänner ging Andrack durchs Gebirg. Die Gipfel und hohen Bergflächen im Schnee, die Täler hinunter graues Gestein, grüne Flächen, Felsen und Tanne. Er ging gleichgültig weiter, es lag ihm nichts am Weg, bald auf-, bald abwärts. Müdigkeit spürte er keine, nur war es ihm manchmal unangenehm, dass er nicht auf dem Kopf gehen konnte.« Schon nicht schlecht. Klingt gewaltig. Große Verzweiflung. Große Literatur.

Oder soll ich wie Ludwig Tieck in der »Ochsentour« anfangen: »Ja, das muss wahr seyn, rief Andrack aus, in meinem Leben hab' ich noch keinen Menschen gesehen, der so versessen auf das Wandern ist. Er konnte es nie satt werden, und ich werde zeitlebens an das Jahr denken, in dem ich mich mit ihm herumgetrieben habe.« Ja, das macht Appetit auf mehr.

Am besten trifft es aber, wie so häufig, Johann Wolfgang von Goethe: »Was ich nicht erlernt habe, das habe ich erwandert.«

Mein Plan war, die neuen Bundesländer zu erwandern. Zumindest ein bisschen. Drei Tage lang. Zuerst wollte ich auf dem Goetheweg in Thüringen wandern, dann südlich von Dresden durch die Sächsische Schweiz und schließlich über die Grenze in der Böhmischen Schweiz in Tschechien. Die Drei-Tage-Tour wollte ich zusammen mit meinem Freund Victor unternehmen. Victor kenne ich seit über 20 Jahren. Wir waren beide in der KSJ, der Katholischen Studierenden Jugend. Diese Jugendgruppe hatte 1981 ein bundesweites Sommerlager in Königsdorf, zwischen Wolfratshausen und Bad Tölz gelegen, veranstaltet. Während dieses Zeltlagers freundeten wir uns an und sind seitdem unzertrennlich. Nach einer Hotellehre in Köln hat Victor seinen Zivildienst in Hamburg abgeleistet, weil ihm in Köln die Decke auf den Kopf fiel.

Einen Freund in Hamburg zu haben, fand ich mit Anfang 20 ziemlich cool: Zu St. Pauli gehen, auf der Reeperbahn ein Astra trinken, schnell mal an die Ostsee fahren – das war ein Leben! In Hamburg knüpfte Victor Kontakte zur russischen Schauspielschule in Leningrad und durfte später für zwei Jahre in der Sowjetunion ein Schauspielstudium absolvieren.

Danach ging Victor auf die Ernst-Busch-Schauspielschule in Berlin und war dann ordentlich staatlich geprüfter Diplomschauspieler. Nach einem vierjährigen Engagement am Stadttheater Aachen ging Victor 2000 als freier Schauspieler zurück nach Berlin. Schon zu seinen Aachener Zeiten hatte ich kaum eine Inszenierung mit Victor ausgelassen. Man kann sogar sagen, dass ich zu dieser Zeit ausschließlich ins Theater ging, wenn Victor mitspielte.

Auch in den letzten Jahren habe ich meinen Freund als Groupie zu diversen Produktionen nach Basel, Dresden, Jena, Berlin und Zürich begleitet. Stets haben wir versucht, dem Theater am nächsten Tag noch eine kurze Wanderung folgen zu lassen.

Dieses Mal hatte Victor keine Theatervorführungen. Es sollte unsere erste »reine« Wandertour werden. Wir hatten uns für den Goetheweg entschieden. Und zwar, um keine Missverständnisse aufkommen zu lassen, den Goetheweg von Weimar nach Großkochberg. Noch einige andere Wege tragen den Namen des großen Dichters, denn der Freiherr Johann Wolfgang war gerne und viel zu Fuß unterwegs. So gibt es, um nur die bekanntesten zu erwähnen, den Goetheweg in der Gegend um Ilmenau, den auf den Brocken im Harz und einen Goetheweg in den Alpen, 1800 Meter oberhalb von Innsbruck.

Man weiß zwar, dass Goethe auf dem Brocken war und in den Alpen. Ob er aber auch tatsächlich exakt die Wege abgeschritten ist, die heute in diesen Regionen als Goethewege markiert sind, ist ungewiss. Beim Goetheweg zwischen Weimar und Großkochberg ist das etwas anderes. Diesen Weg ist er zwischen 1775 und 1788 Dutzende Male gegangen.

Es trieb ihn nämlich die Liebe. Im Schloss von Großkochberg wartete seine Angebetete Charlotte von Stein aufs Schäferstündchen, und so ein Ziel macht Beine. Goethe schrieb am 12. Juli 1777:

»... ich habe mich gestern herausgeflüchtet, bin um halb sechs zu Fuß von Weimar abmarschiert und war halb zehn schon hier, da alles schon verschlossen war und sich zum Bettgehen bereitete.«

Goethe – spitz wie Nachbars Lumpi

So, so, der feine Herr Geheimrat Johann Wolfgang hat also für die 28 Kilometer lange Strecke von Weimar nach Großkochberg lediglich vier Stunden benötigt. Das entspräche einer schier unfassbaren WDG von 7 km/h. Hat ihn die hereinbrechende Dunkelheit vorangetrieben? Ist er zwischendurch gejoggt? Hat er geflunkert? Oder war er einfach spitz wie Nachbars Lumpi und ist so richtig volles Rohr zu Charlotte gerast? Übrigens betrug die PKDG (Postkutschendurchgeschnittsgeschwindigkeit) in Goethes Zeit 5,5 km/h. Das entspricht ziemlich exakt meinem sportlichsten Wanderschnitt. Ich wandere also normalerweise im Postkutschen-Tempo.

Victor und ich wollten den Goetheweg-Praxistest durchführen. Am Wielandplatz in Weimar, dem Startpunkt des Goethewegs, kauften wir im REWE an der Ecke noch Proviant und Toilettenartikel ein. Man sollte nie eine längere Wanderung ohne eine Packung Taschentücher starten. Es kann immer sein, dass man es mitten im Wald nicht mehr zur nächsten Toilette schafft. Wenn dann kein Papiertaschentuch zur Hand ist, kann es finster werden. Im REWE gab es Taschentuchhaushaltspackungen und eine Einzelrolle Klopapier. Es entbrannte ein Streit zwischen Victor und mir, ob im Wald im Ernstfall eine Packung Taschentücher oder eine Rolle Klopapier vorzuziehen sei. Victor beharrte auf Klopapier. Meinetwegen!

Dann ging es aber endlich los und nach 300 Metern hatten wir uns verlaufen. An der ersten relevanten Straßenkreuzung gab es keine Markierung. Das weiße G auf grünem Grund hätte eigentlich irgendwo kleben müssen.

Victor machte den Fehler und fragte eine Passantin nach dem Weg. Die Antwort war klar: »Frachen Se mich nich, isch bin swar von hier, aber isch weiß es nich.«

Einheimische wissen nie, wo durch ihr Dorf, ihre Stadt oder ihren Wald der überregionale Weg führt. Diese Erfahrung hatte ich schon beim Hermannsweg und auch bei so manchen Wegen in der Eifel gemacht.

Wir gingen weiter nach Karte und fanden durch das noble Villenviertel von Weimar zurück zum Goetheweg. Es ging noch einige Zeit durch Weimarer Vorstadtstraßen, bis wir eine halbe Stunde nach unserem Start einen Feldweg zwischen Wiesen und Rapsfeldern erreichten. Von hier aus hatten wir einen weiten Blick auf Weimar. Die Stadt liegt in einem flachen Talkessel und auf der gegenüberliegenden Seite konnten wir das Mahnmal des KZ Buchenwald erkennen. Neben mir hörte ich ein monotones Klackern. Ich hatte es erst nicht glauben wollen, aber Victor hatte im Hotel tatsächlich Wander-

Victor mit Wanderstöcken im Thüringer Hochgebirge

stöcke hervorgezogen. Er kannte meine Verachtung für diese Wanderhilfen, versuchte mich aber eines Besseren zu belehren. Er schwärmte in einem fort von der Entlastung für seine Beine und überredete mich, es doch auch einmal zu probieren. Und ich probierte es, scheiterte aber kläglich. Man muss den Stock immer versetzt zum Fuß auf den Boden setzen. Linker Fuß vor, rechter Stock vor, rechter Fuß vor, linker Stock vor. Außerdem ist zu beachten, dass die Stockspitze kurz vor der Schuhspitze den Boden berührt, damit der Auftritt optimal abgefedert wird. Mir war das alles zu kompliziert. Ich entschied definitiv, dass ich beide Arme frei von solchem Wanderschnickschnack haben möchte.

Eine Viertelstunde später passierten wir Vollersroda, einen kleinen Ort zwischen der A4 und Weimar. In der Gegend um Weimar wimmelt es von Orten mit dem Suffix -roda: Kiliansroda, Mechelroda, Vollersroda, Münchenroda, Neckeroda. In und um diese Orte wurde früher ziemlich viel Holz gerodet, daher das -roda hintendran. Und tatsächlich, bis heute wächst um Vollersroda herum kein Baum. Dafür dröhnte mächtig die nahe A4.

Nach Vollersroda bogen wir von der Kreisstraße auf einen sehr schönen Feldweg ab. Es gibt eine ziemlich exakte Klassifikation von Feldwegen:

1. *Sehr schöner Feldweg:* Zwischen zwei Feldern gelegen, die im besten Fall in voller Blüte stehen und, was noch ein extra Sternchen gibt, mit knallgelbem Raps bepflanzt sind. Und grasbewachsen sollte er sein, damit man federweich beschwingt voranschreiten kann.

2. *Schöner Feldweg:* Siehe 1, Feldweguntergrund ist aber getrocknete Erde.

3. *Nicht so schöner Feldweg:* Tiefe Furchen von Traktoren durchziehen den Weg. In der Mitte zu gehen ist anstrengend, weil man ständig zur Seite hin abrutscht, und in der Furche kann man die Füße nur hintereinander setzen.

4. *Doofer Feldweg:* Mit tiefen Furchen wie bei 3, aber zusätzlich noch am Rand eines Feldes und an einem Waldstück entlang.

5. *Sehr doofer Feldweg:* Wie 4, aber alles in nass und matschig.

Unser schöner Feldweg war aber leider nach 400 Metern schon zu Ende. Rückblickend betrachtet, war dieser Weg irgendwie das Naturhighlight des gesamten Goethewegs.

Der Goetheweg ist weder ein Tal- noch ein Höhenweg. Ich würde ihn als Wald-und-Wiesen-Weg bezeichnen, dessen Charakteristikum viele Ortsdurchquerungen sind. Insgesamt durchwanderten wir zwischen Weimar und Großkochberg sechs Ortschaften. Das hat gegenüber dem reinen Naturerlebnis den Reiz, den Menschen in die Vorgärten und in die Wohnzimmer schauen zu können, um auf diese Weise interessante Einblicke in das Leben der Einheimischen zu bekommen.

Nach Vollersroda kam Buchfart und dann Saalborn. Wir erreichten Saalborn zehn Kilometer hinter Weimar um 12:30 Uhr. Da wir Hunger hatten, folgten wir dem Schild, das den »Lindenhof« ankündigte.

Wir gingen an einem Mitsubishi vorbei, der eine kleine Südstaatenflagge an der Radioantenne hatte. Auf dem Aufkleber am Heckfenster stand in altdeutscher Frakturschrift »Autonome Gebirgsrepublik Saalborn«.

Am Gasthof »Lindenhof« stellten wir fest, dass die Restauration erst um 15 Uhr geöffnet wurde. Für mich war der Fall erledigt, und ich drängte auf schnelles Weitergehen. Anders Victor. Sein Sportsgeist war geweckt. »Ich klingele da jetzt.« – »Ne, lass doch.« – »Ich klingele jetzt.« Mir ist so etwas immer entsetzlich peinlich, und ich hielt mich dezent im Hintergrund. Victor klingelte. Die Tür ging auf. Ich hörte, wie Victor sich mit jemandem unterhielt. Kurze Zeit später gab mir Victor ein Okay-Zeichen: Alles klar!

Der Wirt war eine stattliche, wohlgenährte Erscheinung. Wir hatten ihn aus seinem Mittagsschlaf geholt, und er trug, was man so trägt, wenn man gerade aus dem Mittagsschlaf geholt wurde – ein T-Shirt, Unterhose und Wollsocken. Er erklärte, dass er noch nie jemanden weggeschickt habe. Seine Frau wäre zwar noch in der Stadt bei ihrer Arbeitsstelle, aber er könnte uns etwas zu essen machen.

Wir wollten uns draußen in die Sonne unter die schöne Linde setzen, die dem Lokal ihren Namen geliehen hatte. »Seid ihr bescheuert, ich lauf doch nicht auch noch hin und her.« Okay, wir gingen also in den Schankraum.

Ich fragte ihn, ob er auch etwas Einfaches ohne Schweinefleisch hätte. »Bist du Moslem, oder was?« – »Nein, nur allergisch gegen Schweinefleisch.« Er ging dann in seiner Unterwäsche in die Küche, um uns Bratkartoffeln mit Spiegeleiern zu machen. »Mit Zwiebeln?«, brüllte er aus der Küche zu uns herüber. – »Ja, klasse, bitte mit Zwiebeln! Dann fliegen wir mit extra Antrieb bis nach Großkochberg«, schrie Victor zurück. – »Ihr wollt heute noch nach Großkochberg? Zu Fuß? Das schafft ihr nicht!« Die Bewohner ländlicher Gebiete können sich beim besten Willen nicht vorstellen, worin der Sinn bestehen soll, freiwillig größere Strecken zu Fuß zu gehen. Jetzt wollte unser Wirt mehr über uns wissen.

»Was seid ihr, seid ihr Studenten?« – Bei diesem faulen Studentenpack kann man sich ja noch vorstellen, dass die montags Zeit haben, durch die Gegend zu ziehen.

»Keine Studenten, ach so. Seid ihr fertige Studenten, mit Mercedes und so?« – Victor gab sich letztendlich als Schauspieler zu erkennen.

Jetzt hörten wir einen Bericht über den Niedergang des Weimarer Nationaltheaters. »Früher sind alle Bauern hier einmal in der Woche ins Theater. Das war schön. Dann haben die in den 60ern angefangen, Goethe mit nur einem Stuhl zu spielen. Nee, nee, ich finde, es geht auch ohne Faust.«

Die Bratkartoffeln waren fertig und schmeckten lecker. Der gesamte Schankraum war mit Fettdunst eingenebelt. Der Wirt setzte sich an die Hammond-Orgel in der Ecke und spielte ein paar alte Schlager.

Als wir fertig gegessen hatten, stellte er sich in seiner Unterwäsche an unseren Tisch und erzählte seine Lebensgeschichte.

Er war ein Jahr vor Kriegsende 1944 in Saalborn geboren. Seitdem hatte er den Ort nicht verlassen. Mit 13 ging er von der Schule und hatte in der LPG (LPG = Landwirtschaftliche Produktionsgenossenschaft) Saalborn gearbeitet. Mit 15 war er mit der Lehre als Bauer fertig. Mit hohem Tempo erklomm er die Karriereleiter. Seinen Meister machte er mit 19, mit 24 das Staatsdiplom in Landwirtschaft. Im gleichen Alter haben »die von der Partei« ihm einen dicken Wagen vor die Tür gestellt und ihn zum LPG-Vorsitzenden von Saalborn gemacht. Er hätte sich nie beschweren können. Selbst mit 40 hatte er noch die Energie, zwei Studiengänge hinter sich zu bringen. 1997 schließlich eröffnete er mit seiner Frau die Gastwirtschaft »Lindenhof«. Natürlich arbeitete er immer noch in der Landwirtschaft.

Jetzt war er 60, hatte die Knochen kaputt und konnte uns deswegen auch nicht draußen bedienen. Wir bedankten uns für seine Gastfreundschaft und gingen weiter.

Links: weder Student noch Moslem,
rechts: Ex-LPG-Vorsitzender

Es sah nach Regen aus. Die Wolken zogen sich zusammen, und es donnerte leicht. Mich fröstelte in meinem kurzärmeligen Polohemd. Typischer Anfängerfehler: Morgens scheint die Sonne, prima Wetter ist vorhergesagt. Man bedenkt dabei nicht, dass so ein Wetter sich während einer Tageswanderung gehörig ändern kann und auch die Wetterfrösche sich mal irren. Außerdem hatte ich Sandalen an und wollte nicht von unten nass werden. Immerhin hatte ich einen Regenschirm mit, aber erstaunlicherweise klarte es nach einer halben Stunde wieder auf.

Für Victor waren es wohl zu viele Zwiebeln gewesen. Er rupfte ungeduldig die Klopapierrolle aus dem Rucksack. Gut, dass wir die noch gekauft hatten. Er murmelte »Bin gleich wieder da«, spurtete in den Wald und verschwand im Unterholz. Ich stand an einem Schild, das erklärte, was eine Wildschwein-Suhle ist. Dann tauchte Victor wieder auf und riss jubelnd die Arme hoch. Wir gingen zügig weiter!

Kurze Zeit später kam uns eine 14-köpfige holländische Senioren-Wandergruppe entgegen. Alle trugen zünftig Kniebundhosen und Karohemden, sie unterschieden sich im Outfit durch nichts von ihren deutschen Wander-Altersgenossen. Nur der Dialekt verriet sie. Die holländische Wandergruppe waren die einzigen Wanderer, die uns heute begegnen sollten. Vermutlich hatten sie gerade an der St.-Hubertus-Hütte Rast gemacht.

Ich habe während meiner Wanderungen schon viele Wanderhütten gesehen. Aber das hier war keine Wanderhütte, sondern ein Hangar. Die ganze Hütte war bestimmt fünf Meter hoch und aus hellem Holz gebaut. Hier fanden ungefähr 50 Leute unter dem riesigen Dach Platz und wenigstens 70 an den Tischen vor der Hütte.

»Holz – und deine Welt hat wieder ein Gesicht« stand in der Hütte geschrieben. So, so. Weder wusste ich, dass ich eine Welt habe, noch dass die ein Gesicht hat oder braucht. Von Goethe ist der Spruch mit Sicherheit nicht.

An einer Wegbiegung außerhalb des Waldes kurz vor Schwarza stand ein Hinweisschild. Darauf war der Standort verzeichnet und eine biographische Wandernotiz von Goethe:

Das ist eine sehr, sehr große Wanderhütte

»Man pflegte mich den Vertrauten zu nennen, auch, wegen meines Umherschweifens in der Gegend, den Wanderer. Dieser Beruhigung für mein Gemüt, die mir nur unter freiem Himmel, in Tälern, auf Höhen, in Gefilden und Wäldern zuteil ward, kam die Lage von Frankfurt zustatten.« Dieses Zitat stammt aus »Dichtung und Wahrheit«. Sein etwas wirres Alterswerk nannte Goethe »Wilhelm Meisters Wanderjahre«. In Fortführung von »Wilhelm Meisters Lehrjahren«, die sich im Theaterumfeld vollziehen, gerät der junge Wilhelm Meister unter den Einfluss einer Art »Wanderer-Sekte«: »Sonderbare Pflichten des Wanderers habe ich auszuüben und ganz eigene Prüfungen zu bestehen. Wie lächle ich manchmal, wenn ich die Bedingungen durchlese, die mir der Verein, die ich mir selbst vorschrieb: Nicht über drei Tage soll ich unter einem Dache bleiben.«

Der wandernde Sturm-und-Drang-Goethe, den es vor allem dichtend in die Natur drängte, war der Godfather der romantischen Wanderbewegung. Es gibt kaum einen Dichter der Romantik, der sich nicht in der Nachfolge Goethes und Rousseaus über die Herrlichkeit der Natur ergeht.

Die Natur war der Landbevölkerung vor allem Hindernis, das es zu bezwingen oder das es ohne große Umwege zu durchqueren galt. Aber am Anfang des 19. Jahrhunderts war Wandern zur Freizeitbeschäftigung der gebildeten Schichten geworden. Johann Gottfried Seume, der von Leipzig bis nach Syrakus gewandert war, schrieb ohne falsches Pathos: »Ich halte den Gang für das Ehrenvollste und Selbständigste in dem Manne und bin der Meinung, dass alles besser gehen würde, wenn man mehr ginge. Fahren zeigt Ohnmacht, gehen Kraft.« Spitze! »Fahren zeigt Ohnmacht, gehen Kraft« ist ein Superslogan für einen Autoaufkleber. Besser noch ist der Satz natürlich als Sinnspruch für einen Wanderrucksack-Aufkleber geeignet, um die frohe Botschaft hinaus in die deutschen Mittelgebirge zu tragen.

Die Romantiker wanderten erstmals, weil sie wollten, nicht weil sie mussten. Sie wanderten durch die Natur, um die Natur zu genießen, und nicht um möglichst schnell an ein Ziel zu gelangen.

In diesem Sinne verfehlte gerade der Weg, auf dem wir unterwegs waren und der auch noch den Namen Goethes trug, völlig seinen romantischen Zweck. Denn diesen Weg war Goethe nicht um der Natur willen gegangen, sondern um möglichst schnörkellos ins Bett von Frau von Stein zu gelangen. (Dass sich das jetzt auch noch reimt, ist echt Zufall. Ehrenwort.)

Nach Schwarza ging es einen Hügel hoch. Der Weg wurde jetzt steiler, und vor uns erhob sich eine Bodenwelle, über die eine Holztreppe führte. Von unten erinnerte die Bodenwelle an einen Deich an der Nord- oder Ostsee, und man erwartete dahinter unweigerlich das rauschende Meer. Aber nix da. Hinter der Holztreppe erstreckte sich eine Hochebene. Der Wanderweg schlängelte sich als dünnes Band durch die Landschaft. Man konnte schon bis zum nächsten Ort, Hochdorf, schauen, der ungefähr vier Kilometer entfernt war. In der nächsten Dreiviertelstunde war somit mit keinerlei Überraschungen zu rechnen. Langsam wurde es öde. Es war gut, nun nicht allein zu wandern und jede Menge Zeit für besinnlich-meditativ-kontroverse Themen aller Art zu haben.

Wir wetteten, wie weit Warschau von der deutsch-polnischen Grenze entfernt ist. Ich sagte, 300 Kilometer, Victor, 480 Kilometer. Später haben wir das ausgemessen. Victor hatte knapp gewonnen, wenn man von der Luftlinie ausgeht.

Wir verglichen die Stärken und Schwächen der einzelnen Mannschaftsteile von Real Madrid und dem 1. FC Köln.

Wir diskutierten, ob der ästhetische Genuss eines Stierkampfs höher als die Grausamkeit gegenüber den Stieren zu bewerten sei.

Wir sangen einen Wanderlied-Klassiker: »Mein Vater war ein Wandersmann, und mir steckt's auch im Blut, d'rum wand're ich, so lang ich kann, und schwenke meinen Hut, Faleri, Falera, Faleri, Falerhahaha, Faleri, Falera, und schwenke meinen Hut.«

Wir überlegten, warum der Läufer beim Schach eigentlich Läufer und nicht Wanderer heißt. Die Bezeichnung »Läufer« hat sowieso etwas Herablassendes. Im Sinne von Laufbursche. Im englischen Sprachraum kommt dieser Figur wenigstens noch die ihm angemessene Würde zu. Dort heißt der »Läufer« »bishop«, um ganz genau zu sein, »queen's bishop« auf der einen und »king's bishop« auf der anderen Seite. Aber einfach nur Läufer?

Ich bezweifelte ganz allgemein, ob das ständige Stretchen während des Wanderns sinnvoll ist. Ich deutete vorsichtig an, dass es leicht übertrieben sein könnte, dass Victor alle 600 Meter an jedem Weidenpfosten Halt machte und konzentriert und fachmännisch seine Beine dehnte.

So schafften wir es nach Hochdorf. Die Gaststätte des Ortes hatte geschlossen. Aber nicht nur heute, sondern für immer. So war es übrigens bisher bei allen Gasthöfen gewesen, die auf der Wanderkarte eingezeichnet waren. Dagegen tauchte der »Lindenhof«, die wunderbare Gaststätte unseres Ex-LPG-Vorsitzenden, nirgends auf.

Eine halbe Stunde später waren wir in Neckeroda. Dieser Ort bestach durch die Bundesstraße von Rudolstadt nach Weimar, an der wir 800 Meter entlanggehen mussten. Außerdem berichtete eine Tafel: »Beim großen Brand 1776 kam Goethe mit dem Herzog Karl August und der Schlauchspritze zum Löschen.« Fragt sich nur, was besser gelöscht hat, der Herzog oder die Schlauchspritze.

Nach der Bundesstraße gingen wir auf einem ungefähr zwei Meter breiten, asphaltierten Weg, auf dem uns ständig Autos mit großer Geschwindigkeit entgegenkamen. Wir hatten den Weg ein bisschen abgehakt nach dem Motto: Goetheweg? – Sind wir halt auch mal gegangen.

Ich fühlte mich wanderkilometermäßig noch unbefriedigt und unterfordert. Victor schien am Ende seiner Kräfte zu sein. Meine Taktik war klar. Bei einem leckeren Bier in Großkochberg wollte ich ihn von noch weiteren acht Kilometern bis zur nächsten Bahnstation in Rudolstadt überzeugen. Doch schon kurz vor Großkochberg wiegelte er bereits ab: »Warte mal ab, die nächsten zwei Kilometer wollen auch erst einmal gegangen sein.« Wie Recht er haben sollte.

Nach einer Viertelstunde ging erst einmal ein kräftiger Regenschauer auf uns herab. Ich holte meinen Regenschirm heraus, aber er war so klein, dass es mir auf die nackten Arme regnete. Also ging ich mit angewinkelten Armen weiter. Victor verzichtete »wie ein Mann« auf Regenschutz. Wir kamen zum Luisenturm, der eine perfekte Aussicht über das Thüringer Land bietet. So stand es jedenfalls im Reiseführer. Aber wir hatten für heute genug Aussichten auf das Thüringer Land gehabt. Keine Zeit für den Luisenturm. Wir wollten nach Großkochberg, basta.

Es begann ein steiler Abstieg von der Hochebene. Der Weg führte 200 Höhenmeter abwärts über eine Graswiese. Ich bereute es mehr denn je, dass ich mich für die Wandersandalen entschieden hatte. Nach einigen Metern knickte ich bei einer unbedachten Bewegung um. Schon seit meiner Jugendzeit habe ich labile Bänder und bin schon so oft mit dem Fuß umgeknickt, dass es zu mehreren ordentlichen Bänderdehnungen gereicht hat.

Meine Wanderschuhe geben mir einen ungleich besseren Halt an den Knöcheln als die blöden Sandalen. Ich fühlte vorsichtig am Knöchel: Alles noch heil.

Keine 300 Meter weiter habe ich mich dann so richtig auf die Fresse gelegt, da meine Sandalen über so gut wie kein Profil mehr verfügen. Es muss ausgesehen haben wie in einem Tim-und-Struppi-Comic, wenn Käpt'n Haddock auf einer Bananenschale ausrutscht. Einfach nach hinten weggerutscht. Mir bereiteten meine linke Hand, die rechte Gesäßbacke und mein rechtes Bein Höllenschmerzen. Für den weiteren Abstieg reichte mir Victor seine Wanderstöcke. Hatte er nicht ein leicht triumphierendes »Das-wäre-dir-mit-Stöcken-nicht-passiert-Lächeln« auf den Lippen? Ich legte den letzten Kilometer nach Großkochberg humpelnd zurück.

Im Eiscafé von Großkochberg ließen wir uns nieder. Wir bestellten zwei Saalfelder Pilsener und zwei Stück Mandel-Sahne-Torte. Die Torte war selbst gemacht und schmeckte großartig. Bekannte aus Weimar hatten uns vorher gesagt: »Das Schloss von Großkochberg, da müsst ihr unbedingt rein, das ist sen-sa-tio-nell.« Die Frau aus dem Eiscafé erklärte uns, dass wir das Charlotte von Stein'sche Schloss nicht besuchen könnten, da es montags geschlossen habe. Ihr gegenüber war unser Bedauern groß, aber insgeheim waren wir froh, von dieser kulturellen Pflichtveranstaltung befreit zu sein. Zwei zwölfjährige Mädchen gingen über die Dorfstraße. Sie spuckten im 90-Grad-Winkel über sich in die Luft und liefen dann vor ihrer eigenen Spucke weg. Das Großkochberger In-Spiel 2004: Lauf-vor-deiner-eigenen-

Victor hat eine dicke Thüringer Wurst entdeckt

Spucke-weg! Danach zündeten sich die beiden eine Zigarette an.

Ich war deprimiert und entnervt nach dem Sturz. Der Himmel wurde tiefschwarz, und leichtes Donnergrollen war zu hören. Ich beschloss, meine Wandertaktik noch einmal zu überdenken.

Plötzlich gab ich es als meine Idee aus, nicht mehr weiterwandern zu wollen. Ich überzeugte Victor von etwas, das er immer schon so gesehen hatte. Ich erklärte ihm, dass ich mich beim Wandern oft überschätzen würde. Nicht nur damals, als ich 50 Kilometer von Leopoldstal nach Bielefeld gegangen war. Das war zu viel gewesen und hatte mich eindeutig überfordert. Es würde mir ja auch immer schwer fallen aufzuhören, wenn es am schönsten ist. Wenn auf den letzten acht Kilometern

Das Hotel »Elephant«: Thomas Mann auf dem Balkon und ich davor

nach Rudolstadt noch etwas unglaublich Aufregendes bevorstünde, würde ich weitergehen. Aber vielleicht wäre das falscher Ehrgeiz. Der Weg war laut Kartenlage absolut trostlos. Noch trostloser als bisher. Das würde nichts mehr bringen. Und er solle sich mal den Himmel anschauen. Es würde gleich junge Hunde regnen, wie man so schön sagt. Victor nickte. War Goethe etwa weitergegangen? Nein!

Wir ließen uns mit einem Taxi von Großkochberg nach Weimar durch den mittlerweile strömenden Regen fahren. Goethe hatte kein Taxi gehabt: »Tief in der Nacht war ich nach mühsam erstiegener halber Gebirgshöhe eingetroffen in einer leidlichen Herberge.« Unsere Herberge in Weimar, das Hotel »Elephant«, war nicht leidlich, sondern luxuriös. Das traditionsreiche Hotel gehört mittlerweile zu der Sheraton-Kette und ist ein Fünf-Sterne-Hotel.

Goethe nächtigte im »Elephant« und brachte später

auch seine Gäste dort unter. Thomas Mann gehörte zu den Stammgästen, aber auch Adolf Hitler.

Victor und ich hatten ein Zimmer mit Bad und WC. Schon in der Jugendgruppe haben wir in gemeinsamen Schlafsälen und Zelten genächtigt. Da war ein Doppelzimmer in einem Fünf-Sterne-Hotel ein echter Fortschritt. Wir machten uns ein wenig frisch, und ich zog eine neue Hose an. Wir beschlossen den Abend im Weimarer Nationaltheater und sahen ein phantastisches Puppentheaterstück. Und vor den Säulen des Theaters wachten Goethe und Schiller Hand in Hand auf ihrem Sockel über Victor und mich.

Wegstrecke:	28 Kilometer
Wanderzeit brutto:	7 Stunden, 3 Minuten
Wanderzeit netto:	5 Stunden, 51 Minuten
WDG:	4,78 km/h
Autokennzeichen:	Von WE (Weimar) nach AP (Apolda) bis ganz ganz knapp vor SLF (Saalfeld)
Wanderkarte:	Kompass, Spezial Wander- und Radtourenkarte, Weimar – Jena – Holzland, 1:50.000
Das Bier der Region:	Weimarer Pilsener
Höchster Punkt der Wanderung:	525 m (Luisenturm)
Niedrigster Punkt der Wanderung:	230 m (Weimar, Wielandplatz)

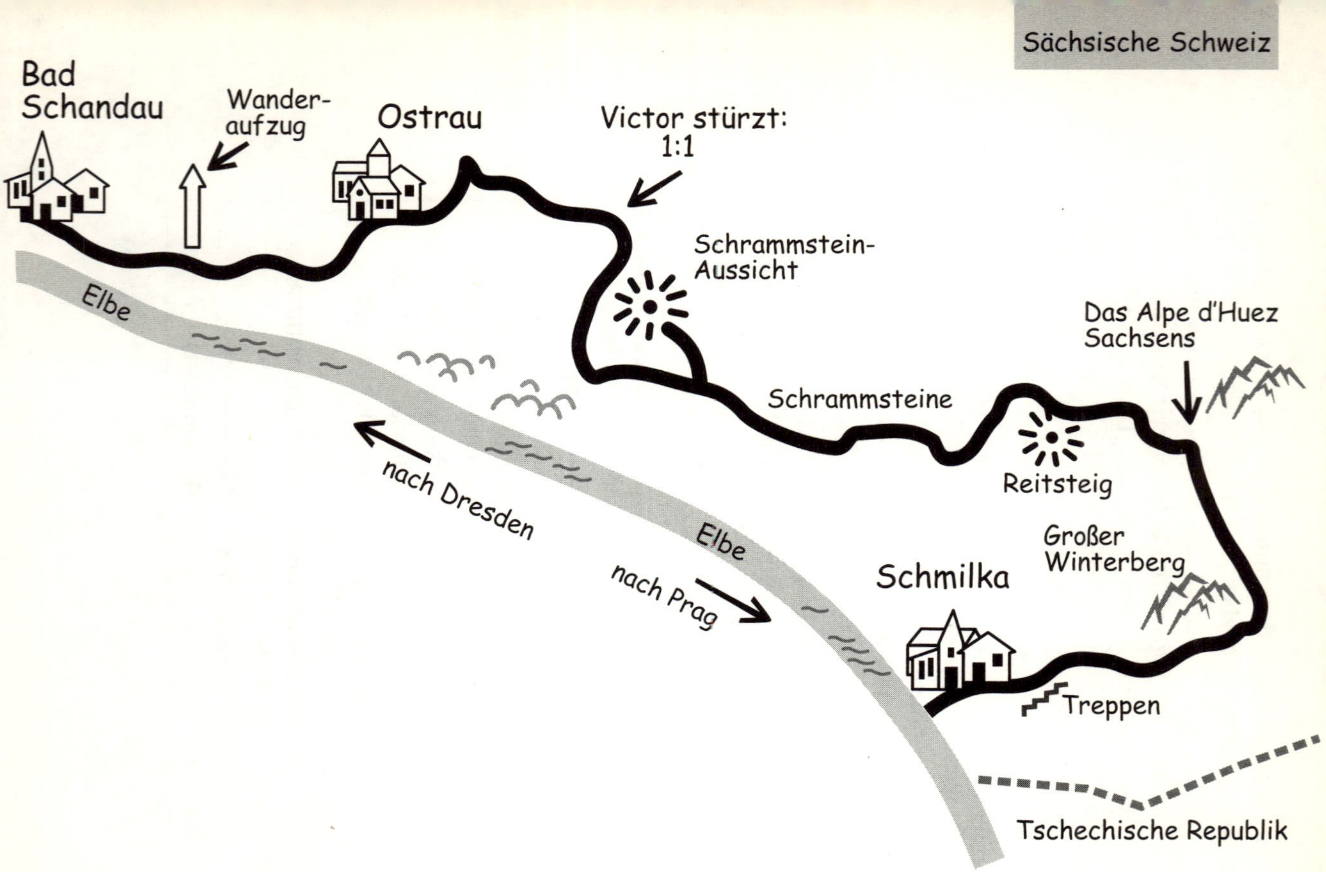
Sächsische Schweiz
Bad Schandau
Wander-aufzug
Ostrau
Victor stürzt: 1:1
Schrammstein-Aussicht
Schrammsteine
Das Alpe d'Huez Sachsens
Reitsteig
Großer Winterberg
Schmilka
Treppen
Elbe
nach Dresden
Elbe
nach Prag
Tschechische Republik

Durchs wilde Karl-May-Land

Auf den Höhen der Sächsischen Schweiz

Mai 2004

Victor und ich waren morgens mit dem ICE von Weimar über Leipzig nach Dresden gefahren. Dort nahmen wir den Eurocity 173 von Hamburg über Berlin, Dresden und Prag nach Wien. Der Zug fuhr in äußerst gemächlichem Tempo an der Elbe entlang Richtung Süden. Die Grenzbeamten kontrollierten als bilaterales Doppelpärchen die Pässe. Jeweils zwei deutsche und zwei tschechische Beamte gingen von Reihe zu Reihe. Wir zeigten unsere Pässe nicht, da wir vor der Grenze aussteigen würden, was man uns erstaunlicherweise sofort glaubte.

In Bad Schandau verließen wir den Zug und fuhren mit dem Taxi zum »Parkhotel Bad Schandau«, um das Hauptgepäck abzuladen und uns wanderfertig zu machen. Wir hatten ein traumhaftes Zimmer, das auf eine tiefe und breite Terrasse hinausführte. Zwischen mächtigen Südstaaten-Häuser-Säulen hatte man einen wunderbaren Blick auf die Elbe. Nur mit Mühe konnte mich Victor davon abhalten, eine Runde in der Elbe zu schwimmen, so reizvoll präsentierte sich das Panorama.

Wir waren nicht zum Schwimmen hier. Wir wollten uns einen Teil der Sächsischen Schweiz im Elbsandsteingebirge vornehmen, den wir noch nicht kannten. Es sollte von Bad Schandau aus Richtung tschechische Grenze gehen.

Vor zwei Jahren nach einer Theatervorstellung von Victor in Dresden hatten wir die weltberühmte Felsenformation Bastei erstiegen und waren durch die Schwedenlöcher gewandert. Felsen, Schluchten und Wege haben hier ungewöhnliche Namen: Schlaglöcher, der Diebskeller, ein nasses Loch, ein Buttermilchloch, die Honigsteine, der Satanskopf, der Heulenberg, der Mordgrund, die Nasenhöhle, der Hippengrund, die Gutebierwände, der Berg Kleine Liebe, die Affensteine und der Böse Turm. Wir stellten uns die alten Sachsen vor, wie sie sich diese Namen ausdachten und sich dabei vor Lachen die Bäuche gehalten haben.

Heute wollten wir nicht zur Bastei, sondern über den Gratweg der Schrammsteine wandern. In meinem Wanderführer »Wandern in der Sächsischen Schweiz« waren insgesamt 30 Touren beschrieben. Nur zwei davon galten als anspruchsvoll. Die anderen Touren waren als mittelschwer und einfach eingestuft worden. Keine der Wanderungen hätte meinen Sportwanderungs-Vorstellungen entsprochen. Sie waren allesamt zu kurz. Aber die Schrammstein-Tour mit dem Prädikat »anspruchsvoll« und einer Länge von 15 Kilometern schien mir für eine Halbtagestour angemessen. Schließlich konnten wir, durch unsere Anreise bedingt, erst um 13:30 Uhr starten.

Der Aufzug gegenüber dem Hoteleingang sah aus wie ein kleiner Eiffelturm, der ein keckes, lustiges Hütchen

Wanderaufzug mit Hütchen – sen-sa-tio-nell

aufhat. Ich hatte noch nie eine Wanderung mit einer Aufzugsfahrt begonnen. Für 1,25 Euro fuhren wir zusammen mit einem Liftboy hoch nach Ostrau. Dort sah es sehr eigentümlich aus: ungefähr 100 Jahre alte Ferienvillen, deren Baustil ich als eine Mischung aus Wildem Westen, Jugendstil und Schwarzwaldhäusern beschreiben würde. Sehr hübsch.

Hinter Ostrau verlief der vom Wanderführer vorgeschlagene Weg parallel zu einer Kreisstraße. Auf der Wanderkarte war jedoch eine Alternative zu erkennen: ein direkter Weg durch grüne Wiesen zu den bizarren Formationen der Schrammsteinfelsen.

Es war kein richtig gutes, aber auch kein ausgesprochen schlechtes Wetter. Der Himmel war grau. Der Wetterbericht am Morgen hatte von ergiebigem Regen gesprochen. Der Terminus »ergiebig« im Zusammenhang mit Regen ließ mich frösteln. »Regenschauer« wäre ja noch okay gewesen, aber die Formulierung »ergiebiger Regen« machte uns ein wenig Angst. Auf der Hinfahrt hatten wir aus den nassen Straßen in Dresden geschlossen, dass die Regenfront schon vor uns angekommen sein musste.

Ich hatte heute meine Wanderschuhe angezogen, um auf den zu erwartenden Kletterpartien trittsicher zu sein. Wenn es bereits geregnet hatte, würden die Felsen noch rutschiger sein. Und ich hatte mir vorgenommen, dass sich der »Sturz vom Goetheweg« nicht wiederholen sollte.

Wir waren den Schrammsteinfelsen schon recht nah, uns trennte nur ein kleines Tal. Auf schmierig verschleimten Holzbohlen-Stufen ging es bergab. Ich ging voran. Wir waren kaum 200 Meter gegangen, als ich ein beunruhigendes Geräusch hörte.

Es klang wie Pfflls-Pbllmm-Krrpsch. Oder war es doch eher ein einfaches Wrrosch?

Ich drehte mich um, und Victor war gestürzt. Das Geräusch hatte sich gruselig angehört, sodass ich mir ernsthaft Sorgen um seine Gesundheit machte. Ich fürchtete Beinbrüche und Schlimmeres. Doch das Einzige, was von Victor kam war: »Scheiße, 1:1.«

Da hatte doch dieser Mensch, den ich eigentlich zu meinen zwei besten Freunden zähle, den ich schon öfters, auch vor Zeugen, gar als meinen besten Freund bezeichnet habe, da hatte also dieser so genannte Freund ernsthaft darauf spekuliert, dass ich mich bei der heutigen Wanderung noch das ein oder andere Mal auf den Hosenboden setzen würde.

Er hatte förmlich darauf gewartet, fröhlich triumphierend 2:0 und 3:0 durch den Wald krähen zu können, während ich mich mühsam wieder aufgerappelt hätte. Und nun das.

Ich kümmerte mich mit freundschaftlich gemeinten Sprüchen um ihn:

»Keine Sorge, Victor, ich gehe weiter voran und weise dich auf feuchte Stellen hin.«

»Vorsicht, Victor, hier sind die Treppenstufen etwas unregelmäßig gestaltet, tu dir bitte nicht noch einmal weh.«

»Victor, soll ich nicht mal den Rucksack nehmen? Dann kannst du dich besser auf den Weg konzentrieren. Das wäre glaube ich besser für dich.«

Nichts ist schöner als die Häme nach dem Triumph. Diese Art der Jungs-Rivalität haben wir uns über die Jahre erhalten, mit immer neuen Wetten und Wettkämpfen, um uns aneinander zu messen. Im Januar waren wir in der Schweiz in Braunwald im Kanton Glarus gewesen. Wir sind nicht Ski gefahren, sondern geschlittelt, wie die Schweizer so wunderbar sagen. Es hört sich nicht so bräsig an wie Schlitten fahren. Schlitteln ist knackig und sportlich. Und oben in Braunwald gab es Ia-Schlittelbahnen, die eine Mischung aus professioneller Rodelbahn und Spazierwegen durchs Dorf waren.

Dort fuhren Victor und ich Rennen. Natürliche Hindernisse wie Spaziergänger und Planierraupen wurden, so gut es ging, umfahren. Nur einmal erwischte Victor versehentlich eine Spaziergängerin. Auf der wilden Hatz nach unten blieb leider keine Zeit für eine Entschuldigung. Wir versuchten uns mit Tritten und Armstößen aus der Bahn zu werfen, und hatte sich einer von uns beiden in der Haarnadelkurve versteuert und sich mit dem Schlitten in den Schnee gebohrt, fuhr der andere mit Triumphgeheul vorbei.

Diese Ben-Hur-Rennen auf Schlitten wollten wir nicht beim Wandern umsetzen. Wir stellten uns vor, wie albern es sein würde, die ganze Zeit rangelnd durch die Landschaft zu stolpern. So erfanden wir eben Ersatzkonkurrenzen wie die »Sich-auf-die-Schnauze-legen-Disziplin«. Und da stand es jetzt 1:1. (Wie verbissen dieses Duell in den Köpfen der Beteiligten geführt wurde, zeigt der Traum von Victor, den er mir am nächsten Morgen erzählte. Er hatte geträumt, dass ich mich noch einmal spektakulär auf die Fresse gelegt und er somit den Sieg errungen hätte.)

Nach Victors Sturz stiegen wir ungefähr 150 Meter bergan Richtung Schrammsteine. In die Felsen am Wegesrand hatten sich »Schmierfinken« früherer Jahrzehnte in unterschiedlichen Felsen verewigt. Wir konnten Jahreszahlen wie 1896, 1929 und 1943 deutlich erkennen und dazu die jeweiligen Namen. Stein-Graffitis für Jahrzehnte oder gar Jahrhunderte. Auf mittlerer Höhe zwischen Elbe und Felsengrat verlief ein sandiger Weg, der direkt nach Schmilka, unserem Zielort, führte. In der Sächsischen Schweiz sind die Wege so angelegt, dass an vielen Kreuzungspunkten die Möglichkeit besteht, sich eine individuelle Route zusammenzustellen. Aber der sandige Weg wäre die Warmduscher-Variante gewesen. Uns lockte die Schrammsteinaussicht und der damit verbundene Aufstieg.

Extrem-Kletterer, Alpinisten und Hochgebirgsspezialisten werden jetzt vermutlich ein leichtes Gähnen nicht unterdrücken können. »Aufstieg mit Treppen und Leitern? Lächerlich!« – höre ich diese Berggemsen stöhnen. »Wir machen das, nur mit einem Seil gesichert oder sogar mit purer Fingerkraft.« Alles richtig, aber für einen Mittelgebirgs-Wandersportler wie mich war das hier schon ein richtiges Abenteuer.

Es ging kreuz und quer durch schmale Felsspalten aufwärts. Mal gab es Eisentreppen, mal Eisenleitern, die einem auf dem Weg nach oben halfen. Die Eisenleitern erinnerten an die Hotel-Notstiegen, die als Fluchtmöglichkeit im Ernstfall dienen. Oft gab aber auch nur ein einfacher Handlauf aus Eisen Halt. »Wildschützensteig« nannte sich dieses Stück und war so steil, dass es verboten war, ihn als Abstieg zu nutzen: ein Einbahnstraßen-Wanderweg. Und hier erschloss sich mir auch die wahre Bedeutung des Begriffs »Steig« – hier wurde gestiegen. Er hatte den Steig im Namen verdient, anders als seine aufgeplusterten Kollegen in Thüringen oder im Rothaargebirge.

Nach einer halben Stunde erreichten wir den Gipfel. Heureka, was für eine Aussicht! Tief unter uns glitzerte das schmale Band der Elbe. Die vorbeibummelnden Eurocitys Richtung Prag sahen aus wie Modelleisenbahnen der Minispur Z. Und in allen Himmelsrichtungen gab es bizarre Felsen zu sehen. Mein Freund kletterte auf eine Brüstung und machte den Victor di Caprio mit »I'm the king of the Elbsandsteingebirge«.

I'm the king of the Elbsandstein-gebirge!

Im Dresdener Hauptbahnhof hatten wir im »Orient-Shop« alles für ein Gipfelpicknick eingekauft: drei kleine Fladenbrote, zwei superscharfe türkische Knoblauch-Salami-Würste, ein Schälchen eingelegte Oliven, ein Schälchen Peperoni mit Schafskäse gefüllt und eine Flasche Chianti. Keine Pappteller, keine Pappbecher. Wozu auch, wir hatten doch immer noch die Klopapierrolle aus dem REWE in Weimar.

Im Hotel hatten wir uns einen Korkenzieher geliehen. Wieso Korkenzieher? Hat denn der Wander-Andrack nicht immer ein Schweizer Messer dabei? Nein.

Erster Grund: Die Dinger sind hammerteuer, und ich habe beide Exemplare, die ich in meinem Leben besessen habe, innerhalb weniger Wochen verschlampt.

Zweiter Grund: Schweizer Messer sind etwas für Jungs, die später Physik studieren und bunte Pullover mit Muster anhaben. Kurz: Schweizer Messer sind uncool.

Zwei bayrische Männer, die sich in unsere Nähe gesetzt hatten, blickten jedenfalls neidisch auf unser Festmahl. »Das ist Kultur«, nickten sie anerkennend.

Nach der Schrammsteinaussicht ging das Gekraxel weiter über einen Grat, der diesen Namen wahrhaft verdient hatte. Man könnte es so beschreiben: Der Kammweg des Rothaarsteigs führt über den breiten Rücken eines Bergs, der wie ein schlafender Riesenwal in der Landschaft liegt. Der Gratweg über die Schrammsteine gleicht dem zackigen Kamm eines hyperaktiven, Feuer spuckenden Drachens.

Kein Wunder, dass Karl May fast nie die Orte, über die er schrieb, bereist hat. Er wohnte in Radebeul nahe Dresden und konnte sich um die Ecke von der Sächsischen Schweiz für das wilde Kurdistan und den Silbersee inspirieren lassen.

Der Weg mündete schließlich in einem dichten Wald. An einer Kreuzung – ähnlich wie in der Schweiz waren die Kreuzungen hier mit Zeitangaben ausgeschildert – hieß es, dass es noch eine Stunde bis zum Großen Winterberg wäre und die Gaststätte oben bis mindestens 17:00 Uhr geöffnet hätte. Was hieß »mindestens« konkret? Wir hatten 16:23 Uhr, und Victor zog das Tempo an. Vorher waren wir eher gemütlich geschlendert, nun wurde ordentlich ausgeschritten. Victor ging drei Schritte vor, ich folgte ihm, bereit, jede Attacke zu kontern. Ein Blick zurück genügte, um uns zu vergewissern, dass wir das Hauptfeld längst abgehängt hatten. Es würde zum erwarteten Zweikampf der alten Rivalen Manuel Ullrich und Victor Armstrong kommen. Heute ging es um viel. Es ging um alles. Diese Bergankunft konnte die ganze Tour entscheiden. Der psychologische Vorteil des Siegers gegenüber seinem Konkurrenten wäre wahrscheinlich nicht mehr aufzuholen. Die beiden Wander-Titanen waren jetzt ganz auf sich allein gestellt. Keiner der treuen Helfer hatte dieses höllische Tempo mithalten können. Dann die letzten Meter zum Gipfel des Großen Winterbergs – das sächsische Alpe d'Huez, wie sich die Wanderkenner mit Ehrfurcht zuraunten.

Victor verlor an einer Kreuzung kurz die Orientierung. Manuel Ullrich kannte das Höhenprofil der Etappe in- und auswendig. Ohne auf Schilder zu achten, zog er den Aufstieg hinauf, überholte Victor und war jetzt drei Schritte vorne. Manuel verschärfte das Tempo. Victor hatte Mühe zu folgen. Noch 1000 Meter bis zum Ziel. Manuel startete eine Attacke. In seinem Nacken hörte er den Kontrahenten keuchen. Manuel nahm wieder ein wenig Tempo heraus. Die Grundgeschwindigkeit war

Victor geschlagen am sächsischen Alpe d'Huez

aber für eine Wanderung bergauf immer noch höllisch. 300 Meter später die nächste Attacke. Manuel schaute Victor mitten ins Gesicht. Wie viel hatte der Junge noch drauf? Gnadenlos arbeiteten die Beine der beiden. 200 Meter vor dem Ziel die Schlussattacke von Manuel. Hinter ihm bringt Victor ein gekeuchtes »Vergiss es« hervor, aber Manuel wusste, dass er noch einiges zulegen konnte. 100 Meter vor dem Ziel verfiel Manuel in den Wiegeschritt der professionellen Geher, bis er die letzten Meter durchs Ziel sprintete. Victor war geschlagen. Einige Meter hinter seinem Bezwinger trudelte er ins Ziel. Ein schwerer Tag für Victor Armstrong, ein großer Tag für Manuel Ullrich, ein großer Tag für den Wandersport.

Um 17:07 waren wir oben angekommen und gönnten uns nach unserem Bergrennen eine große Apfelsaftschorle. Victor war ein fairer Verlierer. Die Tatsache, dass er während des Aufstiegs den Rucksack hatte tragen müssen, führte er äußerst selten als Grund für seine Niederlage an. Eigentlich fast überhaupt nicht.

Es waren nun noch zwei Kilometer bergab zu bewältigen. Über 400 Höhenmeter gingen wir endlose Treppenstufen bergab. Wir kamen uns vor wie in einem schlechten Traum: Es hatte geklingelt im Haus, und nun war man auf dem Weg durchs Treppenhaus nach unten. »Komme schon«, »Bin gleich da« – es klingelt wieder –, »Ja, ja«, »Minütchen« – aber das Treppenhaus wollte und wollte nicht enden. Schrecklich.

Endlich erreichten wir Schmilka, ein kuscheliges Dörfchen an der Elbe, direkt an der tschechischen Grenze.

Sächsische Wanderweisheit

Ähnlich kuschelig waren auch die Müller-Sprüche an den dortigen Mühlen:

»Ein Mühlstein und ein Menschenkind
Wird stets herumgetrieben
Wenn beides nichts zu reiben hat
Wird beides selbst zerrieben«

und

»Wenn ich eine Mühle hätt
Und ein schönes Weib im Bett
Und dürfte keine Steuern zahlen
Würd ich ohne Sorgen mahlen«

In einer Gaststätte mit Außenterrasse an der Elbe warteten wir auf die Fähre, die uns zur S-Bahn am anderen Flussufer bringen sollte.

Victor hatte keine Lust, so lange zu warten. Er stellte sich mit aufgerecktem Anhalter-Daumen an den Straßenrand. Ich blieb an meinem Platz sitzen. Ich wettete mit ihm, dass auf die Länge eines herrlich kühlen Weizenbieres kein Auto anhalten würde. So wiesen auch die meisten Autofahrer Victors Anhalter-Wunsch brüsk zurück. Zwei junge Damen kicherten in sich hinein, fuhren dann aber schnell weiter. Beim letzten Drittel des Weizens bekamen wir ein Angebot vom Pärchen am Nebentisch: bis nach Bad Schandau könnten sie uns mitnehmen.

Die beiden waren um die 30 Jahre alt und kamen aus Dresden. Sie waren gerade in Tschechien tanken gewesen. Der junge Mann war ein ausgesprochener Schnäppchenjäger. Er hatte Turnschuhe für 9 Euro 99 Cent an den Füßen und bei Aldi Wanderschuhe für 22 Euro erstanden. »Luftgepolstert, mit allem Piff und Paff. Aber man kommt ja so selten zum Wandern.« Obwohl der Sachse, so lernten wir, sehr gerne wandert und sogar in der freien Natur übernachtet.

Für diese Übernachtungen sucht man sich in der Felslandschaft geeignete Überhänge. Dann legt man sich auf den nackten Stein und deckt sich gewissermaßen mit dem über einem befindlichen Riesenfels zu. Nach zwei Flaschen Whiskey sei das überhaupt kein Problem, versicherte der junge Mann aus Dresden. Dieses Felsenbett nennt man in Sachsen »Boofe«.

Victor und ich beschlossen, bei unserem nächsten

Besuch in der Sächsischen Schweiz auch einmal in einer Boofe zu übernachten.

Zehn Minuten nach der Abfahrt in Schmilka waren wir wieder an unserem Ausgangspunkt angelangt. Das ist das Phantastische an diesem Wandergebiet. Auf kompaktem Raum gibt es zahlreiche traumhafte und abwechslungsreiche Touren. Stets ist man schnell wieder an seinem Ausgangspunkt, ob in Bad Schandau oder im Kurort Rathen unterhalb der Bastei. Eine ganz klare Eins mit Sternchen für die Sächsische Schweiz.

Wegstrecke:	14 Kilometer
Wanderzeit brutto:	4 Stunden, 35 Minuten
Wanderzeit netto:	3 Stunden, 33 Minuten
WDG:	3,94 km/h
Autokennzeichen:	Innerhalb von PIR (Pirna)
Wanderkarte:	GeoMap, Nationalpark Sächsische Schweiz/ Böhmische Schweiz – Elbsandsteingebirge, 1:30.000

(Sehr merkwürdiger Maßstab. Auf meinem Messrädchen gibt es diesen Maßstab nicht. Ich musste die Strecke mit dem Maßstab 1:300.000 vermessen und das Ergebnis dann durch 10 teilen. Na ja, es gibt Schlimmeres.)

Das Bier der Region:	Radeberger Pilsener
Höchster Punkt der Wanderung:	556 m (Großer Winterberg)
Niedrigster Punkt der Wanderung:	124 m (Bad Schandau)

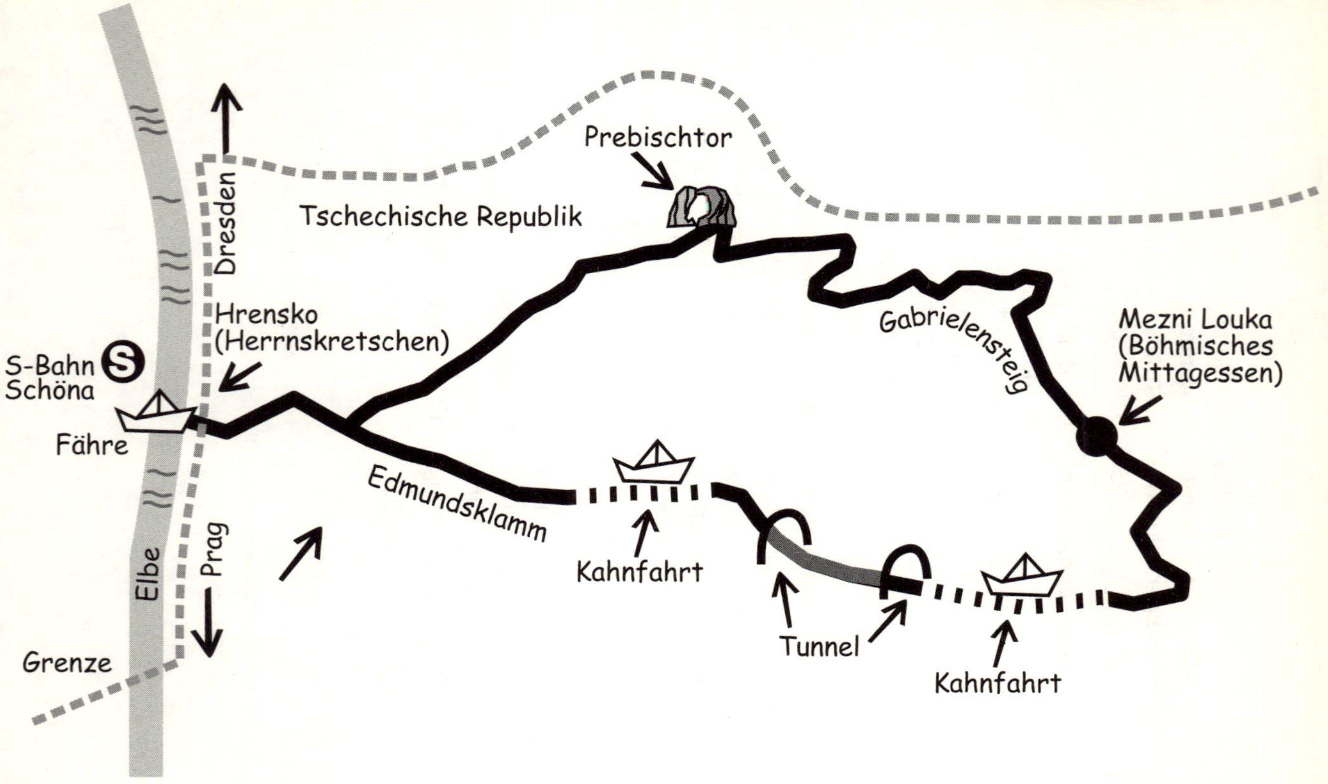
Prebischtor
Tschechische Republik
Dresden
Hrensko (Herrnskretschen)
S-Bahn Schöna
Fähre
Elbe
Prag
Grenze
Edmundsklamm
Kahnfahrt
Tunnel
Kahnfahrt
Gabrielensteig
Mezni Louka (Böhmisches Mittagessen)

Flüssige Wanderwege

Durch die Böhmische Schweiz von Hrensko nach Hrensko

Mai 2004

Der ZDF-Wetterbericht im Morgenmagazin hatte für ganz Deutschland regnerisches Wetter gemeldet. Für ganz Deutschland? Nein: »Sonnig im äußersten Osten des Landes«, und wir waren im äußersten Osten und wollten das befreundete EU-Ausland erforschen. Gebirge und tolle Wandergebiete machen nun mal vor Staatsgrenzen nicht Halt. Das Hohe Venn verbindet die nördliche Eifel und das südliche Belgien. Im deutsch-luxemburgischen Naturpark verschmelzen die Luxemburgische Schweiz und die Eifel. (Es gibt ganz schön viele »Schweizen« außerhalb der Schweiz. Die lustigste ist die Holsteinische Schweiz mit dem 168 Meter hohen Berggiganten Bungsberg.) Der Bayrische Wald geht nahtlos in den Böhmerwald über, und das Erzgebirge verbindet Deutschland und Tschechien. Geologisch gesehen ist die Böhmische Schweiz eindeutig die Fortsetzung der Sächsischen Schweiz. Und wenn man schon einmal in dieser Ecke ist, sollte man die Tour durch die Edmundsklamm und am Prebischtor vorbei unter keinen Umständen auslassen.

Vom Parkhotel fuhren wir mit dem Taxi zum Bahnhof von Bad Schandau. Dort verstauten wir die größeren

Gepäckstücke in einem der acht Schließfächer und nahmen nur einen Wanderrucksack mit. Eine S-Bahn fährt in einer Viertelstunde nach Schöna, der letzten Haltestelle vor der tschechischen Grenze. Schöna besteht aus ungefähr drei bis vier Häusern. Eigentlich ist es nur eine S-Bahn-Endhaltestelle und eine Fährstation. Direkt gegenüber der S-Bahn-Station fängt bereits Tschechien an. Wir mussten nur mit dem »grenzüberschreitenden Fährverkehr Schöna-Hrensko« die Elbe überqueren. Auf dem Boot fiel Victor ein, dass er seinen Pass in seiner Tasche im Schließfach vergessen hatte. Er wurde bleich. Die geplante Tour heute konnten wir vergessen.

Die tschechische Grenze mit ihren durch Stäbe eingefassten Sicherheitsschleusen kam immer näher. Allein: Es war kein Grenzbeamter zu sehen. Unkontrolliert betraten wir tschechischen Boden. Phantastisch. Die Tschechische Republik war zwar seit fünf Tagen EU-Mitglied, aber noch nicht dem Schengener Abkommen des kontrolllosen Grenzverkehrs beigetreten. Wir waren auf jeden Fall drin.

Der erste Ort auf tschechischer Seite heißt Hrensko, früher auch Herrnskretschen. In Hrensko lebt vermutlich kein Tscheche mehr. Auf der Straße waren nur Vietnamesen zu sehen, die entlang der einzigen nennenswerten Straße Trikots von Beckham, Zidane, Ronaldo und Konsorten, T-Shirts von S.Oliver und ähnlichen, Getränke, Schuhe, Deutsche-Volksmusik-CDs, Körbe, Jeans und so weiter zum Kauf anboten. An allen Ständen lag das gleiche Zeug. Im Internet fand ich die Bezeichnung »Ho-Chi-Minh-Pfad«.

Nach dem »Ho-Chi-Minh-Pfad« begann rechts die

legendäre Edmundsklamm, ein ausschließlicher Wanderweg. Zwei nervende Radfahrer, ein mittelaltes deutsches Paar, überholten uns dreimal. Nach jedem Überholvorgang schauten sie fünf Minuten auf die Karte, obwohl es hier nirgendwo eine Wege-Alternative gab. Während jedes Kartenstudiums überholten wiederum wir die beiden.

Victor muss mal wieder dehnen!

Das einzige Geheimnis, welches die Karte den beiden Radlern hätte verraten können, war, dass hier Radfahren verboten war. Und wäre es nicht verboten, so wäre Fahrradfahren hier vollkommen unsinnig. Der Wanderweg endete nämlich nach zwei Kilometern. Die Schlucht wurde so eng und felsig, dass schlicht und einfach kein Platz für einen Fußweg mehr vorhanden war, sondern sie mit einem Boot durchquert werden musste. Ich fand das großartig: eine kombinierte Fuß- und Bootstour. Übersetzt für die Walker heißt das: trail and shipping.

Den Namen hat der Weg und die Klamm von Edmund Clary-Aldringen. Er muss ein verrückter Kauz gewesen sein. Der alte Edmund lebte von 1813 bis 1894. Wahrscheinlich entdeckte er im Alter seine romantische Ader und hatte die Idee, das Gebiet um die Klamm touristisch zu erschließen. Er baute mit Hilfe von 200 italienischen Bergweg-Spezialisten den Wanderweg und staute an zwei besonders engen Talpassagen den reißenden Gebirgsfluss Kamenice. An diesen Stellen wäre eine Fortführung des Wegs zu riskant gewesen, sodass Fährboote eingesetzt wurden. Am 4. Mai des Jahres 1890 war es so weit: Der Kahnverkehr in der Edmundsklamm nahm seinen Betrieb auf.

Und genau 114 Jahre und einen Tag später setzten sich auch Victor und ich in den schaukelnden, grün gestrichenen Kahn. Der Fährmann hatte uns schon von weitem kommen sehen. Mit Winkzeichen hatte er uns zu verstehen gegeben, dass er bald abzulegen gedachte und wir uns etwas sputen sollten, um noch mitzukommen. Wir bezahlten an einem kleinen Kassenhäuschen unseren Fährzoll in Euro, wie man es im grenznahen Tschechien überall tun kann. Hoffentlich gilt das bald auch für ganz Tschechien. Wenn schon Europa, dann auch richtig.

Das Boot hatte Platz für ungefähr 18 Personen. Außer uns war noch eine achtköpfige sächsische Wandergruppe mit rüstigen Senioren an Bord. Der Fährmann ließ uns Platz nehmen und schob das Boot vom Steg aus an. Er winkte uns zum Abschied und rief fröhlich: »Selbstbedienung, Außenbordmotor ist von Mercedes.« Im letzten Moment sprang er aber doch noch ins Boot und griff nach einer langen Holzstange, um uns wie ein böhmi-

Unser Fährmann in der Klamm mit rüstigen sächsischen Rentnern

scher Gondoliere mit stakenden Bewegungen flussaufwärts zu bringen.

Unser Fährmann sprach ein wunderbares böhmisches Deutsch und erinnerte in Statur und Gesichtsform an einen listigen tschechischen Schwejk. Der Mann war ein begnadeter Entertainer und Reiseführer. In den nächsten 20 Minuten der Überfahrt bot er uns ein Comedy-Programm mit einer Gag-Dichte, um die ihn die meisten deutschen Fernseh-Comedians beneidet hätten.

Hier einige Auszüge aus seinem Programm, und ich schwöre, er hat so geredet:

Mit den Füßen brachte er das Boot kräftig zum Schaukeln. Die Senioren kreischten. Er sagte: »Machen jetzt Äskimo-Rolle.«

»Klamm ist sich hier vier Mätär tief: Zwei Mätär rechts, zwei Mätär links.«

An bestimmt 20 verschiedenen, skurrilen Felsformationen schulte er unser Vorstellungsvermögen: »Mit bisschen Phantasie Sie sehen oben rechts Teufelskopf mit streckt die Zunge raus. Daneben ist sich Affenkopf und gleich daneben Kopf von Breschnew.« Manche Gags waren vor 20 Jahren im sozialistischen Alltag wahrscheinlich noch explosiver gewesen.

»Müssen sich alles vorstellen mit viel Phantasie. Wenn keine Phantasie: An Endhaltestelle ist sich Restaurant. Dort trinken zwei Bier und zwei Becherovka (tschechischer hochprozentiger Kräuterlikör, der Jägermeister aus Karlsbad). Bei Rückfahrt dann viel Phantasie.«

»In Edmundklamm fahren sich 20% Tschechen, 20% Russen und 60% Deutsche, an Pfingsten 100% Deutsche und an Vatertag 120% Deutsche und 100% Alkohol.«

»In Edmundsklamm viele Fische: Lachse, Forellen, Piranhas, ein Alligator.«

Auf der linken Seite erschien ein Felsen. Aus fünf Meter Höhe ergoss sich in einem dünnen Rinnsal ein Wasserfall in den Fluss. Der Fährmann zog an einem Seil, und eine aufgestaute wilde Wasserfontäne schoss nun auf das Boot zu, verfehlte es aber knapp. Die Seniorentruppe kreischte wieder, und der Fährmann murmelte etwas von Männertoilette.

An einer anderen Stelle fuhren wir ganz nahe an eine feuchte Felswand heran, an der Wasser herabperlte. »Ist sich Lebenswasser.« Die sächsischen Rentner fingen das Wasser mit ihren Händen auf und schlürften. Unser Fährmann ergänzte: »Unten ist Lebenswasser, oben LPG-Kuhstall.« Die Senioren schrien vor Vergnügen.

Czeschski Wander-Eisenplatte – pfuschski!

Aber nicht nur unser Fährmann war eine Sensation, sondern auch die Natur. Der Fluss schlängelte sich durch eine grüne, felsige Märchenlandschaft. Immer wieder sahen wir neue und überraschende Felsformationen: Das war er also, der böhmische Amazonas. Großartig. Als wir am Ende der Bootsstrecke anlegten, half uns der schwejkische Fährmann galant aus dem Boot und wünschte allen eine schöne Wanderung. Die sächsische Wandergruppe ließ sich schon nach wenigen Metern zur Vesper im Restaurant der Edmundsklamm nieder, wir aber gingen weiter.

Der Weg führte nun zwei Meter über dem Fluss an den Felsen entlang. Unter unseren Füßen lagen Metallplatten, die den Sicherheitsstandards des real existierenden Sozialismus entsprachen. Sie waren schlecht verschraubt und wackelten bei jedem Schritt, in manchen gähnten medizinballgroße Löcher. Ständig hatte ich Angst, an irgendeiner Stelle durchzubrechen. Mit EU-Tourismus-Fördergeldern wäre hier einiges zu machen.

Abwechselnd balancierten wir über die rostigen Metallplatten oder tasteten uns vorsichtig durch unbeleuchtete Felsentunnel.

Einen Kilometer später erreichten wir den Abschnitt der Wilden Klamm. Der Wanderweg endete abrupt, und ein Schild verkündete: »Bitte den Fährmann anrufen!« – Bitte den Fährmann anrufen? Das dazugehörige Telefon war sichtlich seit langer Zeit nicht mehr in Betrieb.

So warteten wir eine Viertelstunde, bis der Wilde-Klamm-Fährmann mit dem Boot kam. Der Wilde-Klamm-Fährmann konnte den Edmundsklamm-Fährmann nicht mehr toppen. Lahm erzählte er über Flora und Fauna und die Geschichte der Wilden Klamm. Wenn der andere ein Fähr-Komiker gewesen war, so war dieser hier eher ein Fähr-Beamter. Die Wilde Klamm war 490 Meter lang, und schon bald erreichten wir die Fortsetzung des Wanderwegs.

Für einen Wochentag war ganz schön was los, immer wieder kamen uns kleinere und größere Wandergruppen entgegen. Das zahlenmäßige Verhältnis zwischen deutschen und tschechischen Wanderern war ungefähr 70 zu 30. Wir gaben uns als Tschechen aus, in dem wir alle Entgegenkommenden mit »Dobrý Den«, dem tschechischen »Guten Tag«, begrüßten.

Die deutschen Wanderer mussten irgendetwas zum Gruß zurückmurmeln, beschämt, der Landessprache nicht wirklich mächtig zu sein.

Wir waren bisher der Kamenice gefolgt. Um nach Mezni Louka, zu Deutsch Rainwiese, zu gelangen, ging es an

Enge Klamm und dunkler Tunnel

einem kleinen Bach bergan. Schon nach 40 Minuten erreichten wir das Bergplateau, auf dem der Ort liegt. Im Hotel »Mezni Louka« machten wir auf der riesigen Terrasse Mittagspause.

Es war kaum etwas los, aber aus einem mir unerfindlichen Grund ignorierten uns die beiden Kellner. Waren wir zu spät gekommen? Hatten wir uns an einen falschen Tisch gesetzt, oder war an unserem Outfit etwas nicht in Ordnung?

Wie durch ein Wunder konnten wir dann doch noch unsere Bestellung loswerden: zwei Bier, ein »Konrad« für Victor und ein »Budweiser« für mich, dazu Schweinebraten mit Sauerkraut und Knedelen sowie Rindergulasch mit Knedelen. Tschechische Knedelen sind einfach wunderbar. Nicht zu vergleichen mit unseren Kartoffelklößen. Sie erinnern eher an Brotscheiben und werden mit sehr viel Soße serviert.

Nach der fast einstündigen Pause und nachdem wir insgesamt gerade einmal 11 Euro gezahlt hatten, verließen wir die Terrasse und machten uns auf Richtung Prebischtor. Der Weg führte durch einen Hohlweg, den Schiller (»Durch diese hohle Gasse muss er kommen«) nicht schöner hätte vorfinden können. Wir fragten uns, ob ein Hohlweg durch Naturkräfte, durch Menschenhand oder langjährige Abnutzung entsteht. Aber man kann nicht alles wissen.

Wir hatten uns mittlerweile auf einen Höhenweg vorgearbeitet. Während sich linker Hand der Böhmerwald erstreckte, türmten sich rechter Hand mächtige Felsen. In gelöster, post-verdaulicher Stimmung schritten wir den Weg entlang und sangen die Hippie-Hits und Sakro-Popsongs unserer Jugendzeit: »If I had a hammer«, »Laudato si, o mi signore«, »Let it be«, »Puff the magic dragon« und als Zugabe »Angie«.
Nach sechs Kilometern kamen wir am Prebischtor an. Das Prebischtor ist das größte natürliche Felsentor Europas. 26 Meter breit und 16 Meter hoch, ist es seit den Zeiten des alten Edmund eine Ia-Natur-Sehenswürdigkeit. Edmund hatte es sich auch nicht nehmen lassen, ein Restaurant direkt neben das Prebischtor zu bauen, wieder im gewohnten böhmischen Westernstil.

Um auf das Areal zu gelangen, mussten wir 1,50 Euro Eintritt pro Person bezahlen und hatten dafür drei Aussichtspunkte zur Auswahl. Um es kurz zu machen: Man kann es sich eigentlich ganz sparen, da man auch nicht viel mehr als in den Stunden zuvor zu sehen bekommt. Aber wenn, sollte man Aussichtspunkt Nummer zwei ansteuern. Nummer eins ist enttäuschend und Nummer drei schlichtweg überflüssig.

Prebischtor – das größte Felsentor Europas

Der Rest der Wanderung war ein Kinderspiel. Ein sanfter Abstieg ins Tal, und dann noch drei Kilometer auf der Straße nach Hrensko. Kurz vor Hrensko kamen wir an einem bewachten Wanderparkplatz vorbei. Der Parkplatzwächter machte gerade Feierabend und grüßte uns nett: »Gut Wanderung gewesen? Keine Micken, keine Fliegen? Schön Wetter?« – Ach Tschechien, du hast es besser!

In Bad Schandau holten wir unser Gepäck aus den Schließfächern und warteten auf unseren Eurocity nach Berlin. Ich wollte bei Victor und seiner Verlobten in Berlin übernachten. Mit dem Nachtzug über Dresden nach Köln wäre ich über 11 Stunden unterwegs gewesen. Und das wollte ich mir nicht antun. Wir kamen um kurz nach 22.00 Uhr am Berliner Ostbahnhof an. Eigentlich waren wir noch in einem berlintypisch szenigen und gerade im Moment irre angesagten Club mit einem Basler Regisseur verabredet. Doch nach ein paar Broten an Victors Küchentisch sanken wir in die Betten. Die Drei-Tage-Tour hatte physische Spuren hinterlassen.

Wegstrecke: 14 Kilometer

(Okay, ich gebe zu, das war heute ein Rundwanderweg. Aber obwohl Rundwanderwege eigentlich pfui sind: Dieser ist schwer in Ordnung. Man könnte sich höchstens überlegen, den ganzen Weg andersherum zu gehen. Mit meinen Kindern würde ich zum Beispiel mit dem Taxi bis zur Wegabzweigung Prebischtor fahren. Dann steil hoch zum Tor laufen und dann nur noch bergab über die Edmundsklamm nach Hrensko gehen. Und schon wäre es kein Rundwanderweg mehr.)

Wanderzeit brutto:	6 Stunden, 55 Minuten
Wanderzeit netto:	3 Stunden, 54 Minuten

(Das Bootfahren kann man nicht zur Wanderzeit dazurechnen.)

WDG:	4,10 km/h
Wanderkarte:	GeoMap, Nationalpark Sächsische Schweiz/ Böhmische Schweiz – Elbsandsteingebirge, 1:30.000
Das Bier der Region:	Original Budweiser Bubvar
Höchster Punkt der Wanderung:	451 m (Prebischtor)
Niedrigster Punkt der Wanderung:	132 m (Fährstation Hrensko)

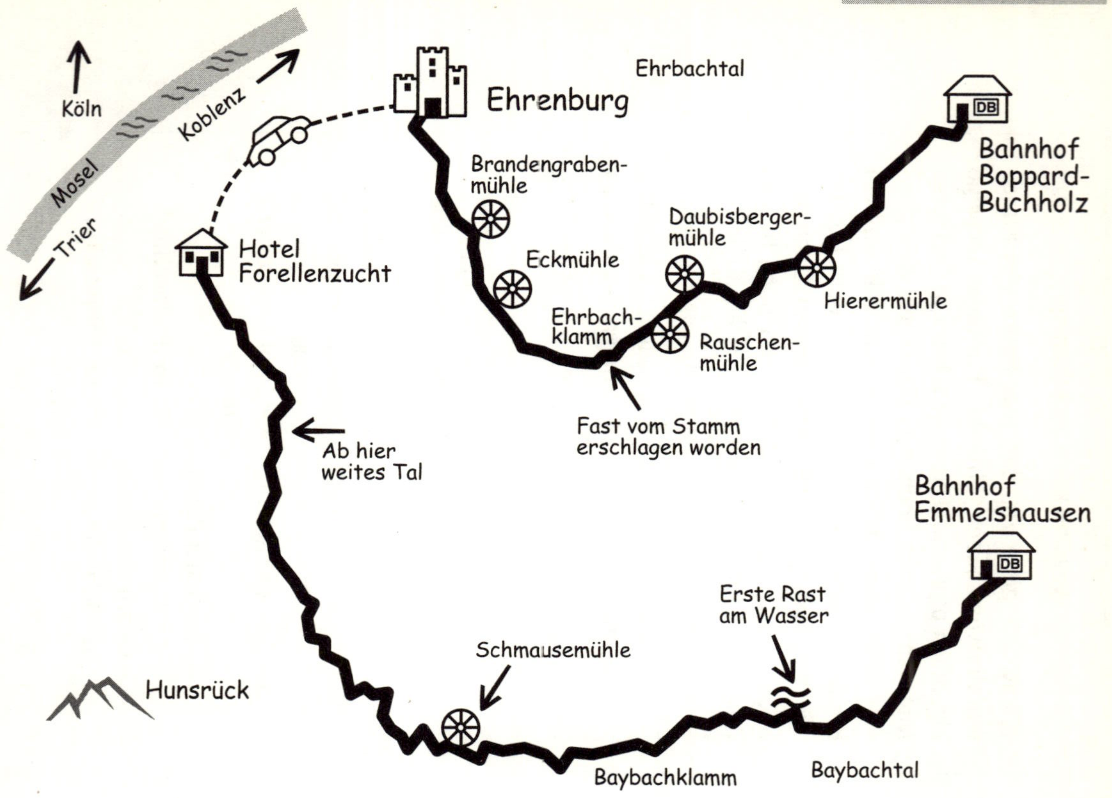
Köln
Mosel
Koblenz
Trier
Ehrenburg
Ehrbachtal
Bahnhof
Boppard-
Buchholz
Brandengraben-
mühle
Eckmühle
Daubisberger-
mühle
Hierermühle
Ehrbach-
klamm
Rauschen-
mühle
Hotel
Forellenzucht
Fast vom Stamm
erschlagen worden
Ab hier
weites Tal
Bahnhof
Emmelshausen
Erste Rast
am Wasser
Schmausemühle
Hunsrück
Baybachklamm
Baybachtal

Gejammert wird nicht

Mit den Kindern im Hunsrück

April 2004

Die ABC-Schützen im Hunsrück lernen seit Generationen folgenden Reim: »Mosel, Saar, Nahe und Rhein – schließen den ganzen Hunsrück ein.« Und im Band 8 des dtv-Lexikons ist unter dem Stichwort »Hunsrück« vermerkt: »Südwestflügel des Rheinischen Schiefergebirges zwischen Mosel und Nahe, die linksrheinische Fortsetzung des Taunus bis zur Saar«.

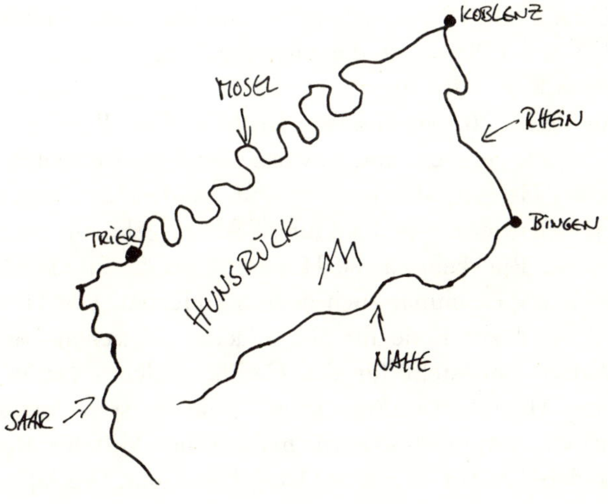

So kann man es sehen. Man könnte auch sagen, dass der Hunsrück jenseits der Mosel die südliche Fortsetzung der Eifel ist. Oder dass der Hunsrück nördlich der Nahe die Fortsetzung des Pfälzer Waldes ist.

Alle deutschen Mittelgebirge haben einen etwas rückständigen Ruf, doch der Hunsrück ist immer noch etwas zurückgebliebener. Der Hunsrück ist immer die Fortsetzung von irgendetwas anderem, er hat nichts Eigenes. Der Hunsrück darf nicht er selbst sein, er ist ein Anhängsel, irgendwie das schwarze Schaf unter den deutschen Landschaften.

So richtig schön ist es auch nicht im Hunsrück. Und doch möchte ich aus vollem Herzen sagen: Auch ich bin ein Hunsrücker! Der Hunsrück ist meine Heimat.

Auch wenn ich in Köln geboren und aufgewachsen bin, meine Vorfahren aus der Eifel stammen, ist seit den frühen 80er Jahren auch der Hunsrück meine Heimat. 1984 und 1985 zeigte die ARD die Serie »Heimat« von Edgar Reitz, die epische Geschichte einer Hunsrücker Familie im 20. Jahrhundert. Ich habe diese Serie gleich mehrmals gesehen, und so wurde der Hunsrück auch zu meiner Heimat. »Heimat« erzählt von den Landschaften und den Menschen des Hunsrücks, es geht um Flucht und die Rückkehr in die Heimat. Und die Hunsrücker »Heimat« ist immer auch deutsche Heimat. Der Hunsrück wird zur Folie für alle anderen deutschen Landschaften und steht für das Gefühl, welches Natur in einem Menschen auslösen kann. Vielleicht ist es einer der Gründe, warum ich so gerne in deutschen Mittelgebirgen wandere, dass es sie nur in Deutschland gibt. Die Alpen –

da geht es mir zu hoch hinaus, das ist eher die Sache der Österreicher und vor allem der Schweizer. An der Nord- und Ostsee ist es auch wunderbar, aber im Wettbewerb um die landschaftliche Schönheit ist die Konkurrenz in Europa, vor allem am Mittelmeer, sehr groß.

Aber der Harz, die Eifel, der Spessart und der Hunsrück, diese Landschaften sind in der internationalen Mittelgebirgskonkurrenz ganz ganz weit vorne.

Was ist Heimat, wo ist Heimat, oder was löst Heimatgefühle aus? Kurt Tucholsky, jeder Deutschtümelei unverdächtig, hat Heimat einmal so definiert:

> »Es besteht kein Grund, vor jedem Fleck Deutschlands in die Knie zu sinken und zu lügen: wie schön! Aber es ist da etwas allen Gegenden Gemeinsames – und für jeden von uns ist es anders. Dem einen geht das Herz auf in den Bergen, am Rand der Gebirgsseen, wo es nach Wasser und Holz und Felsen riecht und wo man einsam sein kann; wenn da einer seine Heimat hat, dann hört er dort ihr Herz klopfen. Das ist in schlechten Büchern, in noch dümmeren Versen und in Filmen schon so oft verfälscht, daß man sich beinah schämt zu sagen: man liebe seine Heimat.
>
> Wer aber weiß, was die Musik der Berge ist, wer den Rhythmus einer Landschaft spürt, wer gar nicht andres spürt, als daß er zu Hause ist; daß das da sein Land ist, sein Berg, sein See, auch wenn er nicht einen Fuß des Bodens besitzt. Und so widerwärtig mir jene sind, die – umgekehrte Nationalisten – nun überhaupt nichts mehr Gutes an diesem Lande lassen, kein gutes Haar, keinen Wald, keinen Himmel, keine Welle – so scharf verwahren wir uns dagegen, nun etwa ins Vaterländische umzufallen.«

Am schönsten ist meine Heimat, der Hunsrück, im nördlichen Teil. In den Tälern des Baybachs und des Ehrbachs, die zur Mosel fließen, kann man wunderbar wandern.

Da gerade Osterferien waren, plante ich mit meinen Kindern, Lena (12) und Myriam (10), eine zweitägige Wanderung in diesen zwei Hunsrücktälern. Am ersten Tag wollten wir von Emmelshausen zu einem Hotel im Baybachtal 20 Kilometer gehen.

Bekannte mit Kindern können häufig nicht verstehen, wie ich meine Kinder dazu bringe, freiwillig mit mir wandern zu gehen. Am Anfang – wie meistens in der Erziehung – war der Zwang, jetzt gehen sie gerne mit, zumindest bilde ich mir das ein.

Als Myriam und Lena fünf und sieben Jahre alt waren, habe ich mit ihnen die erste größere Wanderung über 12 Kilometer unternommen. Um den Jammer- und Quengelfaktor unterwegs niedrig zu halten, gab ich meinen Kindern einige Verhaltensregeln an die Hand. Verboten war es, folgende Dinge zu sagen:

1. Ich kann nicht mehr. (Das bildest du dir nur ein.)
2. Ich habe Durst. (Wir machen genügend Pausen, wo es was zu trinken gibt, für Notfälle habe ich auch was im Rucksack.)
3. Ich habe Hunger. (Siehe unter 2.)
4. Wann sind wir da? (Wenn ihr die Mühle rauschen hört.)
5. Ist nach der nächsten Wegbiegung die Mühle? (Nein.)

6. Meine Beine tun weh. (Meine auch. Das gehört zum Wandern dazu. Ihr seid kräftige Kinder. Also ertragt es einfach, ohne zu maulen.)

Nachdem wir dieses Verhaltensprogramm Tage vor der Wanderung eingepaukt hatten, war alles bis auf einen kleinen Heul-Erschöpfungsanfall prima. Beim Abendbrot in der Mühle waren die Kinder zu Recht stolz wie Bolle auf ihre 12-Kilometer-Tagesleistung. Trotzdem wurden sie nicht wie im Hochgebirge überfordert.

Für ganz kleine Kinder, also solche, die noch geschoben werden müssen (Buggy, Babyjogger, Kinderwagen), ist keine Strecke in diesem Buch geeignet, da praktisch jeder Weg längere felsige und schmale Passagen hat.

Wir starteten vom Bahnhof Emmelshausen unseren Weg ins Baybachtal.

Nach fünf Minuten erreichten wir im Stadtpark Emmelshausen den ersten Kinderspielplatz. Myriam und Lena forderten gemeinsam die erste Pause. Da die beiden Mädchen nur anderthalb Jahre auseinander sind, bilden sie meistens eine geschlossene Geschwisterfront, gegen die ich oft nichts ausrichten kann oder möchte. Es ist viel zu anstrengend zu versuchen, sich gegen beide durchzusetzen. Myriam und Lena verloren sehr schnell die Lust an dem Spielplatz, da es dort nur Spielgeräte für Kleinkinder gab.

Trotzdem war der Spielplatz psychologisch wichtig, er hob gleich zu Beginn die Stimmung für die kommende Wanderung. Wanderspielplätze sind jedoch dünn gesät. Auf dem Rothaarsteig bin ich auf knapp 40 Kilometern nur an einem Spielplatz vorbeigekommen. Dabei ist es häufig für die Motivation gut, den einen oder anderen Waldspielplatz ankündigen zu können (»Die halbe Stunde bis zum nächsten Spielplatz schaffst du noch!«).

Fünf Minuten nach dem Emmelshausener Spielplatz hatte ich die Orientierung verloren. »Papa weiß nicht, wo's langgeht!«, höhnten die Kinder. Die Unfehlbarkeit des eigenen Vaters in Frage zu stellen ist anscheinend noch schöner, als die des Papstes anzuzweifeln.

Der Weg vom Emmelshausener Bahnhof zum Baybachtal ist nicht ausgeschildert, wenn man sich aber zum Fußballplatz durchfragt und dann zwischen Sportplatz und Kindergarten in den Wald talwärts geht, führt ein kleiner Bach (auf der Karte hat er keinen Namen) direkt zum Baybach.

An diesem Tag schien die Sonne von einem wolkenlosen Himmel, aber es war noch kein richtiges Sandalenwetter. Ich hatte vor der Wanderung überlegt, Sandalen für die Kinder einzupacken, falls es wärmer würde. Aber ihre Sandalen waren noch nicht eingelaufen, und mit neuen Schuhen sollte niemand eine längere Wanderung unternehmen. Meine Kinder besitzen keine Wanderschuhe, da es in Kindergrößen keine Wanderschuhe gibt. Da wir aber so oft auch wieder nicht wandern, tun es auch ihre normalen Schuhe. Ich empfehle, bei Wanderungen den Kindern die Schuhe anzuziehen, die am besten eingelaufen sind, egal ob Turn- oder Straßenschuhe.

»Der Weg ist hier aber wanderig!«, sagte Myriam plötzlich. Direkt hinter Emmelshausen war der Weg noch

Meine Tochter mit meinem Rucksack

sehr »spaziergängig« gewesen, und das war natürlich langweilig. Uns umschwirrte ein gelber Schmetterling, und wir nannten ihn Bruno. Obwohl ich mir nicht sicher war, dass es wirklich immer der gleiche war. Bruno führte uns zu unserem Rastplatz. An einer Bachbiegung gab es wunderbare Sitzfelsen für gutes Wetter und eine Hütte für schlechtes Wetter. Hier ließen wir uns nieder und aßen ein Brötchen.

Und weil die Außentemperaturen auf über 15 Grad gestiegen waren, hatten Lena und Myriam blitzschnell ihre Strümpfe ausgezogen, um die Füße im Bach zu kühlen. Die Wassertemperatur betrug aber höchstens sechs Grad. Und so hallte hohes Kinderkreischen durch den Wald. Beide wollten sofort von mir aus dem Wasser gezogen werden. Das ging ihnen aber nicht schnell genug. Wieder Kreischen. Nun gut. Dann wollten sie wieder ins Wasser. »Man gewöhnt sich an die Kälte«, sagte Lena. Im nächsten Moment schrie Myriam auf, da ihre Sonnenbrille ins Wasser gefallen war. Lena wollte die davonschwimmende Brille retten und trat auf einen spitzen Stein. Kreisch. Egal, Hauptsache, die Brille war gerettet. Kaum hatte sich Lena beruhigt, begann Myriam zu fluchen. Sie hatte immer schon einen Hang zum Theatralischen. Hektisch schlug sie mit beiden Armen um sich. Die erste Frühlingswespe war ihr zu nah gekommen. Und durch das kalte Wasser musste sie auch noch dringend pinkeln.

Ich versuchte, derweil möglichst konzentriert ein Buch über Evolution zu lesen. Dieses Buch mitgenommen zu haben war ein Fehler gewesen. Nicht weil es inhaltlich, sondern weil es gewichtsmäßig zu schwer war. Lena hatte ein Drei-???-Buch dabei und Myriam den 1000-seitigen fünften Harry-Potter-Band. Drei schwere Hardcover-Bücher bei einer Rucksackwanderung waren mörderisch, und ich spürte jetzt schon jedes Gramm. Taschenbücher sind gut zum Mitnehmen, Reclamheftchen noch besser, aber bitte nicht solche Buchstabenbriketts.

Wir hatten zwei Rucksäcke dabei. In meinem Rucksack steckten meine Klamotten, alle Bücher, der Proviant und eine Wasserflasche. Die Kinder trugen in einem gemeinsamen Rucksack ihre Kleider und wechselten sich beim Tragen ab. Nach unserer Pause waren noch je eine Jacke und ein Pullover dazugekommen. Morgens, als wir in Köln losfuhren, war es bitterkalt gewesen.

Das hinderte die Kinder aber nicht daran, sich mit Rucksack und Gebrüll kurze Hänge hinabzustürzen, um auszuprobieren, ob sie rechtzeitig bremsen könnten. Manchmal endeten diese Selbstversuche auf dem Hintern. Immer wenn einer von den beiden auf dem Hintern gelandet war, sangen wir zur Melodie von Loonas

»Bailando«: »Poooolandung, Polandung, amigos adios, adios ...«.

Wenn es dagegen bergauf ging, fingen die Kinder an zu jodeln und sangen das Heidi-Lied. Die beiden waren noch frisch und tatendurstig, und Lena protzte: »Das ist voll der geile Weg, aber nichts für dicke Kinder.«

Nun begann der Teil des Tals, wo sich hinter jeder Wegbiegung eine Mühle befindet. Lena und Myriam warteten auf eine ganz bestimmte, die Schmausemühle. Diese Mühle war die einzige Möglichkeit, während der Wanderung im Baybachtal einzukehren. Ein Schild am Wegesrand wies zwei Kilometer vorher auf die Mühle hin. Außerdem war auf diesem Schild notiert, dass dienstags Ruhetag sei. Wir hatten Mittwoch. Unnötig zu erwähnen, dass ich auf meiner ersten Hunsrück-Wanderung an einem Dienstag hier vorbeigekommen war.

Insgesamt gibt es im Baybachtal 12 Mühlen. Wir kamen an der Strieder-Mühle vorbei und lasen folgende Gedenktafel:

»Dies ist das Stammhaus des Johannes Strieder,
der 1858 nach Amerika auswanderte.
Seine Nachkommen kolonisierten
Südbrasilien und Nordargentinien.«

Ohne den Hunsrückmüller Johannes Strieder wäre die Zivilisation von Südamerika um vieles ärmer gewesen.

Mühlen gehören nun mal zum romantischen Repertoire des Wanderns, wie auch die großen Mühlen-Hits »Es klappert die Mühle am rauschenden Bach, klipp klapp, klipp klapp, klipp klapp« und natürlich der Megahit »Das Wandern ist des Müllers Lust, das Wahandern!«. Im letztgenannten Song empfiehlt sich das Wandern als einfache Fortbewegungsmöglichkeit. Im Unterschied zu Goethe und nachfolgenden Romantikern, die wandern *wollten*, *mussten* die Lehrlinge vergangener Tage sich per pedes und auf Schusters Rappen fortbewegen. An Bahnhöfen sieht man heute noch vereinzelt Zimmerleute mit coolen Schlaghosen und riesigen Hüten, was darauf hindeutet, dass »Auf-Wanderschaft-Sein« nicht mehr wörtlich genommen wird, sondern zu einer folkloristischen Tätigkeit »verkommen« ist.

Der Müllergeselle aus der weniger bekannten zweiten Strophe des Volksliedes flehte noch seine Vorgesetzten an: »Herr Meister und Frau Meisterin, lasst mich in Frieden weiter ziehen, und wandern.« Und so war es auch: Für Kost und Logis arbeitete der Geselle ein paar Tage beim Müllermeister und zog dann zur nächsten Mühle. Was nichts weiter hieß, als eine Viertelstunde zur nächsten Wegbiegung zu spazieren, wo bereits eine weitere Mühle stand. Von Wandern kann man da eigentlich nicht sprechen.

In der entfernteren Verwandtschaft meiner Frau gibt es noch einen aktiven Müller. Durch ihn habe ich einiges über die Geschichte des Müller-Berufs erfahren. Die Bauern brachten früher ihre Ernte zur nächstgelegenen Mühle ins Tal – das auch erklärt, warum es wahnsinnig viele Mühlen in jedem Tal gab, schließlich sollte es kein Bauer weit haben, war der Weg ins Tal doch schon beschwerlich genug. Als Lohn erhielt der Müller Naturalien oder ein Zehntel des Mehls, das den Müller in die Lage versetzte, genauso wie der Bauer sein eigenes Brot zu backen.

Ab den 20er Jahren ging es mit den Mühlen bergab. Der Job- und Existenzkiller wurden die aufkommenden Bäckereien in den Dörfern. Statt der Zur-Mühle-Fahrerei und Selbstbackerei war es natürlich viel praktischer, sein Brot beim Bäcker zu kaufen. Das Korn wurde zu den nicht mehr wasserbetriebenen Großmühlen gefahren oder erst gar nicht mehr angebaut. Bäckereien killed the Mühlen.

Zwischen der Weinsmühle und der Schmausemühle wird das Tal des Baybachs sehr eng, es wird zu einer Klamm. Eine Klamm ist laut Definition eine schmale, tief eingeschnittene Schlucht mit fast senkrechten Felswänden. Die Wanderung wurde damit zu einem Achterbahnmarsch. Mal ging es unten am Bach entlang, dann musste man über Felsen klettern. Zur Absicherung gab es kein Geländer, aber stellenweise ein Stahlseil, das in Ösen am Felsen befestigt war. Die Kinder hatten jetzt das Kommando übernommen.

Vorneweg schritt, kletterte und sprang Lena, die am liebsten die Wander-Pole-Position innehat, um niemanden vor der Nase zu haben. Dicht dahinter ging Myriam, und in ungefähr 20 Meter Abstand folgte ich. Ich kam nicht so schnell mit, da mein Rucksack so schwer war. Okay, die Kinder waren auf diesem Abschnitt viel schneller unterwegs und unternahmen sogar kleine Extra-Kletterpartien. Ich nahm meinem Alter entsprechend den vorgeschriebenen Weg und wurde als »langweiliger Papa« verhöhnt.

Die Kinder stießen, wenn sie von kleineren Felsen sprangen, immer einen dumpfen Laut aus. Was sollte das? So macht das Lara Croft auch, war die Antwort. Ab jetzt hießen die besten, weil felsigsten Wegpassagen »laracroftig«.

Eine Kinderregel für diese nicht ungefährlichen Passagen ist: Nicht während des Wanderns umherschauen. Es geht auf schmalsten Felsenpfaden oft 20 Meter steil bergab. Ein falscher Tritt, und man liegt unten. Deswegen: Wenn ein Kind sich umdrehen will, ins Tal schauen möchte oder sich mit jemandem unterhält, immer erst stehen bleiben.

Um kurz nach halb drei Uhr erreichten wir die Schmausemühle. Da es zu spät für die Mittagskarte war, bekamen wir die Vesperkarte. Für meine vegetarisch ausgerichtete Tochter Myriam gab es zwei vegetarische Gerichte zur Auswahl. Sie entschied sich für den Salatteller. Als der Teller kam, waren kunst- und liebevoll drapierte Schinkenscheiben das Zentrum der vegetarischen Speise. Aber die konnte man ja beiseite legen.

Im Sommer bin ich eher ein Schattensitzer. Aber im April setzten wir uns mitten in die Sonne, und der Geruch von Sonnenmilch holte den Duft des Sommers ins Baybachtal. In unseren Breiten, in den deutschen, schattigen Mittelgebirgen, wird bei fortschreitendem Klimawandel wohl die Zukunft des Sonnentourismus liegen. Während mediterrane Gebiete zur Sahel-Zone werden, wird der Hunsrück die Sonnenanbeter Europas mit moderaten Temperaturen locken.

Schon nach 15 Minuten war mir so heiß, dass ich das erste Mal in diesem Jahr meine Hosenbeine abnahm. Im

Mittelalter war das noch gang und gäbe, dass die Hosenbeine und vor allem die Ärmel abnehmbar waren. Man musste dann nur die Ärmel waschen, das Wams blieb so wie es war.

Meine Standardwanderhose ist eine Reißverschluss-Baumwollhose, die mir auch schon im Italienurlaub gute Dienste erwiesen hat. Mit kurzer Hose im Eiscafé sitzen, dann schnell die Hosenbeine wieder ran, und schon ist man korrekt gekleidet für die Kathedrale.

Von der Terrasse aus beobachteten wir, wie ein Wanderreiter versuchte, sein Pferd über eine Brücke zu ziehen. Gewalt und leichte Schläge mit dem Zügel halfen nichts, das junge Tier wollte nicht über die Holzbrücke.

Wir sahen uns das bestimmt eine halbe Stunde an. Es war ein scheußliches Gezerre und für uns als Reiter eine Qual. Irgendwann flehte Myriam mich an: »Papa, und wenn es das Letzte ist, was du für mich tust: Geh hin und biete deine Hilfe an.«

Da mein zweiter Vorname Pferdeflüsterer ist, ging das Pferd problemlos mit mir über die Brücke – okay: Wir mühten uns zu zweit mit dem widerspenstigen Klepper ab, schoben, zogen und fluchten. Irgendwann nahm der Reiter entnervt einen anderen Weg. Ich hatte es zumindest versucht.

Nach einer ungefähr anderthalbstündigen Pause in der Schmausenmühle setzten wir unsere Wanderung fort: Wir folgten dem B. Das B ist die Wandermarkierung des Baybachtals. Und acht Kilometer lang begleitete uns auch noch ein H für Hunsrückhöhenweg. Von Boppard am Rhein aus kann man bis zur Nahe auf dem

Hunsrückhöhenweg den gesamten Hunsrück durchqueren.

Ich war vor zwei Jahre einmal drei Tage auf dem Hunsrückhöhenweg gewandert. Um es kurz zu machen: Es war grauenhaft öde. Der Weg zieht sich, nachdem er das Baybachtal verlässt, über Dörfer und Felder und wieder Dörfer und Wälder und an Wiesen und Waldrändern Kilometer um Kilometer entlang. Es nimmt kein Ende. Und während es in jedem kleinsten Eifel-Dorf ein Gasthaus mit Fremdenzimmern gibt, ist der Hunsrück eine wandertouristische Einöde. Kaum eine größere Ortschaft hat eine Übernachtungsmöglichkeit.

Ich wäre vermutlich damals entkräftet im Hunsrück-Dorf Reifferscheidt verendet, hätte mich nicht der nette Koch des örtlichen Gasthauses gerettet. Eigentlich hatte ich in Kappeln übernachten wollen, aber dort gab es noch nicht einmal eine Kneipe. Ureinwohner von Kappeln schickten mich über den Berg nach Reifferscheidt: »Da sind Sie in zehn Minuten.«

Ich war aber nicht mit dem Auto unterwegs, sondern auf Schusters Rappen, und so dauerte die Strecke Kappeln-Reifferscheidt eine runde Stunde. Im Gasthaus in Reifferscheidt waren alle acht Fremdenzimmer belegt. Ich traute meine Ohren nicht. Wollten die mich verarschen? Ich hatte schon von Pensionen und Hotels gehört, die keine Wanderer aufnehmen, da diese nur eine Nacht bleiben und viel Dreck machen. Als ich insistierte, wurden mir fast lückenlose Biographien der Übernachtenden vorgelegt. Es waren drei spanische Fernfahrer und fünf Bauarbeiter auf Montage. Ich aß erst einmal. Als der

Koch Feierabend hatte, fuhr er mich netterweise ins Nachbardorf Blankenrath, wo es noch eine Übernachtungsmöglichkeit gab.

Für die nächste Tagesetappe war ich da schon bedient, weil durch die zusätzlichen Kilometer meine Blasen auf die Größe von Frühstückseiern angeschwollen waren. Ich schleppte mich durch die sengende Hunsrückhitze von Dorf zu Dorf. Nirgendwo gab es etwas zu essen, nirgendwo etwas zu trinken. Entnervt gab ich auf und fuhr mit dem Bus nach Kirn an der Nahe. In dieser Gegend kann man das Autokennzeichen KH (Bad Kreuznach) bewundern, das von den umliegenden Gemeinden liebevoll mit »Kein Hirn« übersetzt wird.

Genug des Hunsrückhöhenweg-Dissings, auf den paar Kilometern im Baybachtal ist er sehr schön. Wir blieben aber im Tal bei unserem B, während der H-Weg den Berg hinaufführte. Den kommenden Abschnitt kannte ich nicht. Ich war sehr überrascht, dass es über mehrere Kilometer noch einmal so richtig laracroftig und wanderig wurde. Es ging hoch und runter, wir kletterten über Felsen und durch das Geäst von umgestürzten Bäumen. Lena knickte leicht mit dem Fuß um. Der Schmerz war groß, aber Myriam und ich verschränkten unsere Arme und organisierten einen Verletztentransport, indem wir Lena, die bequem auf unseren Armen saß, trugen. Das schafften wir bestimmt 20 Meter. Dann gab es noch Zauberpuste auf den umgeknickten Knöchel, einmal feste auftreten, und weiter ging's. Ich hatte entgegen dem Rat meiner Frau mal wieder kein Handy für Notfälle mitgenommen. Später im Hotel erfuhren wir, dass es im gesamten Baybachtal keinen Mobilnetzempfang gibt. Wanderer hätten sich schon mit gebrochenen Beinen kilometerweit bis zum Hotel geschleppt, um dort einen Krankenwagen zu rufen. So ist das Baybachtal: schön, aufregend, gefährlich!

Langsam wurde es den Kindern zu viel. Die Füße taten weh, der Weg ging an ihre Grenzen. Und mir ging es nicht besser. Ich war zwar heute nicht so gerast wie sonst, aber wir waren heute genauso lange auf den Beinen gewesen wie bei einer schnelleren Tour, und das zählte.

Was also motiviert Kinder, wenn während einer Wanderung die Kräfte nachlassen oder ihnen langweilig wird? (Was man oft nicht auseinander halten kann.)

1. Lieder singen. Ganz weit vorne ist dabei das gegrölte »Das Wandern ist des Müllers Lust« oder auch ein Kanon wie »Bruder Jakob«. Dabei übernimmt jeder eine Stimme, und es endet immer im Chaos.
2. Wanderzeichen suchen. Da es auf den meisten Wegen eine wiederkehrende Markierung (Pfeil, Buchstabe, Zeichen) gibt, ist es für die Kinder spannend, wie bei der Ostereier-Suche diese Markierung als Erste zu entdecken.
3. Das Spiel »Alles raten«, haben wir aus »Tiere raten« entwickelt. Man denkt sich ein Tier, einen Gegenstand, einen Beruf aus, und die anderen müssen mit Ja-Nein-Fragen die Antwort erraten. Wer es errät, ist an der Reihe. Das kann man endlos spielen.
4. Sagen erzählen. Vor ein paar Jahren waren auch noch Märchen möglich, aber das ist mittlerweile vorbei. Sagen erzählen war früher mein Job. Die

Kinder sind jetzt in einem Alter, in dem sie auch selber gerne eine Sage erzählen. Folgende Sagen wurden am Baybach zum Besten gegeben:
- Minotaurus und Theseus im Labyrinth und die Rettung durch den Faden der Ariadne
- Perseus und das Haupt der Medusa
- Ödipus
- Antigone
- Siegfried und das Lindenblatt auf seiner Schulter
- Ikarus und Dädalus flüchten aus Kreta

5. Das Spiel »Ich bin blind«. Dabei schließt das Kind die Augen und nimmt Papas Hand. Mit kurzen und präzisen Kommandos muss das Kind unfallfrei durch die Wildnis geführt werden.
6. Auf einem Weg zehn Meter über dem Bach stehend versuchen, mit Steinchen und Stöckchen genau in die Bachmitte zu treffen.
7. In einem engen Tal bietet sich das Echo-Spiel an. Am beliebtesten ist der Klassiker »Wie heißt der Bürgermeister von Wesel?«. Das wird unermüdlich versucht, obwohl ich wirklich noch nie erlebt habe, dass der Felsen »Esel« zurückruft.

Zwei Kilometer vor unserem Tagesziel weitete sich das Tal, der schmale Pfad wurde zum breiten Wirtschaftsweg. Auf grünen Weidewiesen grasten friedlich Kühe. Die Kinder waren sauer. Sie wollten Pferde sehen und keine blöden Kühe. Sie buhten die Kühe aus, weil sie keine Pferde waren. Gut, meine Kinder waren am Ende. Aber es war auch nicht mehr weit. Die letzten vier Kilometer vor der Mosel verläuft der Baybachtalweg parallel zu einer Landstraße. Also kann man sich den kompletten Weg bis zur Mosel schenken. Wir gingen nur bis zum Hotel »Forellenzucht«. Als wir es endlich erreichten, jubelten die Kinder eher matt. Ich hatte telefonisch vorab zwei Zimmer reserviert, um auf Nummer sicher zu gehen. Bei einer Kinderwanderung möchte ich ein sicheres Dach am Ende des Tages über dem Kopf haben. Vor allem, da ich ja schon meine Hunsrück-Übernachtungs-Erfahrungen gemacht hatte.

Das Hotel »Forellenzucht« ist genau richtig für alle, die gerne frische Forellen essen und denen es nichts ausmacht, dass der Hund des Hauses einem um die Beine streicht. Die Besitzer sind nett und man hat sofort Familienanschluss. Direkt nach dem Abendessen krochen wir mit schmerzenden Beinen ins Bett. Die Kinder hatten vor allem an den hinteren Waden Muskelkater, da es größtenteils bergab gegangen war. Ich tröstete sie, dass morgen andere Muskelpartien beansprucht würden. Es sollte von der Ehrenburg nach Buchholz nur bergauf gehen.

Die wenigen Kilometer zwischen Baybach- und Ehrbachtal wollten wir nach dem Frühstück mit dem Taxi fahren. Ich halte es in solchen Fällen mit den Tour-de-France-Fahrern, die ja auch nicht immer am Zielort der letzten Etappe starten, sondern mit dem Mannschaftsbus zum nächsten Startpunkt gebracht werden.

Der Weg Ehrenburg-Endertklamm-Boppard-Buchholz ist eine kurze 12-Kilometer-Etappe mit Bergankunft. Wobei es sich bei dem Bergankunfts-Berg höchstens, um in der Sprache der Tour de France zu bleiben, um einen Berg der vierten Kategorie handelt.

2. Tag

Ich legte an. Ruhig lag der Pfeil in meiner Hand. Die Sehne des Bogens war bis aufs Äußerste gespannt. Ich musste treffen, das war meine einzige Chance. Ginge der Schuss daneben, wäre ich so gut wie tot – zumindest aber bis auf die Knochen blamiert vor meinen Kindern, mit denen ich gewettet hatte. Der Pfeil sirrte los und traf knapp neben das Schwarze. Na ja, für einen frühen Besuch auf der Ehrenburg ganz gut.

Die Ehrenburg liegt auf einem Bergvorsprung über dem Ehrbachtal. Meine Lieblingsbeschäftigung auf der Ehrenburg ist das Bogenschießen. Nicht dieses Bogenschießen mit Gummipfeilen, sondern richtiges Bogenschießen mit richtigen spitzen Pfeilen und einer richtig weit entfernten Zielscheibe. Beim Bogenschießen entdecke ich immer wieder uralte Jägergene in mir. Ich hätte natürlich als alter Kriegsdienstverweigerer nie Spaß am Schießen mit Gewehr oder Pistole, weil das politisch unkorrekt und militaristischer Unfug ist, aber Bogenschießen hat das gewisse archaische Etwas – diesen Kitzel: er oder ich.

Bogenschießen wird allerdings nur zu bestimmten Uhrzeiten angeboten, und dann ist es immer sehr voll, und alle wollen mal ran. Ich rate dazu, keine falsche Rücksicht auf Kinder und Jugendliche zu nehmen, die für gewöhnlich ewig brauchen, um einen Schuss zu platzieren. Ich drängele mich gnadenlos vor, sonst kommt man gar nicht an die Reihe.

Vor drei Jahren war ich einmal Ehrenburger Tagessieger im Wettbewerb mit Pfeil und Bogen geworden. Heute war ich nicht in Form und hatte so meine Wette mit

Lena und Myriam verloren. Ich hatte »ums Recht« gewettet, dass ich wieder ins Schwarze treffen würde. »Ums Recht«-Wetten ist zwar eigentlich ziemlich öde, aber ich kann meinen eigenen Kindern kein Geld abknöpfen.

Die Ehrenburg hat sich in den letzten Jahren zur Vorzeige-Event-Burg gemausert. Natürlich wird auch hier das historische Gemäuer vorbildlich gepflegt, aber mit öden Führungen, wie zum Beispiel auf der Burg Eltz (»In dieser Kemenate sehen Sie noch das Originalbett von Gandolf dem Schüchternen«), gibt man sich hier nicht zufrieden. Auf der Ehrenburg ist man im 21. Jahrhundert angekommen und bedient eine Herr-der-Ringe-Fantasy-Klientel. Alle Angestellten tragen ein mittelalterlich anmutendes Outfit. Die Besucher laufen durch die dunklen Gänge und Kammern, die mit Lichteffekten oft jenseits der Kitschgrenze ausgeleuchtet sind. Die Burggeschichten kommen vom Band und werden mit düster wispernder Stimme vorgetragen. Für die Kinder und Jugendlichen gibt es eine Schatzsuche. Und die Erwachsenen haben unwahrscheinlich viel Spaß auf einem mittelalterlichen Töpfermarkt und mit dem Bier aus Tonkrügen. Oder eben beim Bogenschießen. Nachdem die Kinder zu Ende geschatzsucht hatten, ging unsere Wanderung los.

Ich werde von vielen Wanderern gefragt: Mensch, Herr Andrack, gibt es eigentlich einen Wanderweg, den jeder Wanderer einmal in seinem Leben gewandert sein muss? Das ist Geschmackssache: Der gläubige Mensch würde auf dem Jakobsweg nach Santiago de Compostela bestehen (andere Gläubige gehen lieber nach Mekka).

Jeder hat in »seinem« Wandergebiet vor der Haustür einen ganz bestimmten Lieblingswanderweg. Der Alpinist würde nicht auf die Alpenüberquerung verzichten, der Familienmensch nicht auf die Ehrbachklamm. In meiner Funktion als Vater (die nicht identisch ist mit meiner Identität als Wander-Einzelkämpfer auf 40-Kilometer-Strecken) bin ich die Ehrbachklamm sechs Mal gegangen.

An einem sonnigen Sonntag im Frühling, an dem auch Kommunion gefeiert wird, ist es in der Ehrbachklamm jedoch so voll wie in einer Fußgängerzone am letzten Samstag vor Weihnachten. Vor engen Passagen bildeten sich regelrechte Staus. Und das Schlimmste: Die Kommunionsgesellschaften verstopften die wenigen verfügbaren Restaurationen. (»Essen dauert anderthalb bis zwei Stunden.« – »Danke.«) Daher besser nie in die Ehrbachklamm an Feiertagen. Heute war das ganz entspannt. Wir haben insgesamt 91 uns entgegenkommende und überholende Personen gezählt, was für eine fünfstündige Mittelgebirgswanderung ein ganz ordentlicher Wert ist. Es waren auch größere Gruppen mit Kindern unterwegs. Einmal kamen uns drei Frauen und fünf Kinder entgegen. Da mussten die Männer wahrscheinlich arbeiten. Kurze Zeit später trafen wir zwei Frauen, einen Mann und neun Kinder. Es war nicht ersichtlich, wie sich hier die Verwandtschaftsverhältnisse zusammensetzten.

Keine anderthalb Kilometer nach der Ehrenburg täuschten Lena und Myriam eine irrsinnige Durstattacke vor. »Das kann doch nicht sein, ihr habt doch schon auf der Burg etwas getrunken!« Ich kannte den wahren Grund für den Spontan-Durst: die Pferde an der Brandengrabenmühle. Kein Problem, wir setzten uns zu einem Mineralwasser nieder und schauten uns ein paar Pferde an. Die Brandengrabenmühle ist eine Reiterklause, in der sich Wanderreiter treffen und auch übernachten können. Wanderreiten ist Wandern zu Pferde. Dabei sitzt man keineswegs die ganze Zeit auf einem Gaul, sondern muss auch selber etwas tun. Erfahrene Wanderreiter haben mir berichtet, dass man ungefähr die Hälfte der Wegstrecke wirklich wandert und das Pferd hinter sich herführt, um so das Tier zu entlasten.

Zehn Minuten nach der Brandengrabenmühle sahen die Kinder die Eckmühle und hatten plötzlich Hunger. Und ein bisschen Durst auch. Warum nicht? Die Kinder aßen Pommes frites und Hühnchen-Nuggets mit Ketchup und ich einen gedeckten Apfelkuchen. Dazu tranken wir alle Apfelschorle. Um unsere Beine strichen zwei kleine Hunde. Die Kinder fanden die Hunde süß. Für mich hatten sie eher die Ausstrahlung und das Aussehen von Kampfhunden im Miniformat. Aber ich habe mich bestimmt getäuscht. Neben der Eckmühle gab es auch noch eine Weide mit vielen Lämmern, die sich aber weder durch Lockrufe noch durch Löwenzahn dazu verleiten ließen, näher zu kommen und sich das Fell streicheln zu lassen. Direkt hinter der Eckmühle fing nun endlich die Schlucht der Ehrbachklamm an.

Es war nicht besonders heiß. Vielleicht 18 Grad. Unser nächstes Ziel war eine Bank auf halbem Weg. Vorher wollten die Kinder aber endlich einmal im Ehrbach baden. Na gut. Machten wir also eine Badepause. Die Spartaner haben mit knallharten Methoden ihre Kinder zu einer sehr gesunden Lebenshärte erzogen. Konnte also nicht ganz falsch sein, Lena und Myriam in das höchstens 10 Grad warme Wasser steigen zu lassen. An einer sandig-lehmigen Stelle stiegen die beiden ins Wasser. Und tauchten für zehn Sekunden bis zum Hals unter. Handtücher hatten wir natürlich nicht dabei (wir hatten doch im Hotel übernachtet). Also wurden schnell die warmen Klamotten über die nasse Haut angezogen. Das kribbelte schön.

Trotz der vielen Pausen erreichten wir nach einer halben Stunde in der Mitte der Ehrbachklamm unsere Lieblingsbank. In einem wilden Felsenensemble duckt sich diese Bank unter einem kleinen Felsvorsprung. Hier hatten wir bei früheren Wanderungen unseren Proviant ausgepackt, heute waren aber alle satt. Also habe ich auf der Bank etwas gelesen, und die Kinder sind auf den Felsen über mir herumgeklettert. Ich ließ noch die üblichen Ermahnungen los: »Schön aufpassen!« – »Ja, ja.« Wer besser aufgepasst hätte, war ich. Plötzlich hörte ich lautes Rascheln über mir und dachte, ist da ein Kind auf dem Laub ausgerutscht? Nein, ein ungefähr drei Meter langes und einen halben Meter dickes Baummonstrum stürzte auf mich herab und verfehlte meinen Kopf ganz knapp. Ich wäre fast erschlagen worden! Tot in der Klamm! Der neue Roman von Ingrid Noll! Da bringen ja auch immer die Frauen irgendwelche Männer um! Lena, die den Baumstamm ins Rutschen gebracht hatte, versicherte mir aber glaubhaft, dass der Stamm sich fast ohne ihr Zutun gelöst hätte. Ich hatte aber genug von meiner Lieblingsbank, und wir gingen weiter. In der drei Kilometer langen Ehrbachklamm war es zu eng gewesen, um eine Mühle zu betreiben. Erst am Ende der Klamm kam die nächste Mühle. Sie schien sich in Privatbesitz zu befinden. Ein schickes, allradbetriebenes Geländefahrzeug stand vor dem aufwändig renovierten Gebäude. Soweit ich es erkennen konnte, hatte der Wagen ein Düsseldorfer Kennzeichen. Eine urige Mühle als Wochenendhaus! Ich war immer der Meinung, dass man so etwas sein lassen sollte. Gründe gibt es reichlich:

1. Es dauert um die drei Stunden, an einem Freitagnachmittag mit dem Auto von Düsseldorf in den Hunsrück zu kommen.
2. Wenn man angekommen ist, muss man erst einmal das machen, weswegen man aus der Stadt geflüchtet ist: Klo putzen, aufräumen, kochen etc.
3. Eine Mühle hat von der Lage her schon feuchte Mauern.
4. Wenn man nicht jedes Wochenende dort ist, braucht man vor Ort eine Vertrauensperson, die nach dem Rechten sieht.
5. Damit sich das Haus auch lohnt, lässt man auch mal liebe Freunde dort wohnen. Das hat je nach Grad der hinterlassenen Verwüstungen schon zu unschönen Vorwürfen geführt.
6. Werden die Kinder älter, wird man bald feststellen, dass Björn und Indira es nicht mehr angesagt finden, in wirklich *jedem* Urlaub ins »Häuschen« im Hunsrück zu fahren und nicht wie ihre Klassenkameraden nach Ibiza.
7. Ein hundert Jahre altes Dach ist häufiger mal undicht.
8. Holzhacken macht im Dauerregen keinen Spaß.

Froh, keine Mühle im Ehrbachtal zu besitzen, ging ich mit Lena und Myriam zur Daubersbergermühle. Endlich wieder eine Rast machen! Wir hatten ja schon sooo lange keine Pause mehr gemacht. Die Kinder hatten Lust auf was Süßes. Ich auch. Also holten wir uns bei der schrulligen Daubesbergermühlen-Frau (hier nur Selbstbedienung) Eis. Myriam, die Jüngste, aß ein Ed von Schleck, Lena ein Exotic-Solero und ich einen Happen. Auch Langnese ist von der Retrowelle erfasst worden und hat den »Braunen Bär« wieder im Programm. Mochte ich noch nie. Der Karamellkern ist eklig klebrig. Ich war immer für »Miami Flip«.

Hinter der Daubersbergermühle gingen wir durch eine baumreiche Gegend. Die Zweige der Laubbäume hingen tief über dem Weg und streiften gelegentlich unsere Köpfe. Myriam blieb nun alle 100 Meter stehen, um ihre Kopfhaut nach Zeckenbefall abzusuchen. Sie schimpfte mit mir, weil ich die Zeckenzange vergessen hatte. In der Tat sollte bei Frühlings- und Sommerwanderungen immer eine Zeckenzange im Gepäck sein. Die Zecken-Biester graben sich mit ihren Köpfen in die unterschiedlichsten Körpergegenden. Meine Schwester, die Kinderärztin ist, musste einmal einem achtjährigen Jungen Zecken aus dem Hodensack entfernen.

Auch nachdem wir uns in der Hierermühle nochmal mit Fritten und Steak, Salat für alle und einem kühlen Königsbacher Pils für den Papa gestärkt hatten, war nach ungefähr neun Kilometern Fußmarsch bergauf die Erschöpfung groß. Lena und Myriam waren mit ihren Kräften am Ende und kämpften zusätzlich mit einer gewissen Verdauungsmüdigkeit (medizinischer Fachausdruck: postprandiale Müdigkeit). Plötzlich war alles schlecht, langweilig und blöd. Myriam fing an zu fluchen: »Das ist ein Fuck-Weg.« Lena schloß sich an: »Immer laufen ist doof. Ich will jetzt neben dem Weg herschwimmen.« Das wäre für andere Kinder auch eine Qual, aber im Wasser ist Lena in ihrem Element. Da nölte aber auch schon wieder Myriam von rechts: »Ich schwitze, und ich bin müde, und mir ist langweilig, und alles ist langweilig.« Und, ganz wichtig: »Ich will nach Holland.« Tja, das würde wohl heute nichts mehr werden.

Zur Aufheiterung schlug ich das »Schritt-für-Schritt«-Spiel vor.

»Schritt für Schritt und
Mann für Mann, und
wer den Schritt nicht halten kann,
der ist ein dummer, dummer Eselsmann.

Ein Hut,
ein Stock,
ein Damenunterrock.
Und vorwärts,
rückwärts,
seitwärts ran.«

Dieses Spiel brachte uns immerhin unserem Ziel 200 Meter näher. Irgendwann waren wir dann am Bahnhof, doch der nächste Zug fuhr erst eine Stunde später. Also nahmen wir den Bus nach Koblenz und von dort den Zug zurück nach Köln. Im Rückblick fanden die Kinder die ganze Wanderung großartig. Obwohl der zweite Tag

»Das ist ein Fuck-Weg.«

gegen die Wanderung im Baybachtal verloren hatte. »Die Ehrbachklamm ist etwas für kleinere Kinder«, befand Lena fachmännisch. Gut zu wissen. Dann kann ich jetzt mit meinen »großen« Kindern ja auch anspruchsvollere und längere Touren planen.

1. Tag:	
Wegstrecke:	20 Kilometer
Wanderzeit brutto:	8 Stunden, 11 Minuten
Wanderzeit netto:	5 Stunden, 12 Minuten
WDG:	3,85 km/h
2. Tag	
Wegstrecke:	12 Kilometer
Wanderzeit brutto:	5 Stunden, 40 Minuten
Wanderzeit netto:	3 Stunden, 15 Minuten
WDG:	3,69 km/h
Autokennzeichen:	Von SIM (Kreis Simmern) nach MYK (Kreis Mayen-Koblenz) und am zweiten Tag umgekehrt von MYK nach SIM
Wanderkarte:	Die Mosel von Bernkastel-Kues bis Koblenz, zugleich Wanderkarte Nr. 36 des Eifelvereins und Wanderkarte des Hunsrückvereins, 1:50.000
Das Bier der Region:	Königsbacher Pils
Höchster Punkt der Wanderung:	480 m (Emmelshausen)
Niedrigster Punkt der Wanderung:	108 m (Hotel Forellenzucht)

Der feuchte Schwarzwald

Im Frühjahr 1998 war ich im Schwarzwald unterwegs. Der FC hatte in einem Sonntagsspiel beim VFB Stuttgart 1:1 gespielt. Das sollte gegen den Abstieg reichen. Dachte ich. Dachten alle. Aber danach hatte der 1. FC Köln bis zum letzten Spieltag keinen einzigen Punkt mehr geholt. Und auch am vorletzten Spieltag in Bielefeld verloren. Danach bin ich auch gewandert, aber dazu im nächsten Kapitel. Gemäß Punkt zwei der Nach-Auswärtsspiel-wandern-Regeln nutzte ich den Aufenthalt im Süddeutschen, um die Gegend zu erkunden. Am Montag war ich von Pforzheim bis kurz vor Freudenstadt gewandert. Das waren 40 Kilometer gewesen. Ich war auf dem Schwarzwald-Mittelweg gegangen. Es gibt drei Höhenwege durch den Schwarzwald: West-, Mittel- und Ostweg, die alle in Pforzheim starten.

In der Pension in Freudenstadt pflegte ich meine malträtierten Füße. Die Etappe am Dienstag sollte kürzer werden: nur 28 Kilometer bis Schiltach. Der Wanderführer hatte gewarnt: Keine Einkehrmöglichkeiten zwischen Freudenstadt und Schiltach, Natur pur.

Ich ging bei leichtem Nieselregen los. Ich fühlte mich gut präpariert. Ich hatte eine Jacke mit einer imprägnierten Schutzschicht angezogen. Ich war damals noch nicht häufig gewandert und trug Jogging- statt Wanderschuhe.

Meine Klamotten hatte ich in einem großen Stoffrucksack der Marke »4-U« verstaut.

Der Schwarzwaldhöhen-Mittelweg ist vom Typus her mit dem Rothaarsteig zu vergleichen. Endlos lang gezogene Forststraßen, und am Vortag wäre ich fast zu Schaden gekommen, als mich ein gigantischer Holztransporter mit einem irren Tempo überholte.

Auf den Kämmen des Schwarzwalds sieht man teilweise recht gruselige Waldstücke. Auf riesigen Flächen ragen einzelne Baumstämme wie Streichhölzer in den Himmel. Hat ein Baum seine Äste behalten, ist kein grünes Blatt oder keine grüne Nadel übrig geblieben. Hier oben sah es aus, als habe ein Orkan oder ein Waldbrand gewütet und alles Grüne vertrieben. Große Schilder am Wegesrand klärten über den wahren Sachverhalt auf: Waldsterben. Das gute alte Waldsterben, von dem man lange nichts mehr gehört hatte, das aber dennoch existiert. Der Schwarzwald ist wegen seiner geographischen Lage besonders gefährdet. Der Wind treibt die bösen sauren Regenwolken aus Frankreich herüber über die breite Rheinebene. Dann stellt sich der Höhenzug des Schwarzwalds plötzlich den Wolken entgegen, und es regnet auf die Wälder des Forêt-Noire nieder.

Und in so ein ordentliches Schwarzwälder Abregnen war ich an diesem Dienstag im April gekommen. Wenn es im Wald regnet, dann regnet es richtig. Die Bäume schützen einen nicht vor dem Regen, sondern geben über das Blattwerk die Feuchtigkeit ab. Es kann vorkommen, dass es schon eine Stunde lang nicht mehr regnet, im Wald tröpfelt es aber immer noch kräftig aus den Baumkronen. Ich ließ mich aber nicht beirren. War ich etwa aus

Zucker? Hatte ich Weichei vorne auf der Stirn stehen? Na also!

Die Forststraße wechselte immer mal wieder mit einem schmalen Pfad ab, der im Wanderführer als »steindurchsetzte und wurzeldurchzogene Naturwegstrecke« beschrieben war. Hier verlief früher die Grenze zwischen dem Königreich Württemberg und dem Großherzogtum Baden, was durch zahlreiche Grenzsteine gut erkennbar ist.

Dieser Pfad hatte sich im ergiebigen und lang anhaltenden Regen in einen morastigen Sumpf verwandelt. Schon nach sieben Kilometern waren meine Joggingschuhe inklusive Strümpfen völlig durchnässt. Na ja, würde alles in Schiltach wieder trocknen. Langsam merkte ich auch, dass es am Nacken feucht wurde und verschiedene Nahtstellen meiner Jacke durchnässt waren. Noch ging es. Keine Stunde später war ich am Ende. Das Futter meiner Jacke hatte sich komplett mit Wasser voll gesogen, die Oberschenkel meiner Jeans waren dunkelblau eingefärbt. Der Stoff klebte an meinen Beinen wie nach einem Regenguss auf dem Fahrrad. Nach insgesamt 15 Kilometern machte ich Rast an einer Wanderhütte. Das Innere der Hütte war allerdings verschlossen, sodass ich mich nur unter dem knappen Vordach unterstellen konnte. Inzwischen war die Feuchtigkeit weiter nach oben in meine Leistengegend gewandert und hatte auch von meiner Unterhose Besitz ergriffen. Ich hatte im wahrsten Sinne des Wortes nicht mehr einen einzigen trockenen Faden Stoff am Leib. Alles hatte sich voll gesogen.

Ich beschloss, mich umzuziehen. Ich hatte ja noch mehr Klamotten dabei. Die waren zwar schon gebraucht, aber wen interessierte das jetzt schon. Leider war auch mein Rucksack nur noch ein feuchtes Bündel und der Inhalt ebenso.

Verzweiflung pur! Nach der Nässe kroch noch aprilige 10-Grad-Kälte in meine Knochen, was die Angelegenheit nicht besser machte.

Ich musste die Wanderung abbrechen. Bis heute weiß ich nicht, wie Schiltach aussieht. Ich ging steil den Berg nach Bad Rippoldsau hinab. Ich brauchte ein Hotel. Schnell. Die Wirtsleute waren etwas erstaunt, dass da jemand am Nachmittag ein Zimmer für ein paar Stunden haben wollte. Aber ich war ja allein und augenscheinlich sehr feucht. So bekam ich für den halben Preis ein trockenes Zimmer. Ich breitete sämtliche durchnässten Sachen auf allen zur Verfügung stehenden Heizungen aus und drehte die Heizkörper auf Anschlag hoch. Dann stellte ich mich erst einmal unter die heiße Dusche.

Als sich nach zwei Stunden die gröbste Nässe aus den Kleidern verflüchtigt hatte, war mir das Warten zu langweilig geworden. Ich stieg in die klammen Klamotten und fuhr nach Köln zurück. Zu Hause warf ich meine Jacke und den Rucksack in den Müllcontainer. Direkt am nächsten Tag kaufte ich mir eine wirklich regendichte Gore-Tex-Jacke mit warmem und herausnehmbarem Fleece. Außerdem investierte ich in Wanderschuhe und einen richtigen Wanderrucksack aus Gore-Tex. Wenn es nach Regen ausschaut, verpacke ich alle Klamotten aus Baumwolle in Plastiktüten. Seitdem ist mir ein Regendesaster wie damals im Schwarzwald erspart geblieben – toi, toi, toi. Erstaunlicherweise fanden alle Wanderungen, die ich für dieses Buch unternommen habe, bei herrlichstem Wetter statt. Ein kurzer Schauer trübte einmal das Bilderbuchwetter, ansonsten nur eitel Sonnenschein.

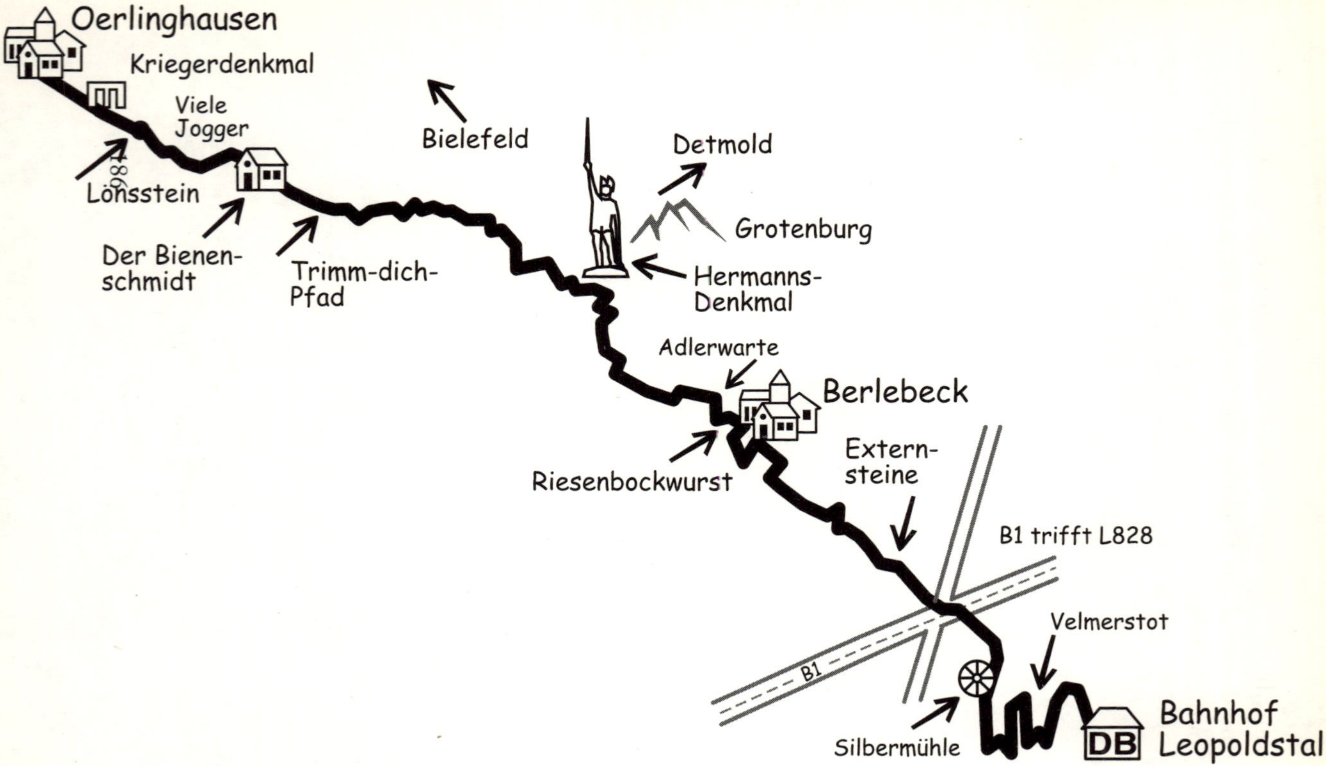
Oerlinghausen
Kriegerdenkmal
Viele Jogger
Lönsstein
Der Bienenschmidt
Trimm-dich-Pfad
Bielefeld
Detmold
Grotenburg
Hermanns-Denkmal
Adlerwarte
Berlebeck
Riesenbockwurst
Extern-steine
B1 trifft L828
B1
Velmerstot
Silbermühle
DB
Bahnhof Leopoldstal

Darf man Mountainbiker grüßen?

Mit Markus auf dem Hermannsweg

April 2004

Um 5:55 Uhr klingelte der Wecker. Es war Osterdienstag. Das Schicksal des Wanderers bleibt das frühe Aufstehen. Wer sich jemals gefragt hat, wer vor allem an Sonn- und Feiertagen die Züge am frühen Morgen benutzt, dem sei gesagt: Wanderer. Es macht keinen Spaß, erst um die Mittagszeit loszuwandern und so den halben Tag zu verschenken. Na gut, wenn es nicht anders geht, ist auch ein halber Tag besser als gar nichts.

»Der frühe Vogel fängt den Wurm«, sagte ich mir, um meinen müden Körper zu betrügen. »Morgenstund hat Gold im Mund«, schrie ich meinem schwachen Fleisch entgegen, um mich zu motivieren. Um 7:10 Uhr wollte ich am Kölner Hauptbahnhof sein. Ich hatte schon am Vorabend meinen Wanderrucksack gepackt, um nach einem Turbo-Frühstück schnell zur Straßenbahn zu kommen. Auf Gleis 4 wartete schon abfahrbereit der Zug Richtung Leipzig und mein Freund Markus. Wir wollten im Teutoburger Wald auf dem Hermannsweg wandern und nahmen bis Herford den Intercity.

Markus kenne ich seit meinem ersten Semester an der Universität Köln. Ich hatte 1984 Abitur gemacht und im gleichen Jahr mein Studium der Theater-, Film- und Fernsehwissenschaft, Germanistik und Kunstgeschichte aufgenommen. Das hört sich viel an, ist aber ein ganz normaler Studiengang für den Abschluss Magister Artium mit drei Fächern.

Markus studierte auch Germanistik, und wir besuchten denselben Erstsemester-Einführungskurs. Wir verstanden uns auf Anhieb gut und trafen uns regelmäßig mit anderen Studenten zu einem Erstsemester-Stammtisch in der Kneipe »Cartoon«. An den Wänden hingen, wie der Name schon sagt, Cartoons von Zeichengiganten wie Mordillo und Uli Stein. Das war mein Wintersemester 1984/1985. In den folgenden Jahren brachte ich den wechselnden Freundinnen und Frauen von Markus das Doppelkopfspielen bei und war zweimal sein Trauzeuge. Außerdem habe ich ihn, der aus Neuss stammt, zum bekennenden FC-Fan gemacht, der gemeinsam mit mir seit vier Jahren das Los des FC-Dauerkartenbesitzers teilt.

Wir waren schon häufiger zusammen gewandert, doch bisher hatte er sich immer geweigert, eine richtig lange Tagestour mit mir zu machen. Weshalb er mich auch für bescheuert erklärte, als ich in den vorangegangenen Tagen eine 39-Kilometer-Tour ausarbeitete. Ich wollte mit Markus vom Anfang des Hermannswegs in Leopoldstal über das Hermannsdenkmal nach Oerlinghausen laufen. Schön und gut, so Markus, aber 39 Kilometer? Viel zu viel sei das, und ich solle seinen Rücken nach dem Bandscheibenvorfall bedenken, und das würde doch keinen Spaß mehr machen, und das Höchste, was er je gewandert sei, seien 33 Kilometer gewesen, und danach habe er drei Tage lang nicht mehr gehen können. Ja, ja, habe ich ihn beschwichtigt, es gibt am Ende der

Wanderung mehrere Möglichkeiten abzubrechen, um mit einem Taxi zum nächstgelegenen Bahnhof zu fahren. Ansonsten habe ich ihn aber im Stil eines guten Pädagogen aufgebaut und starkgeredet.

So früh am Morgen saßen wir im Zug still nebeneinander und lasen in unseren Zeitungen und Büchern. Am Tag zuvor hatte er mir am Telefon gesagt, dass er erst ab Beginn der Wanderung mit mir Konversation betreiben könne, da er dringend noch einiges lesen müsse. Man merkt schnell, dass Markus Lehrer ist. Er kann ganz schön streng sein. Fass dich kurz, ich habe zu tun, heißt es manchmal am Telefon, und dann gehorche ich natürlich.

Wir brachen unser Schweigegelübde jedoch viel eher. Nachdem der Intercity in Herford auf die Minute pünktlich angekommen war, fuhren wir mit der Regionalbahn über Bad Salzuflen (wohnte da nicht mal eine Gabi?), Lage und Detmold nach Leopoldstal. Wir durchquerten den Kreis Lippe, der es sogar zu einem eigenen Symbol im nordrhein-westfälischen Wappen gebracht hat. Während links der Rhein durch grüne Wiesen fließt (Nordrhein), wiehert rechts das westfälische Pferd auf Rot. Und zwischen den beiden ist unten die lippische Rose eingequetscht. Für mich war diese Gegend immer Ostwestfalen, aber Markus korrigierte mich, wir befanden uns im Lipperland. Auf meiner heutigen Wanderkarte trägt dieses Gebiet den Namen Hermannsland. Ich weiß nicht, ob dieser Name wirklich gebräuchlich ist. Sagt man in Detmold wirklich »Ich bin ein Hermannsländer«? Auf jeden Fall ist der Hauptwanderweg im

Hermannsland der Hermannsweg, der über 166 Kilometer von Leopoldstal nach Rheine über die Höhen des Teutoburger Waldes führt.

1998 war ich den Hermannsweg schon einmal gegangen. Seit 1986 hatte ich definitiv mein Herz an den 1.FC Köln, den großen Club meiner Heimatstadt, verloren und ging regelmäßig ins Müngersdorfer Stadion. Einige Jahre später fing ich auch an, zu den Auswärtsspielen in der näheren Umgebung zu fahren: Düsseldorf, Uerdingen, Leverkusen, Bochum. Als ich dann noch weiter in die Fremde fuhr, um den FC zu sehen, machte ich es mir zum Prinzip, nicht direkt nach dem Fußballspiel wieder die Heimreise anzutreten, sondern längere Zeit in der Auswärts-Stadt zu bleiben. Ob Hamburg, München, Berlin oder Stuttgart, überall gab es eine »Nachspielzeit«. Am vorletzten Spieltag der Saison 1997/98 hatte der 1. FC Köln bei Arminia Bielefeld gespielt. Es war die letzte Chance für den FC gewesen, die Klasse zu halten und einer der wenigen Clubs zu bleiben, die seit Start der Bundesliga 1963 in der höchsten Spielklasse vertreten waren. Bei einem Sieg gegen die bereits abgestiegenen Bielefelder hätten es die Geißböcke im letzten Heimspiel gegen Bayer Leverkusen selber in der Hand gehabt, den Abstieg zu vermeiden.

Viele FC-Fans hatten sich auf den Weg nach Ostwestfalen gemacht, um ihren Verein zu unterstützen. Die Saison war grausam gewesen. Schlechte Spieler, schlechte Spiele, und dann war auch noch Lorenz-Günther Köstner unser Trainer geworden.

Ich war in einem Sitzplatzblock für Auswärtsfans direkt hinter dem Tor gelandet. Nach 16 Minuten führte der

FC 1:0 durch ein Tor von Dorinel Munteanu, der vor meinen Augen die Kugel in die Maschen drosch. Ekstatischer Jubel in meinem Block. Wir sangen »Niemals zweite Liga, niemals, niemals!«. Das Spiel war ein typischer Abstiegs-Kick. Die Bielefelder waren erbärmlich schlecht, und Köln führte völlig verdient zur Pause.

Nach der Pause spielte Bielefeld auf das Tor vor meiner Nase. Uwe Fuchs, der auch mal jahrelang in Köln, erst bei der Fortuna, dann beim FC, gespielt hatte, schoss das 1:1 für Bielefeld. Dann, in der 74. Minute, ich sehe es noch vor mir, hämmerte Uwe Fuchs aus zwei Meter Entfernung den Ball unter die Latte. Köln hatte verloren, wir waren abgestiegen. Das erste Mal nach 35 Jahren Bundesliga-Zugehörigkeit. Viele Fans weinten. Ich fuhr nach Leopoldstal und übernachtete dort, um am nächsten Morgen in aller Frühe loszuwandern.

Ich war schon in meinen blauen Cord-Kniebund-Wanderhosen angereist und hatte mir, je nach Spielausgang, eine Jubel- oder Frustwanderung durch den Teutoburger Wald vorgenommen. Es wurde eine Frustwanderung. Und es war die längste Wanderung, die ich je unternommen habe. Ich war vom Bahnhof Leopoldstal bis zum Bielefelder Hauptbahnhof genau 50 Kilometer gegangen, und das waren zehn Kilometer zu viel gewesen. Aber die Schmerzen in den Beinen und unter den Füßen lenkten vom Schmerz des Abstiegs ab.

Diese Wanderung war nicht die einzige Frustwanderung nach einer Auswärts-Niederlage. Nach dem Wiederaufstieg mit dem »heiligen« Ewald Lienen in der Saison 1999/2000 hatten die FC-Fans nach schwierigem Start eine schöne 1. Bundesliga-Saison 2000/2001 erlebt. Doch im September 2001, zum Start der darauf folgenden Saison, standen die Geißböcke wieder mit dem Rücken zur Wand. Am 29. September 2001 spielten wir in Berlin bei der Hertha und verloren sang- und klanglos mit 3:0 nach Toren von Deisler, Marcelinho und Preetz.

Zusammen mit meinem Freund Victor und seinen beiden homosexuellen WG-Mitbewohnern war ich ins Stadion gegangen. Für die anderen beiden war es das erste Spiel in ihrem Leben. Nach dem Spiel fuhren sie enttäuscht nach Hause. Das Ergebnis des Spiels war ihnen egal, aber sie hatten sich mehr von der erotischen Ausstrahlung der Fußballfans erwartet. Ihnen schwebte so eine schmutzige Village-People-Bauarbeiter-Seemanns-Aura vor. Der gewöhnliche Hertha-Fan sah aber nach Hertha-Fan aus.

Victor und mich frustierte nicht der fehlende Sex-Appeal der Zuschauer, sondern das Ergebnis. Wir steuerten den Grunewald an, der direkt hinter dem Berliner Olympiastadion anfängt. Der Kontrast zwischen einem Fußballstadion und einem Wald könnte größer nicht sein. Bunte, grelle Kostümierung der Fans im Stadion. Gedeckte Grün- und Brauntöne im Wald. Schrilles Pfeifen, lautes Singen, unangenehmer Torjubel der gegnerischen Fans. Danach Stille mit zartem Blätterrascheln und Vogelzwitschern. Im Stadion muss man seinem Nachbarn zu Kommunikationszwecken ins Ohr brüllen, im Wald kann sich ein gepflegtes, intimeres Gespräch entfalten. Dem Stillstand auf Steh- oder Sitzplatz folgt kontemplatives Schreiten.

So hatten Victor und ich das blamable Spielergebnis schnell vergessen und marschierten durch den Grunewald. Am Grunewaldturm stiegen wir in einen nostalgischen Berliner Doppeldeckerbus und fuhren zur S-Bahn-Station Wannsee.

In der S-Bahn Richtung Berlin-Mitte planten wir zukünftige Wanderabenteuer. Dabei fiel auch der Name des Thüringer Rennsteigs, der ein Wanderklassiker ist. Sofort schaltete sich ein mitreisender Berliner ein und riet dringend vom Rennsteig ab. Dieser Weg sehe aus wie Grenzanlagen der DDR. Fünf Meter breit und asphaltiert würde sich der Rennsteig durch den Thüringer Wald ziehen. Ich habe den Rat des Berliner-S-Bahn-Wanderexperten seitdem befolgt, weiß also nichts über den Thüringer Rennsteig zu sagen.

In der Saison 2003/2004 war der 1. FC Köln mal wieder zum Abstieg verdammt. Aber die Saison hatte ich schon abgeschrieben, und so war ich ohne Fußballfrust mit meinem Freund Markus im Teutoburger Wald unterwegs. In allen Wanderführern heißt es, der Hermannsweg würde in Leopoldstal starten, aber das stimmt nicht so ganz. Eigentlich startet der Hermannsweg, der mit einem weißen H auf schwarzem Grund markiert ist, irgendwo in den Bergen oberhalb des Ortes. Der Startpunkt ist nicht genau definiert, aber irgendwann findet man den Weg. Fünf Minuten nach Verlassen der Bahnhaltestelle waren wir im Wald. Das macht die Qualität eines guten Wanderstartpunkts aus. Nicht endlos durch Vorstädte oder über Landstraßen wandern zu müssen, bevor es richtig losgeht, nein: Aus dem Zug aussteigen, ein paar Häuserreihen entlang, und dann fängt die Natur an.

Zu Beginn ging es sehr steil bergan, und auf den letzten 500 Metern des Aufstiegs zum Velmerstot kamen wir richtig ins Schwitzen, obwohl es gerade mal acht Grad waren. Aber es lohnte sich. Oben auf dem Velmerstot erwartete uns eine wunderschöne flache Landschaft. Hier gibt es so eine grün-bräunliche Heide- und Hochmoor-Vegetation mit gummiartigem weit verästeltem Gewächs. In der Kategorie schönster höchster Berg eines deutschen Mittelgebirges ist der Velmerstot ganz weit vorne. Die meisten höchsten Berge sind asphaltiert und verbaut (Feldberg, Brocken). Andere sind einfach nur stinklangweilig und belanglos (Langenberg im Rothaargebirge). Als ganz grausam habe ich den Erbeskopf in Erinnerung, den höchsten Berg des Hunsrücks. Den Erbeskopf hatte ich auch zusammen mit Markus erwandert, und es dauerte erst einmal gefühlte zwölf Stunden, bis wir diesen Berg auf weiten und schnurgeraden Wanderwegen erreicht hatten. Statt Aussicht und der Gewissheit, am höchsten Punkt des Berges zu sein, erwartete uns Stacheldraht. Der Erbeskopf ist ein Hochsicherheitsgebiet der Bundeswehr, und ich weiß nicht, ob da Hunsrücker oder Franzosen ausspioniert werden. Entsprechend macht der Aussichtsturm jedem Lager im Gulag große Ehre. Von da oben sieht man nur Bäume. Also: Erbeskopf mangelhaft, Velmerstot sehr gut.

Vom Velmerstot führte uns der Hermannsweg bergab in ein liebliches Tal mit geschwungenem Bachlauf bis zur Silbermühle. Zwei Kilometer hinter der Silbermühle

Wanderglück an der B1

unterquerten wir eine gigantische Brückenkonstruktion, unter der eine Landstraße und die B1 aufeinander treffen. Der Krach war gewaltig, und optisch war es schlimmer als die meisten Autobahnunterquerungen. Danach ging es wieder steil bergan auf den Kamm des Teutoburger Waldes. In südlicher Richtung lagen die Berge, im Norden die lippische Tiefebene. Na ja, wenn die mal so heißt. Der Weg selber war ein schmaler Pfad durch eine Grasfläche mit vereinzelt stehenden Birken. Nach und nach wurde es steiniger. Allerdings hatten die Steine maximal die Größe von Medizinbällen. Umso unerwarteter schossen plötzlich riesige Felsgebilde in den Himmel. Ein Mini-lippisches-Sandsteingebirge. Die Externsteine von Horn Bad-Meinberg. Es sind ungefähr 40 Meter hohe, schlanke Felssäulen, und sie wirkten ein wenig irreal, so als hätte ein durchgeknallter Bühnenbildner, völlig uninspiriert, in der Nähe von Detmold ein paar Pappmaché-Felsen gebaut. Doch schon zu germanischen Zeiten war hier eine heidnische Kultstätte gewesen: das Stonehenge des Lipperlands.

Auch die Christen entdeckten die Steine für sich und gruben schon 1115 eine Kapelle in den Stein. Und noch heute treffen sich um die Zeit der Mittsommerwende, am 22. Juni, einen Tag vor meinem Geburtstag, eine Gemeinschaft von Freaks, Esoterikern und Neonazis, um was oder wem auch immer zu huldigen.

Da Markus Geschichtslehrer ist, wandelte ich dieses Mal historisch auf sicherem Fundament. Er berichtete mir einiges über das Thema Nazis und Wandern. Wie vieles andere sind auch die Wandervogel-Bewegung und Jugendbünde von den Nazis missbraucht worden. 1901 wurde »Der Wandervogel« in Berlin-Steglitz gegründet und hatte während der Weimarer Republik eine Mitgliederstärke von 30.000 erreicht. Man veranstaltete Wanderfahrten und übte sich in Volkstanz und -musik.

Es entstand eine deutsche Jugendbewegung, die sich so viel bewegte wie noch nie zuvor. Sie propagierte ähnlich wie die FKKler ein »Zurück-zur-Natur-Gefühl«. Die Nazis lösten die Wanderbünde auf und überführten sie 1933 in die Hitlerjugend. Dort pervertierten sie das Wandern zu einer paramilitärischen Veranstaltung. Nicht umsonst galt das Wandern jahrzehntelang nach 1945 als spießig und reaktionär. Ein 68er, der wandert, war unvorstellbar, denn Wandern war mit Sicherheit noch muffiger als die Talare der Professoren.

Markus und ich sahen keine Neonazis und Esoteriker an den Externsteinen. Man kann die Externsteine über ein komplexes Treppensystem besteigen. Der Eintritt kostete 1 Euro und 50 Cent. Wir fanden, dass das Quatsch war, da doch der wirklich großartige Anblick der von unten war.

Nach den Externsteinen ging es wieder steil bergauf und dann auf dem Kamm leicht bergab. Erst steil hoch, dann langsam bergab. Auf den ersten 20 Kilometern wiederholt sich das mehrmals und ist typisch für diesen Weg. Ich finde das angenehmer als umgekehrt, aber das ist natürlich Geschmackssache. Ich wusste nicht, ob das Auf und Ab Markus gefiel. Sein Lieblingsspruch bei Wanderungen und Radtouren ist: »Bloß keine Höhe verschenken.« Am liebsten würde er immer auf einer Höhe bleiben und nie einen Weg nehmen, der bergab führt. Es bestünde dann die Gefahr, dass man wieder bergauf gehen müsste.

Markus und ich hatten auf den abfallenden Strecken ein richtig gutes Tempo drauf. Geredet haben wir natürlich auch so einiges. Eines der Topthemen ist immer, wann und wo machen wir Mittagspause? Und sollen wir in der Mittagspause schon Bier trinken? Wir verschoben die Entscheidung. Außerdem diskutierten wir die Auswirkungen der PISA-Studie auf das deutsche Schulsystem und die Einführung des Abiturs nach 12 Schuljahren. Als Väter war uns wichtig, die Rolle des Mannes bei der Kindererziehung zu definieren. Daraus ergab sich eine intensive Diskussion, ob Karrieremachen oder Kinderkriegen geiler ist.

Wir stellten empirisch fest, dass die meisten jüngeren Menschen, die gerne wandern, Ex-Zivis sind. Wer beim Bund war, verabscheut das Wandern, weil es ihn an die 40-Kilometer-Märsche mit Gepäck erinnert. Später stritten wir uns über eine der großen Fragen der Moralphilosophie: Wie sind die Zukunftschancen des 1. FC Köln mit und vor allem endlich ohne Dirk Lottner? Und wo wir schon bei Köln waren: Ist es nicht zu begrüßen, dass Kölns Bewerbung um die Kulturhauptstadt 2010 gescheitert ist? War Köln dafür nicht zu großartig und zu bedeutend? Eigentlich werden doch nur mittelmäßige bis unbedeutende Städte wie Lille oder Genua Kulturhauptstadt.

Wir diskutierten die Vor- und Nachteile, in der Schweiz zu leben, und das Steuerkonzept von Friedrich Merz, das locker auf einen Bierdeckel passt. Außerdem würdigten wir den wahnsinnig raffinierten Volleyballaufschlag von Osama Bin Laden. Darüber hatte ich im »Spiegel« gelesen.

Kurz vor der Mittagspause tauschten wir sogar Rezepte aus; Gerichte, die lecker sind, aber wenig Arbeit machen. Heterosexuelle Männer, die Rezepte austauschen. Na ja, wir hatten schon großen Hunger.

Im Dorf Berlebeck wehte vor der Gastwirtschaft »Kanne« die Fahne des Herforder Pils. Gutes Zeichen, sagte Markus, das Ding hat offen. Leider gab es, so stand es auf einem Aushang, außer sonntags keinen Mittagstisch, und geschlossen war die »Kanne« auch. Also gingen wir Richtung Adlerwarte. Dort konnte man auch nichts essen. Aber wir sahen ein Hinweisschild, das uns zum Berg-Café führte. Dort wehte eine König-Pilsener-Flagge, und die Restauration hatte tatsächlich geöffnet.

Im Berg-Café gab es eine heiße Erbsensuppe (richtig heiß, sagte Markus) mit einer dicken, großen Bockwurst und eine schmackhafte Thunfisch-Pizza. Die Thunfisch-

In Holzhausen war's schöner als in Toiletten

Pizza kostete sensationelle 6 Euro und schmeckte nach mindestens 9 Euro. Wir fragten die Wirtin, warum es hier keine lokale Bierspezialität gebe. »Wir haben hier ein sehr internationales Publikum aus ganz Deutschland. Die trinken lieber König Pilsener, weil sie das kennen.« Zudem sei das Herforder Pils so »na ja«, und das Detmolder Pils sei ein »Damen-Bier«. Ein Damenbier schmecke süßlicher, erfuhren wir auf Nachfrage.

»Das schaffen Sie nicht!«

Wir blieben schweren Herzens bier-resistent.

Dann fragte die Wirtin nach unserem Ziel – »Oerlinghausen? Oerlinghausen?? Oerlinghausen??? – Das schaffen Sie nicht!« Wunderbar. »Das schaffen Sie nicht!« Besser hätte sie Markus nicht anspornen können. Ich war mir sicher, dass er die 39 Kilometer packen würde. Die Wirtin empfahl uns noch die große Adler-Flugschau in der Adlerwarte um 15 Uhr, doch wir hatten ja ein strammes Programm vor uns. Außerdem fanden wir die Aussicht auf eine Adler-Schau nicht so richtig spannend.

Markus und ich sind uns bei Entscheidungen während einer Wanderung immer schnell einig. Wann macht man Mittagspause? Gehen wir zur Adler-Show? Halten wir 39 Kilometer durch? Das sind Fragen, die wir im Konsens zu lösen fähig sind. Ich glaube, es wäre nicht so toll, zu dritt zu wandern. Einer ist dann immer mit seiner Meinung in der Minderheit. Derjenige muss sich dann murrend und maulend der Mehrheit beugen.

Markus und ich finden im Nachhinein immer, dass wir alles toll entschieden haben. Jede Entscheidung, auch eine unglückliche, wird später schöngeredet und als Jahrhundertentscheidung von uns beiden gefeiert.

Markus war nach der Super-Suppe mit Bockwurst in Hochstimmung und begann ein Gedicht von Joseph von Eichendorff zu zitieren:

»O Täler weit, o Höhen,
O schöner, grüner Wald,
Du meiner Lust und Wehen
Andächt'ger Aufenthalt!
Da draußen, stets betrogen,

Saust die geschäft'ge Welt,
Schlag noch einmal die Bogen
Um mich, du grünes Zelt!«

Herrlich! Solche Gedichte von Herrn Eichendorff über das Wandern findet man haufenweise in der Reclam-Ausgabe seiner Gedichte, und das kleine gelbe Heft passt in jeden Wanderrucksack.

Sechs Kilometer nach der Mittagspause erreichten wir die Grotenburg, den Berg, auf dem das Hermannsdenkmal steht. Und da waren wir auch schon wieder beim Thema Fußball. Denn bekanntermaßen hieß jahrzehntelang das Stadion von Bayer Uerdingen Grotenburg-Kampfbahn. Wieso also hieß ein Stadion eines niederrheinischen, gruseligen Werksvereins genauso wie ein Berg in Ostwestfalen, auf dem das Hermannsdenkmal steht? Sehr mysteriös.

Auf dem Gipfel des Grotenburg-Berges kamen wir an einem riesigen Auto- und Busparkplatz vorbei. Zielstrebig gingen wir zum Andenkenkiosk. Dort kaufte ich mir eine Broschüre über das Hermannsdenkmal und eine Eintrittskarte zur Besteigung des Turms. Folgende Andenken rund um den Hermann und sein Denkmal ließ ich links liegen:

- Aschenbecher
- Schnapsgläschen
- Bierhumpen aus Glas
- Bierhumpen aus Glas mit Zink-Deckel
- Bierstiefel aus Glas

- Weinglas (Format Römer)
- Feuerzeuge
- Aufkleber
- Bildband »Ernst von Bandel. Unbekanntes über den Erbauer des Hermannsdenkmals, verfasst von seinem Urenkel«
- CD von Fuzzi and Friends für 2 Euro. Fuzzi and Friends singen in Fankleidung von Arminia Bielefeld den Song »Hermann, der Armine«.
- gebogene Sticker für den Wanderstock alter Prägung, auf dem noch die Wanderziele markiert wurden. Das waren noch Wanderstöcke! Die sollten nicht Schultern und Knie entlasten, sondern zeugten mit ihren Plaketten von der Weitgereistheit des Besitzers.
- Dias
- Ansichtskarten
- Untersetzer
- Flaschenöffner
- Radiergummi
- Video
- Teller
- Großer Schlüssel mit dem Sinnspruch: »An diesem schönen Platze hab ich an dich gedacht, und habe dir den Schlüssel zum Erfolg mitgebracht.«

All das zu Ehren des Cheruskerfürsten Hermann, von den Römern Arminius genannt. Die Römer waren damals ganz schön fies, wie ich der Denkschrift über das Hermannsdenkmal entnehme: »Der den Römern eigene Hang zu Hochmut und Grausamkeit machte sich jetzt auch hier besonders deutlich bemerkbar, und sie behandelten ihre Verbündeten, die Germanen, wie die Tiere und noch schlimmer.«

Gott sei Dank erhielten die Römer unter der Führung ihres Feldherrn Varus die gerechte Strafe und wurden von Hermann und seinen Teutonen im Teutoburger Wald im Jahre 9 nach Christus vernichtend geschlagen. Der Kaiser Augustus im fernen Rom wusste wahrscheinlich nicht, dass es 9 nach Christus war, weil Christus damals noch ganz klein war. Dafür jammerte er lauthals: »Varus, Varus, gib mir meine Legionen wieder!« Aber alles Greinen half nichts, Hermann hatte triumphal in drei Tagen gesiegt und bekam dafür im 19. Jahrhundert von national beseelten Menschen ein Denkmal erbaut.

Dieses Denkmal besteht aus einem 30 Meter hohen, gemauerten Sockel und einem 26 Meter hohen Standbild. Das Schwert, das der Hermann in den ostwestfälischen Himmel reckt, ist sieben Meter lang und trägt die Aufschrift: »Deutschlands Einigkeit – meine Stärke, meine Stärke – Deutschlands Macht«. Dieses Schwert wollte ich mir aus der Nähe anschauen. Markus hingegen nahm von einer Hermanns-Besteigung Abstand, um sich für die letzten 15 Kilometer zu schonen.

Ich passierte mit meiner High-Tech-Eintrittskarte das automatische Drehkreuz und ging eine Wendeltreppe hinauf, die mich an den Aufstieg im Kölner Dom erinnerte. Die Treppe endete schnell, und ich stand auf einem Umgang in Höhe des Sockelabschlusses. Schade! Ich wäre lieber im Kopf von Arminius gelandet, so wie das bei der amerikanischen Freiheitsstatue möglich ist. Trotzdem war der Rundblick auf die umliegenden Ortschaften herrlich. Angst vor Selbstmördern kennt man

Deutschlands Einigkeit
– unsere Stärke,
unsere Stärke –
Deutschlands Macht

hier oben anscheinend nicht. Der Umgang des Kölner Doms ist dagegen mittlerweile ein Käfig. Hier konnte man sich über eine sehr niedrige Brüstung lehnen. Da ich im Alter unter zunehmender Höhenangst leide, verließ ich das Denkmal schnell wieder.

Nach dem Hermannsdenkmal ging es über einen steinigen Weg bestimmt 200 Höhenmeter steil bergab. Beim Abwärtswandern über längere Zeit empfiehlt es sich, bei jedem Schritt in den Kniegelenken nachzuwippen. Wenn man das Bein gerade lässt, haut es einem über kurz oder lang die Kniescheiben weg.
Auf den nächsten Kilometern wurde das Wanderterrain eher flach, und wir passierten viele Wanderparkplätze. In

Hier trank schon der alte Hermann

der Eifel kann man teilweise dutzende Kilometer durch menschenleeres Gebiet wandern. Der Teutoburger Wald ist dagegen von vielen Städten und Gemeinden umgeben und dient als Naherholungsgebiet der Einheimischen. Die machen zumeist keine lange Streckenwanderung, sondern steuern mit ihren Autos einen der vielen Wanderparkplätze und Attraktionen an. Dann wird eine Runde gewandert und wieder nach Hause gefahren.

Während ich bei einer Vorbesprechung dieses Buches in der schicken Villa des Verlages Kiepenheuer & Witsch in einem mondänen Kölner Vorort weilte, betrat eine Mitarbeiterin das Besprechungszimmer. Schreiend verließ sie den Raum, da ich etwas über Wandern im Teutoburger Wald sagte. Es war ihr Kindheitstrauma, jedes Wochenende mit ihrer Familie an verschiedenen Stellen des Teutoburger Waldes wandern zu müssen. Vati voran mit Stock und Hut und die Lieben hinterher.

Viele Menschen meiner Generation sind von sonntäglichen Familienausflügen traumatisiert. Ich empfehle in einem solchen Fall, auf unbekannte Regionen auszuweichen, um wieder Spaß am Wandern zu bekommen. Hat man sich in der Ferne wandermäßig enttraumatisiert, kann man wieder in die Heimat zurückkehren und sich dem einstmals verhassten Terrain mit einer größeren Streckenwanderung nähern. Das ist etwas ganz anderes, als zum hundertsten Mal auf einem Rundwanderweg um die Externsteine herumzugehen.

Schnell durchschritten wir die aneinander gereihten Naherholungsgebiete. Die hohen Kiefern am Wegesrand rochen mediterran und kündeten damit den Sommer an. Markus machte die kunst-, kultur- und naturhistorisch richtige Beobachtung, dass die Erbauer der gotischen Kathedralen ihre Visionen im Wald gehabt haben müssen. Denn der sonnendurchflutete Waldraum gab eine perfekte Schablone für die gotischen, steil aufragenden Mittelschiffe ab.

Wenn man längere Zeit zu zweit wandert, ist es erstaunlich, wie viel Neues man über einen Freund erfährt, den man eigentlich gut zu kennen glaubte. Neu war mir,

- dass Markus beim Wandern Skisocken trägt. Das empfiehlt er sehr. Ich hatte das noch nie ausprobiert, da ich noch nie Ski gefahren bin und daher auch keine Skisocken besitze.
- dass Markus‘ Tante in Oerlinghausen geheiratet hat.
- dass Markus ein absoluter Profi-Speed-Wanderer ist. Wenn er eine Zwischenverpflegung zu sich neh-

men will, schnallt er sich seinen Rucksack vorne um, trinkt einen Schluck und isst dann seine Banane, ohne den Schritt zu verlangsamen. Ich war beeindruckt.

- dass Markus entgegenkommende Wanderinnen optisch auf einer Skala von 1 (grusel) bis 10 (lechz) bewertet. Auf dem Hermannsweg fiel das Ergebnis nicht sehr günstig aus.
- dass Markus eine wahrhaftige Faustregel kennt: Wenn man auf einer Wanderkarte im Maßstab 1:25.000 die Faust als Maßeinheit nimmt, ergibt die Breite der Faust eine Wegstrecke von einer Stunde. Wir haben das getestet, aber es stimmt nur bedingt. Bei unserem rasanten Tempo war nicht die geballte Faust eine Stunde, sondern die Faust mit ausgestrecktem Daumen.

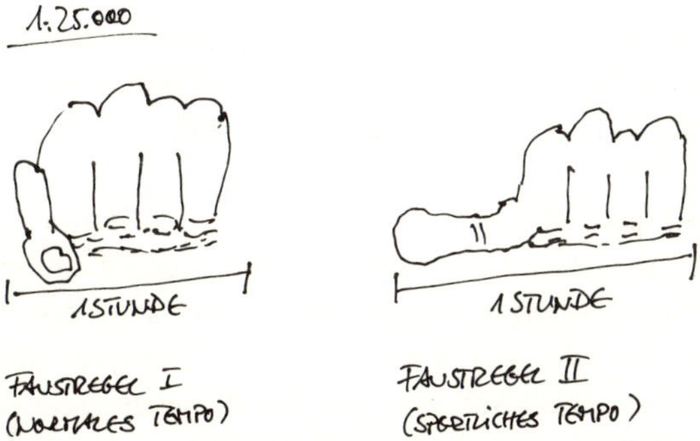

Es war jetzt langsam Zeit für eine kleine Nachmittagspause. Die erste Restauration kam nicht in Frage, weil die Außengastronomie noch nicht geöffnet hatte. Das Gasthaus »Waidmannsruh« lag mitten in einem Campingplatz und hatte Ruhetag.

Unsere letzte Chance vor Oerlinghausen war der »Bienenschmidt«. Eine Waldschänke mit Außengastronomie, die ich noch von meiner 1998er Wanderung in guter Erinnerung hatte. Doch auch der Bienenschmidt hatte Ruhetag. Wir waren verzweifelt. Aus dem Innenraum des Gasthofes hörten wir jedoch Stimmen. Die Tür war offen. Wir traten ein. Dort stand der Wirt des Bienenschmidt, Herr Schmidt, wie wir später erfuhren, und servierte einer mittelalten Dame zwei Portionen Lippischer Pickert. Lippischer Pickert, eine Art Pfannkuchen, war die Spezialität des Hauses Bienenschmidt. Die Dame war mit ihrem Ehemann extra für den Lippischen Pickert aus dem Ruhrgebiet angereist und hatte den Wirt dazu überredet, trotz Ruhetag eine Ausnahme zu machen. Wir flehten ihn an, auch für uns eine Ausnahme zu machen und uns etwas zu trinken zu geben. Herr Schmidt erhörte unser Flehen. Da er unseren Geschmack nicht kannte, brachte er zwei Sorten Hefeweißbier mit. Wir entschieden uns für beide Sorten. Gegen die Sonne gehalten, erschien mir die Färbung des Weißbiers wie flüssiges Gold.

Um Punkt 18 Uhr starteten wir, um die letzten sechs Kilometer der heutigen Wanderung in Angriff zu nehmen.

Wir kalkulierten eine knappe Stunde für diese Strecke ein. Mir kam der Hermannsweg-Kilometer allerdings auch wesentlich kürzer vor als der Rothaarsteig-Kilometer und erst recht als der Eifel-Kilometer. In der Eifel habe ich immer das Gefühl, für jeden Kilometer richtig arbeiten zu müssen. Hier im Teutoburger Wald rasten die Kilometer förmlich an uns vorbei. Das lag entweder an unserer guten Tagesform, oder in der Eifel wird einfach falsch gemessen.

Am Rande des Weges standen plötzlich diverse Turngeräte aus Holz. Ein Trimm-dich-Pfad! Und dazu noch tadellos in Schuss! Die große Zeit des Trimm-dich-Pfads waren die 70er Jahre. Im Vorfeld der Olympischen Spiele in München 1972 war eine neue Art von Bewegungsfieber in Deutschland ausgebrochen. Das Trimm-Männchen, Trimmy genannt, trug kurze Hosen, hatte ein breites Grinsen und streckte den Daumen in die Höhe. In fast jeder Kommune Deutschlands entstanden Trimm-dich-Pfade mit einem genormten Fitness-Programm. Es gab einen Parcours mit verschiedenen Geräten, wie Ringe, Reckstangen und Bock-Sprung-Pfosten. Zwischen den Geräten sollte man joggen (diesen Begriff gab es damals eigentlich noch nicht) oder gehen.

Ich war immer ein sehr großer Fan von Trimm-dich-Pfaden und habe es sehr bedauert, dass diese Ende der 80er Jahre allerorten verlotterten und abgebaut wurden, weil die Gemeinden nicht mehr für die Wartung zahlen wollten.

Ich freute mich richtig, dass entlang dem Hermannsweg nun ein Trimm-dich-Pfad verlief. Für Markus war es auch gut. Er hängte sich in die Ringe, um seinen von einem Bandscheibenvorfall lädierten Rücken zu entspannen.

In dieser Gegend, zwischen Bienenschmidt und Oerlinghausen, kamen uns mehrere Jogger entgegen. Markus grüßte alle. Ich war mir nicht so sicher, ob Wanderer Jogger grüßen sollten. Erst einmal prinzipiell: Wanderer grüßen natürlich andere Wanderer. Das ist eine Selbstverständlichkeit. Dabei gelten die üblichen Höflichkeitsregeln, also die Jüngeren grüßen zuerst, sodass wir eigentlich immer zuerst grüßen mussten. Wanderer grüßen natürlich auf keinen Fall Spaziergänger, die nur mal schnell mit dem Auto zu den Externsteinen oder diversen Ausflugslokalen oder Wanderparkplätzen gefahren sind, um »sich die Beine zu vertreten«. Man erkennt Spaziergänger direkt an der Körperhaltung, dem Outfit und dem schlendernden Gang.

Spaziergänger sind eine andere Spezies und werden nicht beachtet. Jogger werden von mir auch nicht gegrüßt. Jogger sind einfach in einem anderen Aggregatzustand der Fortbewegung. Wenn ich jogge, grüße ich auch andere Jogger. Aber dieser Gruß ist die stillschweigende Vereinbarung, dass beide leiden: Ich akzeptiere deine Qual, und du erkennst mein Leid an. Als Jogger würde ich auch niemals einen Walker grüßen. Der leidet ja gar nicht.

Und genauso ist es doch von Wanderer zu Jogger. Wir Wanderer grüßen auch noch nach 35 Kilometer kalt lächelnd und haben zwei Weizen intus, der Jogger quält sich mit verzerrtem Mund einen Rückgruß heraus. Ich finde, da gibt es ein Ungleichgewicht.

Einig waren Markus und ich, dass man unter gar keinen Umständen einen Mountainbiker grüßen sollte. Die gibt es im Teutoburger Wald, aber auch in anderen deutschen Mittelgebirgen reichlich. Mountainbiker sind albern angezogene Wald-Hooligans, die dort eigentlich nichts zu suchen haben. Wir beschlossen, dass Radfahrer auf den Asphalt gehören. Die wurden also nicht gegrüßt.

Ein befreundeter Theaterregisseur hat mir übrigens gestanden, dass er in der Kantine des Dreispartenhauses, an dem er beschäftigt ist, niemals die Opernsänger grüßen würde.

Solchen Standesdünkel kennen Lokomotivführer nicht. Im ICE 2 und im ICE 3, bei denen man als Fahrgast hinter dem Zugführer sitzen darf, kann man das sehr gut beobachten.

Der ICE-Lokführer grüßt ausnahmslos alle entgegenkommenden Lokführer, auch wenn sie nur einer Regionalbahn vorstehen. Und sogar Güterzug-Lokführer werden gegrüßt. Lokomotivführer sind wahrhaftig liberale Menschen.

2,5 Kilometer vor Oerlinghausen stieg der Hermannsweg noch einmal steil an und verlief dann auf einem Kamm. Von dort hat man eine herrliche Aussicht und kann bei gutem Wetter, und das hatten wir, bis zum ungefähr 50 Kilometer entfernten Weserbergland schauen. Leider deutschtümelte es auf den letzten Kilometern noch einmal heftig. Erst sahen wir den so genannten Lönsstein, ein Denkmal für Hermann Löns, den Heidedichter, der immer so begeistert für die deutschen Landschaften schwärmte. Dass er auch hier tätig war, wusste ich nicht. Ich brachte ihn immer mit der Lüneberger Heide in Verbindung.

Dann sind auf einigen Steinen am Wegesrand große Metalltafeln befestigt, auf denen die römischen Tugenden gelobt werden. »Temperatia – Macht und Zucht« konnten wir dort unter anderem lesen. Das war aber alles noch nichts gegen ein riesiges Mahnmal für den unbekannten Soldaten, das sich kurz vor Oerlinghausen breit machte. Mächtige dorische Säulen in offener Atrium-Form umgaben hier einen aufgebahrten unbekannten Soldaten. Hier wurde dem sechsten lothringischen königlichen Infanterieregiment mit folgenden Worten gedacht:

»Wanderer hemme den Schritt
Schirmend der Heimat heiligen Boden
Starben die Tapferen unbesiegt
Beuge dich vor des Opfers Größe«

Das saß.

Wir gingen abwärts nach Oerlinghausen und wollten mit dem Bus zum Bahnhof fahren. Oerlinghausen nennt sich nämlich Bergdorf Oerlinghausen und liegt auf dem Kamm des Teutoburger Walds. Der Bahnhof liegt in der Ebene. Die Bushaltestelle lag genau vor dem Alten Gasthaus »Nagel«. Und das gastronomische Angebot ließ uns schwach werden. Mit Spargel, Sauce béarnaise, Rindermedaillons mit Bärlauch-Mozzarella überbacken und Franziskaner Weizen feierten wir den neuen »39-Kilometer-an-einem-Tag-gegangen«-Rekord von Markus und ließen den Hermannsweg hochleben.

Wegstrecke:	39 Kilometer
Wanderzeit brutto:	8 Stunden, 47 Minuten
Wanderzeit netto:	6 Stunden, 57 Minuten
WDG:	5,61 km/h

Autokennzeichen:	LIP (Kreis Lippe)

Tja, lange Wanderung, aber nur ein Autokennzeichen. Man sieht zwischendurch auch noch öfters das veraltete DT (Detmold). Detmold gehört aber seit 1992 zu LIP. Die Wanderung beginnt kurz hinter HX (Höxter) und PB (Paderborn). Im Ziel Oerlinghausen schrammten wir knapp an BI (Bielefeld) und GT (Gütersloh) vorbei. Schade.

Wanderkarte:	Wanderkarte NRW, Hermannsland, 1:25.000
Die Biere der Region:	Herforder Pils, Detmolder Pils und Detmolder Weizen
Höchster Punkt der Wanderung:	441 m (Velmerstot)
Niedrigster Punkt der Wanderung:	164 m (Dunoper Teich)

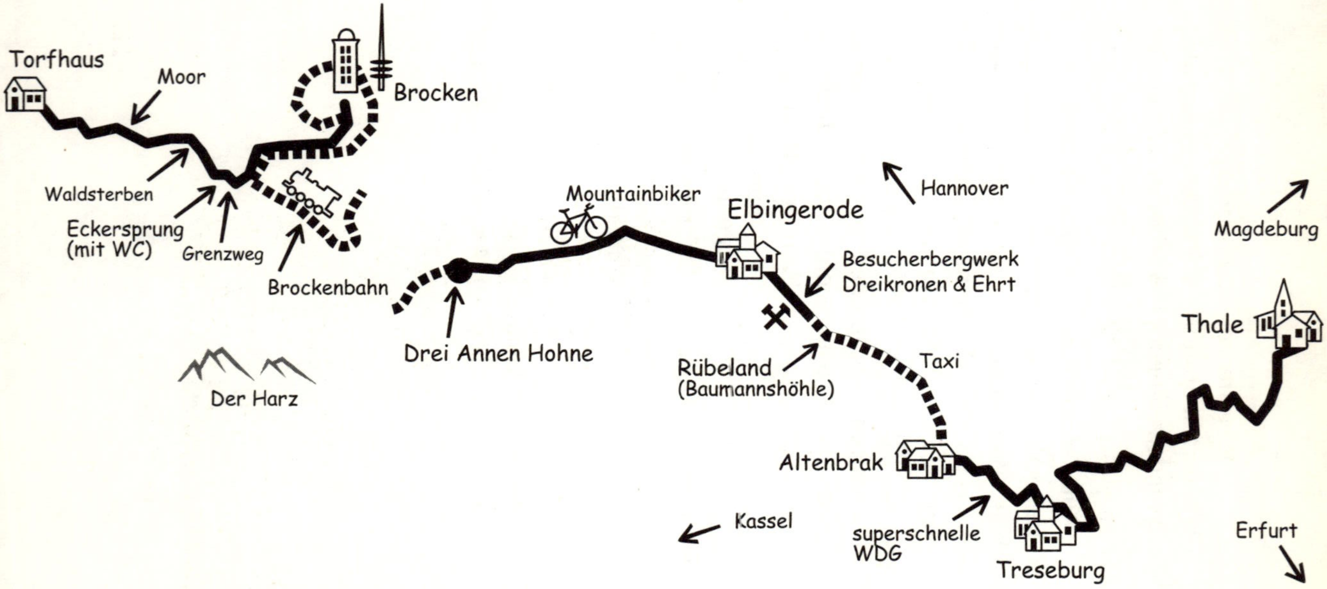
Torfhaus
Moor
Brocken
Waldsterben
Eckersprung
(mit WC)
Grenzweg
Brockenbahn
Mountainbiker
Elbingerode
Hannover
Magdeburg
Besucherbergwerk
Dreikronen & Ehrt
Drei Annen Hohne
Thale
Rübeland
(Baumannshöhle)
Taxi
Der Harz
Altenbrak
Kassel
superschnelle
WDG
Treseburg
Erfurt

Im Herzen des Harzes

Mit Victor auf dem Brocken und unter Tage

Oktober 2004

Vor über 30 Jahren war ich schon einmal im Harz gewesen, in einer Hütte von engen Freunden meiner Eltern. Doch hatte ich daran nur noch eine Foto-Anekdoten-Erinnerung. Ich hatte die mich betreffenden Harz-Geschichten so oft gehört und die dazu gehörenden Fotos so oft gesehen, dass sie jede wirkliche Erinnerung überlagerten.

Mit Bussi-Bär-Heft im Harz

Fast hätte ich ins Auto »gekotzt«. Links Mama, rechts Tante Elvira

»Das war so süß, als wir dir in Braunlage das Bussi-Bär-Heft gekauft haben und du es falsch herum gelesen hast.«

»Ja, und dann mussten wir ja alle zwei Kilometer anhalten und aussteigen, weil du beinahe in Onkel Rudis Auto gespuckt hättest.«

Das war der Bussi-Bär-und-im-Auto-schlecht-geworden-Harz meiner Kindheit.

Als Kind wirkte der Harz groß und gewaltig auf mich, jetzt kam er mir kleiner vor. Und er ist auch ein eher kleines Mittelgebirge. Schon bei der Anfahrt sieht man, wie sich die Höhenzüge des Harzes über die niedersächsische Tiefebene erheben. Ich war morgens von Köln mit dem ICE nach Hannover gefahren. Im Bahnhof musste ich mit Rucksack auf dem Rücken sprinten, um noch die Regionalbahn nach Bad Harzburg zu erreichen. Hinter

Hildesheim rückte der Harz am Horizont immer näher, und anderthalb Stunden hinter Hannover erreichte ich die alte Kaiserresidenz Goslar. Dort stieg Victor zu. Der drehte gerade in Clausthal-Zellerfeld im Oberharz einen Fernsehfilm für die ARD, in dem er einen Pfarrer spielt. Am Kopfbahnhof von Bad Harzburg stiegen wir aus und fuhren mit dem Bus in den Harz hinein nach Torfhaus.

Torfhaus ist der amtliche Treffpunkt für Biker und Wanderer und liegt schon 800 Meter hoch. Bis zum Brocken, der mit 1142 Metern die höchste Erhebung des Harzes ist, ist es von dort nicht mehr weit. Im Café-Restaurant »Brockenblick« stärkten wir uns erst mal für unsere Tour. Das Durchschnittsalter im »Brockenblick« entsprach in etwa der durchschnittlichen Lebenserwar-

Blick auf den Brocken. Das Schild weist die alte Rechtschreibung auf. Es muss natürlich Brocken, nicht Bockw heißen

tung der deutschen Bevölkerung. Die wollten wirklich nur auf den Brocken blicken und ihn nicht erstürmen. Wir dagegen wollten auf den Brocken.

Kurz hinter dem Café in Torfhaus gelangten wir auf den Hexenstieg. Der Hexenstieg ist vergleichbar dem Rothaarsteig ein 93 Kilometer langer Wanderweg, der in West-Ost-Richtung den Harz durchquert und 2003 nach den Kriterien des »Wanderbaren Deutschlands« eingerichtet wurde. Auf diesem Hexenstieg, der mit der Harztypischen grünen Hexe markiert ist, gingen wir die ersten vier Kilometer bis zum Rastplatz Eckersprung. Der Weg war extrem abwechslungsreich: durch dichte Tannenwälder auf wurzelbedeckten Wegen, auf Holzstegen über ein Hochmoor, auf breiteren Forstwegen durch einen Mischwald. Ein Stück führte auch durch ein großes Gebiet, das vom sauren Regen zerstört worden war. Ähnlich, wie ich es im Schwarzwald gesehen hatte, handelte es sich um eine Bergkuppe. Victor hatte so etwas noch nie gesehen und fand es sehr gruselig.

Hinter dem Rastplatz Eckersprung mit WC-Häuschen bog der Hexenstieg auf eine breite, betonierte Schneise ein. In zwei Reihen waren löchrige große Betonplatten in den Boden eingelassen und führten einen Kilometer gerade bergan. Wo wir jetzt entlangwanderten, patrouillierten vor 15 Jahren noch Grenzsoldaten der DDR. Der Wanderweg lief genau auf der ehemaligen Grenze zwischen der BRD und der DDR, der heutigen Grenze zwischen Niedersachsen und Sachsen-Anhalt.

Falsch …

… richtig

Dieser Grenzweg führte uns bis an den Gleisstrang der Brockenbahn. Zwei Kilometer ging es an den Gleisen entlang. Für einen gewöhnlichen Wochentag im Herbst war der Weg gut besucht, und uns kamen so viele Wanderer entgegen, wie ich es höchstens vom Rotweinwanderweg an der Ahr kenne. War das Ausdruck einer neuen Wanderleidenschaft der Deutschen? Es fiel schon auf, dass das Durchschnittsalter der Brockenwanderer niedriger war als das der Gäste im Restaurant »Brockenblick«. Es waren ganze Schulklassen darunter, junge Erwachsene mit kleineren Kindern und viele »Nordic-Wanderstöcke-trekkingmäßig« ausgestattete Herrschaften im Alter zwischen 35 und 55. Die hatten sich alle für diese Harz-Tour freigenommen und waren keine ziellosen Herumschlenderer.

Am Ende der Gleise schwenkte der Wanderweg links ab. Das letzte Stück zum Gipfel ging es auf einer asphaltierten Straße bergan. Victor war die ganze Zeit leicht vor mir hergegangen, und ich wollte jetzt zu ihm aufschließen. Aber wie sehr ich auch meinen Schritt beschleunigte, ich kam nicht näher. Das kam mir merkwürdig vor. Dann dämmerte es mir. Das sollte jetzt bestimmt die Rache für meinen fulminanten Sieg am Großen Winterberg in der Sächsischen Schweiz werden. In seinem Rücken fing ich an, fünf bis sechs Schritte zu joggen. Da drehte er sich das erste Mal um. Ich tat unbeteiligt und wanderte stramm weiter. Als er wieder nach vorne schaute, lief ich wieder ein paar Schritte bergan. Diesmal guckte er sich aber zu früh um, erwischte mich beim Joggen und lief mir davon. Um es kurz zu machen: Er war als Erster am Gipfel. Wir standen beide schnaufend

Auf dem Brocken: Raketenabschussbasis oder das neue Logo der Fußball-WM?

für zwei Minuten auf dem Brocken. Es war dort oben viel zu windig, und wir beschlossen, sofort mit der Brockenbahn zurückzufahren. Wir gingen zum Verkaufsschalter, wo der Schalterbeamte diverse hochprozentige Alkoholika sortierte. Im Angebot waren der Ramazotti des Harzes, der »Schierker Feuerstein«, und der Kräuterlikör »Brocken-Hexe«. Außerdem gab es den »Schaffnertropfen«, einen Fruchtsaft-Likör mit Schlehe und Rum, und den »Heizerschluck«, einen Waldbeerlikör mit Farbstoff. Anscheinend waren alle Mitarbeiter der Brockenbahn ständig hackenstramm. Wir wollten aber kein flüssiges Kopfweh, sondern eine Zugfahrkarte. Die waren ausverkauft, wir sollten, so der Bescheid, uns im Zug eine Fahrkarte geben lassen. Das haben wir dann auch gemacht. Der Einheitspreis von 14 Euro pro Person erschien uns nicht zu teuer für die Fahrt mit dieser speziellen Eisenbahn.

Für einen passionierten Eisenbahnfahrer wie mich war die Brockenbahn ein Faszinosum. Seit ihrer Eröffnung im Jahr 1899 wird diese Schmalspurbahn mit Dampfloks betrieben. Victor und ich stellten uns auf den Perron eines der Wagen und genossen die Fahrt nach unten. Man konnte vom Brocken aus bis weit in die Ebene des Nordharzes hinausblicken. Und wir hatten Glück mit dem Wetter – an zwei Dritteln aller Tage im Jahr ist es entweder nebelig am Brocken, oder der Gipfel liegt über den Wolken. Nach den ersten Zugkilometern ging es in dunkle Tannenwälder. Die großen Ausblicke wurden ersetzt durch intimere Einblicke in kleine Schluchten. Da der Zug sehr langsam fuhr und wir im Freien standen, stellte sich schnell das Gefühl ein, mit dem Zug zu wandern. Nach 19 Kilometern kamen wir am Waldbahnhof Drei Annen Hohne an. Der Zug hatte bis dorthin eine knappe Stunde benötigt und über 500 Höhenmeter überwunden. Von dort wanderten wir nach Elbingerode. Zwei entgegenkommende Mountainbiker grüßten uns. Ich war nach dem langen Tag ziemlich müde und grüßte zurück. Das war natürlich ein Fehler, denn Mountainbiker grüßt man ja nicht. Victor sprach den ganzen Abend kein Wort mehr mit mir. So ein Fauxpas darf einfach nicht passieren.

Wir hatten in einer Pension in Elbingerode übernachtet und machten uns am nächsten Tag auf den Weg in den Nachbarort Rübeland. Der Name hat nichts mit Rübezahl zu tun, obwohl der Riese sich außer im Riesengebirge auch in den Erzgruben des Harzes herumgetrieben haben soll.

Vor allem aber ist Rübeland für seine Höhlen bekannt. Tropfsteinhöhlen begegnen dem Wanderer in deutschen Mittelgebirgen häufiger. Im Kölner Raum sind die Tropfsteinhöhlen von Wiehl und Attendorn beliebte Ausflugsziele. Selten findet man aber zwei große Höhlensysteme in direkter Nachbarschaft wie in Rübeland. Dort gibt es die Hermannshöhle und die Baumannshöhle. Wir hatten uns für die Baumannshöhle entschieden, weil sie als Erste am Wegesrand lag.

Die Baumannshöhle wurde von einem Bergknappen namens Baumann im 16. Jahrhundert entdeckt, der sich der Sage zufolge von einer Elfe in die Spalte der Höhle locken ließ. Dort verlosch sein Grubenlicht, und er irrte drei Tage in der Höhle umher. Er fand schließlich heraus, starb aber wenige Tage nach seinem Abenteuer.

Da die erste geführte Höhlentour schon 1646 stattfand, brüstet sich die Baumannshöhle, die älteste Schauhöhle der Welt zu sein. Wir mussten noch fast eine halbe Stunde auf unsere Führung warten. Denn: In diese Höhle kommt man nur mit Führung rein. Mit Frau Krüger und zwei nervigen Schulklassen ging es dann in die Welt der Stalaktiten und Stalagmiten. Seit Max Goldt kann ich mir das mit diesen beiden Sorten von Kalksteinablagerungen merken. Die Mieten steigen, also sind Stalagmiten die Dinger, die auf dem Boden stehen. Dagegen hängen Titten für gewöhnlich, daher sind Stalaktiten die von den Decken herabhängenden Zapfen.

Die Führung von Frau Krüger verlangte nach sehr viel Phantasie, um die diversen Igel, Schildkröten, Zwerge

Gleich fahren wir ins Bergwerk ein

und Weihnachtsmänner zu erkennen. Und auch Goethe, der sich dreimal in dieser Höhle aufgehalten hat, musste ganz schön einen im Tee gehabt haben, als er in einem unförmigen Stalagmiten einen Mönch erkannte. Seither heißt dieser Klumpen Stein »Der Mönch«.

Als Vorsitzender der Bergwerkskommission, zu dem ihn sein Herzog Carl August 1779 gemacht hatte, ist Goethe auch oft unter Tage gewandert. Wobei wandern unter Tage nicht wandern, sondern fahren heißt. Der Bergmann fährt ein, auch wenn er sich zu Fuß bewegt. Das lernten wir bei unserer zweiten Führung an diesem Tag im Besucherwerk »Drei Kronen & Ehrt« zwischen Elbingerode und Rübeland. Stilecht wurden wir mit einem Lorenzug in die Sole 800 Meter tief in den Berg hineingefahren. In diesem Bergwerk wurde bis zur Wende Eisenerz und Schwefelkies gefördert. Seit 1990 ist der Betrieb geschlossen und nur noch Besuchern zugänglich. Uns wurden diverse Höllenmaschinen ab 180 Dezibel aufwärts vorgeführt. Kleine Kinder mussten schreiend vorzeitig aus dem Bergwerk herausgefahren werden. Die Maschinen sahen aus wie Kampfroboter aus dem Krieg der Sterne.

Der Tag war schon fortgeschritten, aber wir wollten natürlich noch ordentlich wandern. Also ließen wir uns recht dekadent mit dem Taxi vom Besucherbergwerk zum ungefähr 20 Kilometer entfernten Ort Altenbrak fahren. Das Bodetal musste noch sein. Die Bode entspringt im Harz und mündet nördlich von Halle in die Saale. In Altenbrak trafen wir auch wieder auf den Hexenstieg, und Victor hatte ein Höllentempo angeschlagen. Er geriet in Panik, dass wir den Zug in Thale verpassen würden. Am Abend musste er wegen eines Nachtdrehs in Clausthal-Zellerfeld sein. Das machte ihm derart Beine, dass ich ihn gar nicht mehr wieder erkannte.

Die WDG auf allen bisherigen Wanderungen ergibt folgende Rangliste:

Touren	*WDG*
Mit Markus auf dem Hermannsweg	5,61
Allein auf dem Rothaarsteig	5,32
Mit Victor auf dem Goetheweg	4,78
Mit Victor in der Böhmischen Schweiz	4,10
Mit Victor in der Sächsischen Schweiz	3,94
Mit den Kindern im Hunsrück	3,78
Mit meinem Vater in der Eifel	3,60

Victor hatte sich also bisher nicht gerade als Hochgeschwindigkeits-Wanderer hervorgetan. Und jetzt das! Er legte ein Tempo vor, dem ich kaum folgen konnte. Das würde ganz klar auf eine WDG von über 6 km/h hinauslaufen – gigantisch. Interessanterweise wurde dieser Abschnitt zwischen Altenbrak und Thale auf einem Schild als Sportwanderweg bezeichnet. Das nahmen wir nun sehr, sehr ernst und auch wörtlich.

Der Fluss Bode hatte sich im Laufe der Jahrmillionen tief ins Tal hineingefressen. Nicht umsonst wird diese Schlucht der Grand Canyon des Harzes genannt. Die Felsen sind derart kluftig, kantig, trutzig, schorfig und mächtig, wie ich es in vergleichbaren Tälern in Eifel und Hunsrück noch nie gesehen habe. Natürlich haben wir den Zug in Thale noch bekommen. Im Laufschritt. Und zehn Sekunden später ist er dann losgefahren.

Im Zug entspannten sich meine Beinmuskeln. Ich freute mich schon auf die nächste Wandertour. Mein pumpendes Herz sagte mir: Du musst wandern.

1. Tag:	
Wegstrecke:	13 Kilometer (8 Kilometer von Torfhaus bis zum Brocken und 5 Kilometer von Drei Annen Hohne bis Elbingerode)
Wanderzeit brutto:	3 Stunden, 41 Minuten
Wanderzeit Netto:	2 Stunden, 34 Minuten
WDG:	5,05 km/h
2. Tag	
Wegstrecke:	14 Kilometer
Wanderzeit brutto:	2 Stunden, 15 Minuten
Wanderzeit netto:	2 Stunden, 15 Minuten
WDG:	6,22 km/h (Rekord!)
Autokennzeichen:	Von GS (Goslar) nach WR (Wernigerode) und am zweiten Tag von WR nach QLB (Quedlinburg)
Wanderkarte:	Wandern im Harz. Offizielle Karte des Harzklubs e.V., 1:50.000
Das Bier der Region:	Hasseröder Pilsener aus Wernigerode
Höchster Punkt der Wanderung:	1141 m (Brocken)
Niedrigster Punkt der Wanderung:	183 m (Thale)

Kein Nachwort – Nach der Wanderung

In der Alten Pleiner Mühle

Am Prebischtor

Beim Bienenschmidt

Im Eiscafé von Großkochberg

Wandern

Das deutsche Mittelgebirge
für Amateure und Profis

Vorwort

Im letzten Jahr erschien mein erstes Buch über das Wandern, und schon kurze Zeit später begannen die Leute, mir zu schreiben. Dabei waren es nicht einfach Reaktionen auf das Buch, meist empfahl man mir einen neuen Wanderweg oder eine Gegend, die ich nicht kannte. Manche Gebiete hatte ich vielleicht vorschnell ausgeschlossen oder hatte sie aus irgendwelchen Vorurteilen heraus übergangen. Für andere hatte ich mir einfach nie die Zeit genommen. Vielleicht hatten die Damen und Herren, die mir schrieben, ja recht? Vielleicht müsste man, so dachte ich mir, doch noch ein Buch über das Wandern schreiben. Gute Gründe gab es reichlich:

1. war ich noch nie in einer größeren Gruppe gewandert. Gab es zwischen Gruppenwanderung und Solistenwanderung überhaupt gravierende Unterschiede? Das musste überprüft werden.
2. las ich in der ZEIT über Baumkronenforschung. Was es nicht alles gibt, sollte man sich eigentlich mal ein Bild von machen.
3. war in meinem ersten Wanderbuch keine Wanderung im flächengrößten und mit Naturschönheiten gesegneten Bayern dabei gewesen. Konnte man eigentlich nicht so stehenlassen.
4. sprach mich nach einem Auftritt während meiner Lesereise in Ludwigshafen ein Christian vom Naturfreundehaus Elmstein im Pfälzer Wald an und erzählte mir viel über die Bewegung der Naturfreunde. Hörte sich sehr spannend an, musste ich mir unbedingt anschauen.

5. dann die Sache mit der Geologie. Menschen hatten mich auf offener Straße angesprochen und hatten gebeten, gefleht und gebettelt: Bitte, erklären Sie uns doch in wenigen verständlichen Sätzen die Geologie. Konnte ich alle diese Leute enttäuschen?
   Und
6. meine Kinder erst. Sie hatten mir in den vergangenen Monaten in den Ohren gelegen, sobald wie möglich wieder wandern gehen zu dürfen. Ich sollte mir aber eine Menge neuer Geschichten und Sagen ausdenken und nicht immer die gleichen ollen Kamellen erzählen.
7. Ich hatte von einer Wander-WM in Österreich gehört, was meinen Ehrgeiz weckte. Könnte ich es tatsächlich schaffen, Wanderweltmeister zu werden?
8. In »Du musst wandern« ging es oft darum, wie viele Kilometer am Tag ich schaffen konnte und wie hoch meine Wanderdurchschnittsgeschwindigkeit war. Schneller, höher, weiter. Das ist vorbei. Ich bin älter geworden. Der Zahn der Zeit nagt an meinem Körper. Und das wirkt sich natürlich auch auf mein Wanderhobby aus.

Sie sehen, es gab eine Fülle von Gründen, »Wandern« zu schreiben. Nicht als Fortsetzung von »Du musst wandern«, sondern als Weiterführung und Ergänzung. »DMW« ist die Grundschulfibel des Wanderns, das vorliegende Buch die fast komplette Enzyklopädie des Wanderns.

Ich möchte mich vorab schon bei jedem Leser entschuldigen, dessen Lieblingswandergebiet schon wieder keine Aufnahme gefunden hat oder dessen Lieblingswandergebiet ich nicht ganz so toll fand. Sie wissen doch, wie Kritiker – und dazu gehöre ich als Kritiker des guten Weges auch – sind. Sie haben meistens keine Ahnung.

Ich habe versucht, viele deutsche Wanderregionen zu berücksichtigen. In »Wandern« sind die Bundesländer Bayern, Baden-Württemberg, Hessen, Thüringen, Sachsen, Brandenburg, Nordrhein-Westfalen und Rheinland-Pfalz vertreten. Die anderen Bundesländer sind entweder zu klein oder haben keine Mittelgebirge zu bieten. Sorry, Saarland, Schleswig-Holstein und Bremen. Trotzdem bleibe ich dabei: Ich möchte mit diesem Buch keinen Wanderführer vorlegen, Sie müssen die beschriebenen Touren nicht exakt nachgehen. Manchmal werde ich auch recht deutlich und sage, dass sich das auch überhaupt nicht lohnt. Das Buch soll vielmehr alle Vielwanderer und neugierig gewordene Wandernovizen ermutigen, Deutschland und seine unterschiedlichen Regionen kennenzulernen.

Ich danke meinen Mitwanderern, meiner Frau, meinen Töchtern und meinen besten Freunden Victor und Markus. Und ich danke meiner Lektorin Birgit Schmitz.

Köln, im Sommer 2006 *Manuel Andrack*

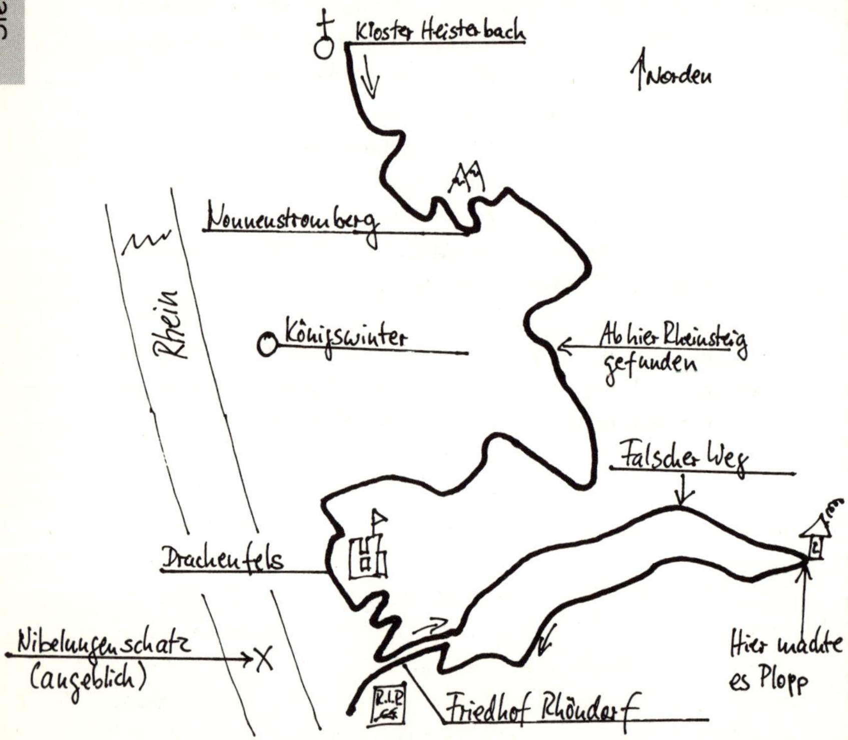
Kloster Heisterbach
Norden
Nonnenstromberg
Rhein
Königswinter
Ab hier Rheinsteig gefunden
Falscher Weg
Drachenfels
Nibelungenschatz (angeblich)
Hier machte es Plopp
R.I.P.
Friedhof Rhöndorf

Wandern als Therapie

EIN DRAMOLETT

Personen

Ein Urologe
Eine Nachtschwester
Ein Nachtportier
Ein russischer Stationsarzt

Schauplatz ist die Kölner Innenstadt und das Siebengebirge bei Bonn, die Zeit Januar 2005.

Warum ist es am Rhein so schön? Unzählige Rheintouristen haben sich diese Frage gestellt, egal ob sie aus England, den USA oder Japan kamen. Ich beantworte die Frage zunächst einmal als Kölner. Am Rhein ist es natürlich wunderwunderschön, weil die tollste Stadt der Welt, ach was, des Universums, am Rhein liegt. Wenn man aber vom schönen Rhein spricht, meint man eigentlich nicht den Rhein bei Köln, sondern das Mittelrheintal zwischen Koblenz und Bingen. Der Mittelrhein ist Weltkulturerbe, womit er genauso bedeutend wie das Bergwerk Rammelsberg in Goslar, die Ruinenstadt Butrint in Albanien und die historische Kartonfabrik von Verla in Finnland ist. Sollte also irgendjemand auf die Idee kommen, das gesamte Tal mit Bürotürmen vollzustellen oder eine sechsspurige Autobahnbrücke über den Rhein zu bauen, dann sind ruckizucki die UNO, die UNI-

CEF, die UNESCO und der CIA zur Stelle, und der Rang des Weltkulturerbes ist dahin.

Vom Schiff und vom Zug aus fand ich das Rheintal immer schon schön. Trotzdem wäre ich nie auf die Idee gekommen, am Rhein zu wandern. Der Rheinhöhenweg verlief auf asphaltierten Wirtschaftswegen weit weg vom Fluss durch viele Dörfer und kleine Städte. Es hatte lange gedauert, bis sich daran etwas änderte. Die regionalen Tourismusverbände und die Bundesländer Nordrhein-Westfalen, Rheinland-Pfalz und Hessen hatten sich zusammengetan und einen gemeinsamen »Qualitätsweg« mit dem griffigen Namen »Rheinsteig« geplant. Im Herbst 2005 sollte der anspruchsvolle Weg offiziell eröffnet werden. »Erlebniswandern pur« versprach man mir und allen anderen ambitionierten Wanderern.

Es war Januar und mitten in der Nacht. Ein abwechselnd drückender und stechender Schmerz fuhr durch meine linke Seite. Ich stand auf, lief auf und ab, aber nichts half. Um vier Uhr bestellte ich ein Taxi zur Uni-Klinik. Noch während der Fahrt wurden die Schmerzen schlimmer, und ich fühlte mich wie eine Gebärende im Endstadium der Presswehen (an dieser Stelle schon einmal eine Entschuldigung an alle Mütter: Ich weiß, ich weiß, wir Männer werden die Schmerzen des Kinderkriegens nie nachempfinden können). In der Uni-Klinik empfing mich ein Pförtner mit der Figur eines Bodybuilders, ein Rausschmeißer für Betrunkene, Nervensägen und Junkies.

Als ich der Nachtschwester meine Symptome geschildert hatte, war sie zunächst unsicher, ob sie mich zum Urologen oder zum Chirurgen schicken sollte. Aber als im Urin Blut nachgewiesen wurde, tippte sie auf Nierensteine und

Der Beginn einer Wanderung: Die Universitätsklinik zu Köln

schloss mich an einen Tropf an. Sie verabreichte mir ein Potpourri aus dreierlei Schmerzmitteln plus einer Lösung gegen Übelkeit, und ich entspannte von Minute zu Minute. Genauso muss sich ein Drogenabhängiger fühlen, wenn er sich nach langer Zeit wieder einen Schuss setzt. Mich durchströmte ein unglaubliches Glücksgefühl. Keine Schmerzen mehr, herrlich!

Drei Stunden Wartezeit und zwei Röntgenaufnahmen später teilte mir der russische Stationsarzt der Urologie mit: »Sie haben einen Nierenstein, und der muss schleunigst weg.«

Er überwies mich an einen niedergelassenen Urologen, bei dem ich eine Stunde später eintraf. Missmutig betrachtete dieser meine Röntgenaufnahmen. »Wir müssen unbedingt für den übernächsten Tag einen Operationstermin für Sie ansetzen. Ihre linke Niere arbeitet nicht mehr. Wir müssen den Nierenstein lokalisieren.« Zur Erinnerung: Jeder Mensch hat zwei Nieren.

In den nächsten sechs Stunden wurden noch weitere acht Röntgenaufnahmen gemacht. Auf den ersten Aufnahmen war kein Nierenstein zu sehen gewesen, und man spekulierte schon, ob es zu einer Nierentransplantation kommen werde. Woher sollte ich so schnell eine Spenderniere nehmen? Dann entdeckte man den Nierenstein doch noch. Er steckte im Harnleiter fest, weshalb er auch nicht mit Laserstrahlen zertrümmert werden konnte. Eine Operation schien unvermeidlich.

Zwischen den vielen Röntgenaufnahmen hüpfte ich durch den nahe gelegenen Stadtpark. Der Urologe hatte mir empfohlen, mich viel zu bewegen und vor allem zu springen. »Dann könnte der Nierenstein wandern.« Im Park fühlte ich mich etwas unwohl. Langsam machte sich das latente Schlafdefizit bemerkbar, und die Blicke der anderen Spaziergänger blieben mir nicht verborgen. Ist der einfach nur irre und hält sich für ein Känguru, oder läuft hier irgendwo eine versteckte Kamera?

Am nächsten Tag stand ich früh auf und ging zum Urologen. Was wörtlich zu verstehen ist, da ich in diesen Stunden und Tagen kein öffentliches Verkehrsmittel, kein Taxi und kein Fahrrad für meine Touren durch die Stadt benutzte. Alles wurde zu Fuß gemacht, ich erwanderte mir meine Stadt schnellen Schrittes. Denn vom Hüpfen war ich mittlerweile abgekommen. Es sah wirklich zu dämlich aus.

Nach den ersten Röntgenaufnahmen keimte Hoffnung auf. »Der Stein ist kurz vor das Ostium gesunken (Ostium, häh?), und ihre linke Niere arbeitet wieder. Haben Sie sich viel bewegt?« Was für eine Frage, ich war ungefähr 20 Kilometer gelaufen. Der Urologe hatte ein Einsehen, verschob den Operationstermin noch um einen Tag und verschrieb mir als Therapie: Laufen und Saufen. Am besten solle ich tüchtig wandern. Mit den Worten: »Morgen sehen wir dann, ob der Nierenstein schon weiter hinabgerutscht ist«, verabschiedete er mich, und ich durfte raus in die Natur, statt im Krankenhaus zu liegen.

Ich überlegte fieberhaft, wo ich hinfahren könnte, denn das Laufen in Köln war nur begrenzt geeignet. Es war zu flach, der gewünschte Effekt würde sich erst im Gebirge einstellen. Die in Frage kommenden Berge in der Eifel waren mindestens anderthalb Stunden entfernt. Da erinnerte ich mich an den Rheinsteig, der laut Zeitungsartikel im Siebengebirge beginnen sollte. Und bis dahin war es nun wirklich nicht weit.

Das Siebengebirge kann man bei guter Sicht schon von Köln aus sehen. Es erstreckt sich am rechten Rheinufer, direkt gegenüber dem alten Regierungssitz, zwischen Bonn-Beuel und Bad Honnef. Der Name leitet sich vermutlich nicht von den sieben Hauptbergen ab, sondern von den Siefen. Siefen nennt man die feuchten Nebentäler eines kleineren Gebirges. Weil es dort nass ist und tropft, sind die Siefen auch der Wortstamm für siffig, das ja das passende Adjektiv für alles Schmutzige, Unordentliche, Ekelhafte ist. Da dachte man sich wohl: SIEBENgebirge hört sich entschieden schöner an als SIFFENgebirge.

Losgehen sollte es am Kloster Heisterbach. Als Zielort hatte ich Bad Honnef, 20 Kilometer entfernt, geplant. Am Kloster suchte ich verzweifelt nach einer Markierung für den Rheinsteig, fand aber keine. Na toll, das fing ja gut an. Angeblich waren doch alle Wegmarkierungen schon angebracht. Ich konnte nichts entdecken und hielt mich zunächst an den guten alten Rheinhöhenweg, der mit einem weißen »R« auf Holzrinde gekennzeichnet ist. Auf den Nonnenstromberg ging es steil bergan, und bergab ging ich im Nierenstein-muss-weg-Tempo. Mit weit ausholenden Schritten lief ich mehr, als dass ich wanderte. Bei jedem Schritt versuchte ich, meinem Körper einen gewaltigen Stoß zu versetzen. Eigentlich ein Unding meinen Gelenken gegenüber, aber die Operation wollte ich auf jeden Fall vermeiden. Hinter dem Nonnenstromberg und dem Einkehrhaus namens »Einkehrhaus« verließ ich dann den Rheinhöhenweg und ging Richtung Rheintal. Irgendwann, so mein Kalkül, müsste ich auf den Rheinsteig treffen. Und nach einem Kilometer war es so weit. Ich sah das erste Mal einen weißen Schlängel auf blauer Emaille. Ein stilisiertes »R«, das zugleich einen Fluss darstellt.

Drei Kilometer später kam ich außer Atem auf einen asphaltierten Weg. Andenkenläden und Bratwurstbuden. Ich wusste, jetzt geht es zum Drachenfels. Als Kind bin ich etliche Male dort hinaufgelaufen oder auf einem Esel hochgeritten. Von Königswinter (bekannt aus dem großartigen Karnevalsschlager »Es war in Königswinter, nicht davor und nicht dahinter, als ich auf dich reingefallen bin«) fuhr auch eine Zahnradbahn, die ich noch nie benutzt hatte. Und auch heute nicht. Denn so ernst hatte ich mein Motto »Du musst wandern« noch nie genommen. Heute musste ich wandern, bis dieser verdammte Stein meinen Körper verlassen hatte, wenn es sein musste, bis tief in die Nacht.

Das Ensemble aus Burgruine und Waschbeton oben auf dem Drachenfels ist entsetzlich. Das 70er-Jahre-Restaurant und die Aussichtsterrasse so groß wie der Rote Platz verleihen dem Ort den Charme einer Raketenabschussbasis. Hier war es am Rhein definitiv nicht schön. Als Kind hatte man mir erzählt, dass man von dort oben das Rheingold des Nibelungenschatzes am Grund des Flusses schimmern sehen konnte. Aber selbst als Kind wusste ich, dass es nur die glitzernden Sonnenstrahlen auf dem Wasser waren. Auch den Hörspielautomaten mit der Sage von Siegfried und dem Drachen gab es damals schon. Vor 35 Jahren kostete es einen Groschen, den blechern klingenden Ausführungen zu lauschen, heute einen Euro.

Für das alles hatte ich aber keine Zeit. Weiter ging es im bekannten Tempo bergab nach Rhöndorf, dort, wo der einzig wahre Altkanzler Adenauer seine letzten Lebensjahre verbracht hat und auch gestorben ist. Es ist vermutlich kein Zufall, dass der Rheinsteig am Friedhof von Rhöndorf und dem Grab Adenauers vorbeiführt. Eine Pilgerstätte war dieser Ort aber nur für Männer wie meinen Großvater, der nach dem Krieg als eines der ersten CDU-Mitglieder in Köln die Mitgliedsnummer 006 führte.

Hinter dem Friedhof wurde der Weg unendlich öde. In langgezogenen Rechts-links-Kurven ging es einen breiten Waldwirtschaftsweg bergan. Das sollte der ach so toll geführte Rheinsteig sein? Unmöglich. Zumal ich keine Wegmarkierung mehr entdecken konnte. Da hatte ich wohl eine Abzweigung verpasst. Egal, immer weitergehen, ich würde den Rheinsteig schon wieder finden. Auf dem nächsten Berg, der Löwenburg, machte ich Rast. Der Berg ist mit 455 Metern der zweithöchste des Siebengebirges, immerhin 400 Meter über Rhein-Niveau. Ich aß im »Löwenburger Hof« zu Mittag und trank zwei Hefeweizen. Denn: »Neben dem Wandern nicht vergessen: viel trinken«, hatte mein Urologe mir eindringlich empfohlen, von alkoholfreien Getränken war nicht die Rede gewesen. Mit einem handelsüblichen kleinen Küchensieb ging ich auf die Toilette. Ich sollte, um den Nierenstein später analysieren zu können, ihn in einem Sieb auffangen. Unzählige Male hatte ich in den letzten 36 Stunden durch das Sieb gepinkelt.

Es machte ein leises Plopp, und der Stein war da. Winzig, spitz und dunkel. Ich steckte ihn in mein Portemonnaie. Mein Körper produzierte nun derartig heftig Endorphine, dass der Drogenmix am Tropf nichts dagegen war. Bis nach Bad Honnef musste ich jetzt nicht mehr gehen. Auch das Wandertempo wurde wieder gemäßigter, und ich hatte sogar den richtigen Riecher: Ich fand den Rheinsteig und schwebte dem Rhein Richtung Rhöndorf entgegen. Ein Weg erster Kategorie mit Aussichten auf das Siebengebirge und den Rhein. Da es ein normaler Wochentag war, rechnete ich nicht mit besonders vielen Leuten, die hier unterwegs sein würden, und sang lauthals »So ein Tag, so wunderschön wie heute«. Kein Aufstieg des 1. FC Köln, keine Meisterschaft konnte schöner sein!

Mein Urologe war sehr zufrieden mit mir. Der OP-Termin wurde abgesagt. Der Nierenstein war gewandert, weil ich gewandert war. Wandern kann so gesund sein!

Aufführungslänge

17 Kilometer

Aufführungsdauer

4 Stunden, 36 Minuten
mit einer 48-minütigen Pause

Programmheft

Hatte ich nicht dabei, es empfiehlt sich aber die sehr aktuelle Karte »Bonn und das Siebengebirge«, 1:25.000, in der der Rheinsteig schon verzeichnet ist.

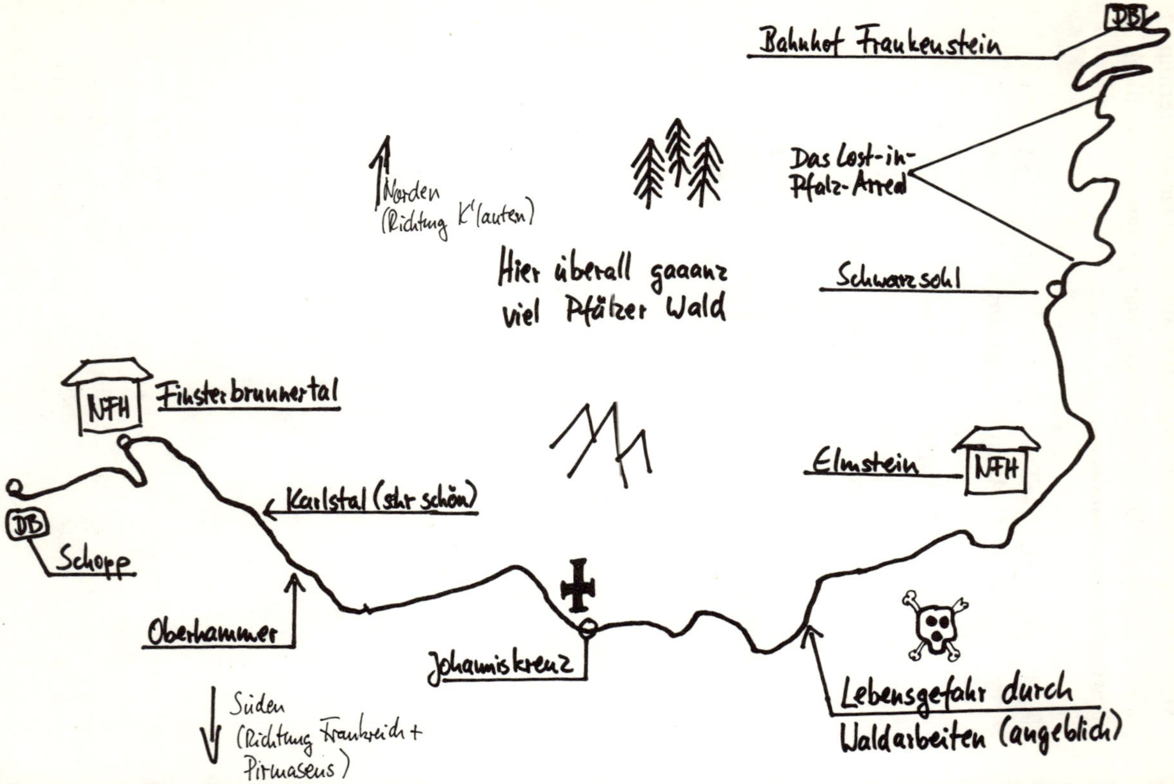
DB
Bahnhof Frankenstein
Das Lost-in-Pfalz-Areal
Schwarzsohl
Norden (Richtung K'lauten)
Hier überall gaaanz viel Pfälzer Wald
Elmstein
NFH
Finsterbrunnertal
NFH
Karlstal (sehr schön)
DB
Schopp
Oberhammer
Johanniskreuz
Lebensgefahr durch Waldarbeiten (angeblich)
Süden (Richtung Frankreich + Pirmasens)

Berg frei!

EIN DRAMA DER ARBEITERBEWEGUNG IN FÜNF AKTEN

Personen

Victor	Mein bester Freund und Schauspieler
Viktor Frankenstein	Monstermacher
Christian Helmut Klaus	Mitarbeiter im Naturfreundehaus Elmstein
Gerard Der Mann am Telefon	Mitarbeiter im Naturfreundehaus Finsterbrunnertal
Die Serviererin im Café Nickels	
Seminarteilnehmer von ver.di	

Schauplatz ist der Pfälzer Wald, die Zeit Januar 2006.

Also mal ehrlich, alle Wanderer sind doch Naturfreunde. Deswegen liebt man dieses Hobby schließlich, weil es einen an den schönen Busen von Mutter Natur drückt. Ich hatte mir deshalb nie etwas dabei gedacht, wenn ich in den vergangenen Jahren an Naturfreundehäusern vorbeigegangen war. Ich vermutete dort immer Treffen großer Naturliebhaber. Dass es sich um eine hochpolitische Vereinigung handelt, hatte ich nicht gewusst.

1895 waren die Naturfreunde in Wien als Arbeiterwanderverein gegründet worden und hatten sich Folgendes zum Ziel gesetzt: »Raus aus den grauen Fabrikhallen, in der Natur Entspannung und Kraft für den gesellschaftlichen Kampf für gleiche Rechte aller Menschen finden« – also Wandern als Vorbereitung auf den Klassenkampf. Und tatsächlich kämpften die Naturfreunde nicht nur für bessere Arbeitsbedingungen, sondern auch für klassenlose Wanderungen. Denn um die vorletzte Jahrhundertwende waren die Wanderwege häufig Privatwege. Der Wald gehörte Adel oder Kirche, und damit waren die Wege nicht frei zugänglich. Also musste erst einmal das Recht erkämpft werden, in den Wäldern zu wandern. Die Naturfreunde organisierten Demonstrationen und marschierten, so stelle ich mir das zumindest vor, mit wehenden roten Fahnen und Arbeiterliedern durch die Wälder. Um ihrem Anliegen Ausdruck zu verleihen, prägten die Naturfreunde den Kampfruf »Berg frei!«.

Mit solidarischen Gefühlen für die Internationale waren Victor und ich um die Mittagszeit losgewandert. Unser Ausgangspunkt war der kleine Talort Frankenstein in der Pfalz, an der Bahnstrecke zwischen Neustadt an der Weinstraße und Kaiserslautern gelegen. Es war ein herrlicher Wintertag mit strahlend blauem Himmel, und in drei bis dreieinhalb Stunden wollten wir über Schwarzsohl das Naturfreundehaus in Elmstein erreichen. Oberhalb des Bahnhofs passierten wir die Burg von Frankenstein. Das war aber nicht DIE Burg Frankenstein. Bevor ich von der Wanderung erzähle, ein paar Worte zur Frankenstein-Mythologie. So viel Zeit muss sein.

Die Burgruine von Frankenstein in der Pfalz hat nichts mit der Geschichte um den jungen Wissenschaftler Viktor Frankenstein (Viktor mit »k«, nicht wie mein Freund Victor mit »c«) und das von ihm geschaffene Wesen, auch Monster genannt, zu tun. Aber einige Kilometer weiter nordöstlich, bei Darmstadt, gibt es die echte Burg Frankenstein. Und dort hat Anfang des 18. Jahrhunderts der Alchimist Dippel ein Labor besessen. Da dem Pfarrer vor Ort die Aktivitäten des Herrn Dippel unheimlich waren, setzte er das Gerücht in die Welt, dass der Wissenschaftler für seine Experimente Leichen ausgraben würde und sie zum Leben erwecke. Und diese Unholde würden in den Wäldern rund um die Burg ihr Unwesen treiben, würden Kinder rauben und Jungfrauen schänden. Diese Gruselmär schnappten wiederum die Gebrüder Grimm auf und fügten sie ihrer Märchensammlung bei. Die beiden fürchteten aber, dass die Geschichte nur eine Jugendfreigabe ab 18 Jahren erhalten würde (wegen Gewalt und Sex und so) und daher als Hausmärchen ungeeignet war. Die Geschichte vom Alchimisten Dippel von Burg Frankenstein war jedoch voreilig von den Grimms nach England geschickt worden, um sie dort übersetzen zu lassen. Die Übersetzerin war Mary Jane Clairmont, deren Sohn wiederum Mary Shelly ehelichte, die dann letztendlich das berühmte Frankenstein-und-sein-Monster-Buch schrieb. Die Geschichte war also gewandert – über zeitliche und räumliche Distanzen hinweg.

Mich gruselte auf unserer Wanderung nicht so sehr vor dem Frankenstein-Monster, viel mehr fürchtete ich mich vor dem älteren Mann mit Nordic-Walking-Stöcken, der uns direkt hinter der Burgruine überholte. Der Mann ging eine Weile in Sichtweite voran, und wir folgten der lebenden Wandermarkierung. Bis er hinter einer Wegbiegung verschwand. Ratlos schauten wir uns um. Wir hatten den Weg verloren und wohl eine Markierung übersehen. Da mein zweiter Vorname »Orientierungssinn« ist, schlug ich vor, erst einmal Richtung Tal zu gehen. Da würden wir mit großer Sicherheit wieder auf unseren grün-blaugestreiften Wanderweg gelangen. Funktionierte leider nicht. Im Tal fanden wir keinerlei Hinweise mehr. Als Mittelgebirgswanderer ist man gewöhnt, an jeder Wegkreuzung Hinweisschildchen, Plättchen und Pfeile vorzufinden, anders im Pfälzer Wald. Wir gingen Kilometer um Kilometer und hofften an jeder neuen Weggabelung oder -kreuzung, endlich auf einen markierten Weg des Pfälzerwaldvereins zu stoßen. Aber alle Zeichen entpuppten sich beim Näherkommen als holzwirtschaftliche Hieroglyphen. In Neongelb und schreiend Orange hatten die Forstmeister Holzbesitzerkürzel und komplizierte Muster für die Waldarbeiter auf die Bäume gesprüht. Manches konnte nur als »Ab hier den ganzen Wald plattmachen« verstanden werden.

Kleinere Wandergebiete wie die Sächsische Schweiz funktionieren über die Qualität der Wege, der Pfälzer Wald besticht durch reine Quantität. Die aufkeimende Langeweile und Trostlosigkeit bekämpften Victor und ich, indem wir kleine Wurzelknoten zwischen uns hin und her kickten. Dabei brach immer mehr Geäst ab, bis das kleine Holzstück sich komplett aufgelöst hatte. Später liefen drei Rehe vor uns weg. Schnell waren sie verschwunden.

Anderthalb Stunden nach Sichtung der letzten Markierung machten wir eine Pause, der unsere letzten Vorräte an Wasser und Schokoriegeln zum Opfer fielen. Es war lächerlich: Wir waren zu einem besseren Spaziergang von vielleicht zwölf Kilometern aufgebrochen und rannten nun orientierungslos umher. Obwohl, nicht ganz orientierungslos. Denn Victor erinnerte sich an eine alte Kompassregel. Die Sonne stand zwar schon sehr tief, war aber immer noch gut zu sehen. Mit Hilfe unserer Uhren konnten wir die Himmelsrichtungen bestimmen (mit einer Digitaluhr geht das natürlich nicht). Man richtet den kleinen Zeiger auf die Sonne. Der halbe Winkel zwischen kleinem Zeiger und der Zwölf zeigt dann die südliche Richtung an. Tja, wir alten Pfadfinder! Wir waren zwar beide nie bei den Pfadfindern gewesen, hatten aber unsere Jugend gemeinsam in der Katholischen Studierenden Jugend (so was Ähnliches) verbracht. Und daher waren wir bei unzähligen Zeltlagern und Nachtwanderungen für das Überleben in freier Natur gestählt worden.

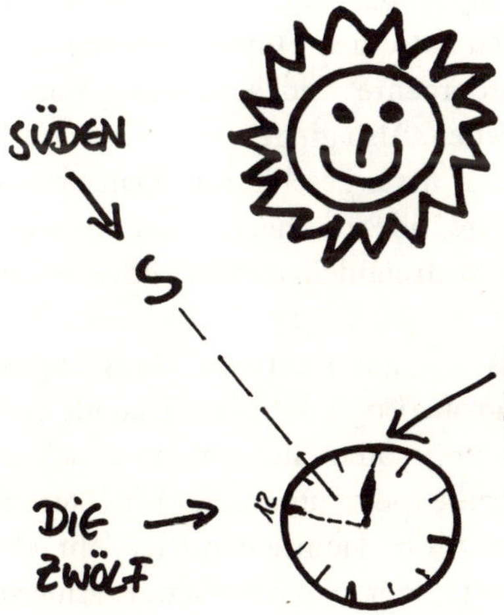

Genau in südlicher Richtung lag das Naturfreundehaus Elmstein. Nach meiner Berechnung konnten wir unser Ziel gar nicht verfehlen. Aber Victor las gerade eine Biographie über Ferdinand Magellan und lag mir in den Ohren, dass dieser auch wohlgemut mit 268 Leuten aufgebrochen war und davon nur 18 Mann nach Spanien zurückgekehrt waren. Wenn ich mir Victors körperliche und seelische Konstitution anschaute, wurde mir immer klarer, wer im Falle des Falles von uns beiden zu den Überlebenden zählen würde. Victor war einfach ein Pessimist. Wir würden die ganze Zeit im Kreis gehen, nörgelte er und wollte an jeder Wegkreuzung in die falsche, eher nördliche Richtung abbiegen. Er war der ungläubige Thomas, aber ich war überzeugt, ihn sicher ans Ziel zu führen. Schon bald überquerten wir eine Asphaltstraße und gingen auf einem parallel zur Straße geführten Wanderweg zum Waldhaus Schwarzsohl, bis ein rot-weißgestreiftes Flatterband den Weg versperrte. »Lebensgefahr« war in großen Buchstaben darauf zu lesen, »Waldarbeiten«. Ich hätte den Hinweis ignoriert, aber Victor fürchtete aufgebrachte und aggressive Forstarbeiter, sollten wir weitergehen. Also gingen wir zurück zur Asphaltstraße. Das Waldhaus hatte geschlossen. Danach zogen sich die Pfälzer Forstwege, öde und nervtötend, bis wir um fünf Uhr endlich das Naturfreundehaus Elmstein erreichten.

Wir wussten, dass wir am richtigen Haus angekommen waren, als wir das große Logo der Naturfreunde an der Fassade sahen. Unter drei roten Blumenblüten sah man zwei Hände, die zum Gruße (oder zur Einheit) sich umschlungen hielten. Das gleiche Motiv kannte man vier Jahrzehnte lang vom Logo der SED, der Sozialistischen Einheitspartei Deutschlands. Da hatten doch diese ollen Kommunisten das Zeichen der Arbeiterwanderer geklaut. Frech!

Das Naturfreundehaus Elmstein besteht aus drei Gebäuden. Neben dem Haupthaus liegen noch ein Gästehaus mit Schlafräumen und ein Haus für Schulklassen. Ein hagerer Mittfünfziger begrüßte uns: »Tach, ich bin der Helmut.« Wir waren im sozialistischen Arbeiterparadies der Naturfreunde angekommen. Unter Genossen duzt man sich natürlich. Helmut zeigte uns das Zimmer, das für eine Jugendherberge recht luxuriös war. Ein Dreibettzimmer mit Dusche und WC. Und zwei Pikkolöchen standen auf einem kleinen Tisch. Eine Aufmerksamkeit des Hauses, die wir aber nicht nutzten.

Das Logo des Arbeiterwandervereins »Naturfreunde«

Um 18 Uhr gingen wir zum Essen. Wir bekamen eine riesige Schüssel Champignoncremesuppe, die Victor despektierlich Mehlschwitzensuppe nannte. Helmut servierte den Hauptgang, Putengulasch und Gemüsereis, mit den Worten: »Gemischte Vogelgrippe.« Ein Früchte-aus-der-Dose-Dessert schloss das Menu ab.

Außer uns waren noch 20 ver.di-Mitglieder zu Gast, die hier ein Seminar abhielten, dessen Thema wir nicht in Erfahrung bringen konnten. Eine kleine Auswahl von ver.di-Seminaren 2005 verdeutlicht, worum es gegangen sein könnte: »Einführung in den MTArb II« oder »LpersVG Rheinland-Pfalz: Einstieg leicht gemacht« oder auch »Sag dem Konflikt, ich komme«. Einige der Gewerkschaftler hatten sich schon Gitarren zurechtgelegt, und während wir

Und wir holen den Pokal.

Schöner essen: Victor und der Naturfreundeteller für 6,30 Euro

noch unser Dessert aßen, ertönten die ersten Blues-Akkorde. Victors Blick gefror. Seine Nasenflügel bebten. »Ruhig, Victor, nicht aufregen. Diese Gitarrenklänge kennen wir doch aus unserer Jugendgruppe.« Den restlichen Abend wurden Cat-Stevens-Songs oder Arbeiterlieder gespielt. Victor beruhigte sich wieder, aber als die Musiker zu spanischen Gitarren-Impros ansetzten, stieß er ein gespielt fassungsloses »Das ist ja grau-en-haft« hervor. Später am Abend kam es zu einem regelrechten »Sängerstreit auf der Wartburg«, als zwei Gitarrenkünstler und ein Gitarren-Geigen-Duo um die Wette musizierten.

Liebe Leser, jetzt schließen Sie doch bitte die Augen (also erst am Ende des Satzes, sonst können Sie natürlich nicht lesen, was hier geschrieben steht) und versetzen sich zurück in die goldenen Zeiten des Fernsehens mit dem beliebten Showmaster Hans Rosenthal und stellen sich vor, Sie wären Kandidat seiner »Dalli Dalli«-Show.

Was fällt Ihnen zur Pfalz ein? – Dalli, Dalli: Helmut Kohl, Saumagen, die Walz aus der Pfalz, der Jäger aus Kurpfalz, der 1. FC Kaiserslautern, Saumagen, der Pfälzer Wald, Burg Trifels, Fritz Walter. Gut, Saumagen war doppelt, aber das ist gar nicht so falsch. Es gibt in der Pfalz nämlich nicht nur die »Fleischspezialität« Saumagen, sondern auch einen Kräuterlikör mit demselben Namen, der uns nach dem Essen angeboten wurde. Hausfaktotum Christian hatte uns den Schnaps an den Tisch gebracht. »Drei Saumage muss man mindeschtens trinke«, verkündete er strahlend in breitem Pälzisch. Die dialektkorrekte Aussprache kommt ohne das »f« aus.

Mit Christian tranken wir noch drei Weißherbstschorlen aus Halblitergläsern. Der Wein perlte rosa wie ein Dessertwein bei einem Damenball in den fünfziger Jahren. Christian war Experte für Ludwigshafener Punkmusik und die Naturfreunde. Die große Anzahl von Naturfreundehäusern in der Pfalz erklärt sich durch die Nähe der Arbeiterstädte Ludwigshafen, Kaiserslautern und Pirmasens. »Dort sind de Schlappeflicker zuhaus«, sagte Christian. Pirmasens lebt vom Schuhhandwerk. Dann setzte sich der Vorsitzende des Naturfreundehauses Elmstein, der Klaus, zu uns. »Wir Naturfreunde versuchen, die Arbeit für die Arbeiter der heutigen Arbeitswelt menschlicher zu machen«, erklärte er uns zu später Stunde. An der Essensausgabe der Küche, die gleichzeitig als Theke funktionierte, hatte ein Schild gestanden: »Geöffnet 9.00–21.00«. Ich weiß definitiv noch, dass an diesem Pälzer Abend (Das »f« in »Pfälzer« entschwand auch bei uns Rheinländern) die Öffnungszeiten nicht eingehalten wurden. Es wurde spät, sehr spät. »Völker hört die Signale!« galt hier nicht zwingend.

Am nächsten Morgen waren meine Beine schwer, und wir liefen nur bergauf. Die Temperaturen lagen knapp über dem Gefrierpunkt. Ich schwitzte trotzdem. Victor war außer Sichtweite enteilt. Sollte etwa der vierte oder fünfte Saumagen-Kräuterlikör schlecht gewesen sein? Ich war drei Kilometer nach Beginn der Tour völlig am Ende. Und es sollten noch 22 weitere Kilometer folgen, bis wir das Naturfreundehaus Finsterbrunnertal erreichen würden.

Das Schlimmste am Hinterherlaufen ist, dass der Schnellere an Wegkreuzungen immer wartet, bis man herangekommen ist, und dann direkt weitergeht. Dabei hätte ich eine Pause nötiger gehabt als Victor. Das Knie schmerzte, und die Blase, die ich mir an der Ferse unterhalb der Achillessehne gelaufen hatte, tat höllisch weh. Vielleicht war Wandern doch nicht das Richtige für mich. Zumal in meinem Alter!

Ich hatte mich immer über die Menschen amüsiert, die beim Überschreiten der 40 die große Lebenskrise bekommen. Quatsch, würde mir niemals passieren. Aber seit ich 40 Jahre alt bin, habe ich zunehmend das Gefühl, dass es körperlich bergab geht. Nach einer eingehenden Kernspintomographie hat mir mein Orthopäde dringend vom Joggen abgeraten. Er sagte nur: »Die Knöchel entsprechen in ihrem Verschleißstadium einem 40-Jährigen, der in seinem Leben zu viel gelaufen und zu schnell gewandert ist.« Na toll, ich dachte immer, Bewegung wäre das A und O für ein gesundes Leben. Ich hätte aber früher mit dem konsequenten Tragen von Einlagen beginnen sollen. Sie waren mir wegen meines Knick-, Senk-, Spreiz-, Klump- und Plattfußes mit extrem hohem Spann verschrieben worden. Ich hatte sie aber meistens nach wenigen Wochen weggeworfen. Die Einlagen passten schlecht in die Schuhe, waren einfach unbequem. Jetzt, nach den niederschmetternden orthopädischen Befunden, hatte ich zwei schicke Einlagen bekommen, ein Paar für meine Straßenschuhe, ein Paar für meine Sportschuhe. Und diese biegsamen, federleichten Einlagen hatte ich in meine Wanderschuhe gelegt. Und das passte wohl nicht so recht zusammen, zumindest schob ich meine Knieschmerzen und die Blase auf diese Einlagen.

Am Aussichtspunkt Kurfürstenstuhl wartete Victor zum wiederholten Mal auf mich. Durch den einsetzenden Regen war ich noch langsamer geworden. Der Boden war gefroren, und der Wanderweg verwandelte sich in eine Schlittschuhbahn. Wieder versperrten uns ein Flatterband und ein Hinweisdreieck mit Totenkopf den Weg. Doch wir pfiffen auf die Warnungen und gingen weiter. Wir hatten eh keine Alternative, da keine Umleitung angezeigt war. Schnell wurde klar, dass an diesem Tag im Wald kein Holz gefällt wurde, bei diesem Mistwetter ging kein vernünftiger Mensch vor die Tür. Aber, liebe Forstarbeiter, wenn ihr nicht arbeitet,

Diesen Warnhinweis ignorierten wir. Bitte nicht nachmachen!

könntet ihr doch auch eure überflüssigen Warnzeichen wegräumen, oder? Victor war inzwischen richtig sauer. »Weißt du, Manuel, ich weiß gar nicht, was du über diesen beschissenen Weg schreiben willst. Diese ganzen Mittelgebirge sehen doch alle gleich aus.« Und schon war er wieder weg, und ich humpelte und schlich hinterher.

20 Kilometer südlich von Kaiserslautern, an einer Bundesstraße, liegt das Mekka der Motorradfahrer: Johanniskreuz. Aber nur im Sommer. Als wir dort eintrafen, war noch nicht einmal ein Auto zu sehen. Weshalb auch die beiden Restaurants geschlossen hatten. Aber der Wandergott war mit uns. Eine einsame Rauchsäule stieg aus einem Kamin, keine 500 Meter entfernt. Selbst durch den Bindfadenregen konnten wir die Leuchtreklame erkennen: CAFE NICKELS. Eine Frau um die 40 stand hinter der Kuchentheke, und da es sie nicht zu stören schien, zogen wir nasse Jacken und Pullover aus und ließen sie in der Nähe des Holzofens trocknen. Wir waren die einzigen Gäste, und warum nichts los war, erfuhren wir von der Kellnerin. Wenige Kilometer vor Johanniskreuz war ein Auto explodiert, und man hatte die Bundesstraße gesperrt. Und andere Wanderer, ergänzte die Frau, waren bei diesem Wetter sowieso nicht unterwegs. Das Radio meldete Schneefall in Lagen über 500 Meter. Also, Herrschaften, wir waren hier weit über 500 Meter, und es regnete!

Langsam wurde uns warm, und damit wurde es auch immer schwerer, sich von diesem gemütlichen Ort loszureißen. Victor wollte ein Taxi zum Naturfreundehaus bestellen. Das ging natürlich nicht, da es gegen meine Wanderehre verstoßen hätte. Dann lieber noch ein bisschen weiterhumpeln und leiden. Denn die seelischen Qualen einer abgebrochenen Wanderung würden noch schlimmer schmerzen als die Blase und die Knie. Außerdem sollte die Straße noch auf absehbare Zeit gesperrt sein.

Wir zahlten, gingen los und stellten fest: Es hatte sich draußen nichts geändert. Es regnete immer noch, die Landschaft war immer noch öde, und die Forstwege, auf denen wir gingen, waren vereist. Wir vertrieben uns die Zeit mit Personen-Raten. Ein Spiel, bei dem man eine Person, fiktiv, real, lebend oder tot, mit Ja-Nein-Fragen erraten muss. Ich musste Hugo Chavez, Nofretete (habe ich lange dran geknabbert, da mir keine andere olle Ägypterin außer Kleopatra einfiel) und Haruki Murakami, den japanischen Schriftsteller, erraten. Victor musste J. F. Kennedy (hatte er sehr schnell raus), Margarete Steiff (hat schon länger gedauert) und Kommissar Hunter, den Polizisten aus den Micky-Maus-Heften, erraten. Über Kommissar Hunter gerieten wir in Streit. Na gut, wir haben uns im Wald angeschrien (war ja auch keiner da außer uns). Victor kannte Kommissar Hunter nicht. Er lese mit fast 40 Jahren keine Comics mehr. Ich lese auch keine Comics mehr, aber das gehört doch wohl zur Allgemeinbildung. Jeder aus unserer Generation kennt Kommissar Hunter. Oder die Panzerknacker, Tante Klarabella, Daniel Düsentrieb, die Nebenfiguren des disneyschen Universums, das sind doch alles Klassiker. Also wirklich, wie kann man Kommissar Hunter nicht kennen! Ich verzweifelte später an Jürgen Sparwasser. Welcher bekannte deutsche Spieler hat denn bei der WM 1974 gespielt und ist nicht Weltmeister geworden. Na eben!

Der Weg wurde übrigens immer netter. Wir gingen durch stockdunkle Fichtenwälder und landeten schließlich im Karlstal, das wohl zu einer anderen Jahreszeit besser besucht ist, was zumindest die vielen Bänke am Wegesrand vermuten ließen. Im Reiseführer hieß es, das Karlstal wäre das schönste im Pfälzer Wald. Vermutlich stimmt das, denn selbst bei diesem Schmuddelwetter war das enge Tal, mit vielen Felsen und einem dahinplätschernden und teilweise zugefrorenen Bach, der absolute landschaftliche Höhepunkt unserer zweitägigen Wanderung.

Unsere Laune stieg mit jedem Kilometer, es hatte inzwischen aufgehört zu regnen, und um kurz nach fünf kamen wir im Naturfreundehaus Finsterbrunnertal an. Hinter der uns schon aus Elmstein bekannten naturfreundehaustypischen Theke putzte eine blond mit roten Strähnchen gefärbte Jugendliche eine Wurstschneidemaschine. Erst ignorierte sie uns, und als wir nachfragten, wies sie mit einem Schulterzucken auf einen Mann, der im Hintergrund telefonierte. Wir sagten laut Guten Abend, und der Mann unterbrach sein Gespräch. »Was Besonderes, nicht übernachten oder so?« – »Äh, eigentlich doch.« – »Seid ihr angemeldet?« – »Nein.« – »Ich schaue mal, was sich machen lässt, einen Moment.« Der freundliche Herr beendete das Telefonat und gab uns unseren Zimmerschlüssel. »Erster Stock, die Treppe hinauf.« Dort bezogen wir ein Zimmer mit zwei Etagenbetten, die Duschen befanden sich ein Stockwerk höher, das WC auf dem Gang gegenüber. Ich zog meine Schuhe aus, und lange betrachtete ich, was von meiner Ferse übrig geblieben war. Es sah aus wie eine Mischung aus Lepra und roher Ochsenkeule. Zwei Socken und die Schuheinlage waren durchgeblutet, die Haut hing in Fetzen herunter. »Mach ein Pflaster drauf«, schlug Victor vor. Toller Tipp, und wo hätte ich die Klebeseiten befestigen sollen? Auf dem rohen Fleisch? Für den Rest des Abends trug ich nur noch Socken, auch als wir hinunter in den Schankraum gingen. Dort trieb man uns zur Eile an. »Küche schließt um 18 Uhr!« Während es an anderen Orten erst ab 18 Uhr das Abendessen gibt, war im Finsterbrunnertal dann schon Schluss. Ich bestellte mir ein paar Koschere für sagenhafte 2,50 Euro. Koschere heißen in der Pfalz reine Rindswürste. Aber Victor ließ es richtig krachen, und der Naturfreundeteller für 6,30 Euro hatte es in sich: eine Riesenbratwurst, ein Leberknödel (eine Art wabbelige Riesenfrikadelle) und eine dicke Scheibe Saumagen (das ist nicht wirklich der Magen von der Sau, sondern eine Art Fleischkäse im Schweinedarm mit Kartoffelstückchen dazwischen), dazu Sauerkraut. Dieser Teller war eine von Victors berühmten Mutproben. Normalerweise isst Victor (wie auch ich) kein Schweinefleisch, aber das hatte ihn doch zu sehr gereizt. Von dem fettigen Naturfreundeteller sollte sich Victor auch drei Tage später noch nicht erholt haben.

Am nächsten Morgen beglichen wir unsere Rechnung: 16,60 Euro für eine Übernachtung inklusive eines wirklich tollen Frühstücksbuffets war ein Preis, der in Deutschland

Nur eine Ortsdurchfahrt, kein Kommentar zum Pfälzer Wald

2006 schwerlich zu toppen war. Wir mussten noch eine Stunde zum Bahnhof in Schopp wandern (Achtung, der alte Haltepunkt Karlstal existiert nicht mehr). Da wir die Wege wegen der Glätte mehr entlangrutschten als -gingen, erreichten wir nur äußerst knapp im Laufschritt unseren Zug Richtung Kaiserslautern.

Wer den Saumagen liebt und die Wälder, den Saumagen-Kräuterlikör und die Wälder, der ist im Pfälzer Wald genau richtig. Das ist es, was ich über den Pfälzer Wald schreiben kann, und auch Victor war am Ende mit diesem Mittelgebirge versöhnt, schließlich waren die Naturfreundehäuser eine richtige Entdeckung. Er sollte vielleicht allzu gewagte kulinarische Mutproben unterlassen. Und: Wir konnten unbehelligt von Schergen des Kapitals durch die pfälzischen Wälder streifen. Das war ja nicht immer so gewesen. Und so schmetterten wir ein »Berg frei!« in den kühlen Januar-Himmel. Die Internationale kämpft für das Wanderrecht!

An meiner Wanderwunde an der rechten Ferse habe ich dann noch drei Wochen mit Jodverbänden laboriert, bis endlich alles verkrustet war. Eine knotige Narbe wird mich immer an meine Wanderung im Pfälzer Wald erinnern.

Aufführungslänge

44 Kilometer an zwei Tagen (19 + 25)

Aufführungsdauer

sehr, sehr lang

Programmheft

»Wander- und Radtourenkarte Naturpark Pfälzerwald«, 1:50.000, von Kompass (die schlechteste Wanderkarte, die ich je in meinen Händen gehalten habe); empfehlenswerter sind die 1:25.000er Karten des Landesvermessungsamtes Rheinland-Pfalz. Für die beschriebene Tour braucht man drei Karten: Enkenbach-Alsenborn/Hochspeyer, Lambrecht (Pfalz), Elmstein und Kaiserslautern-Süd.

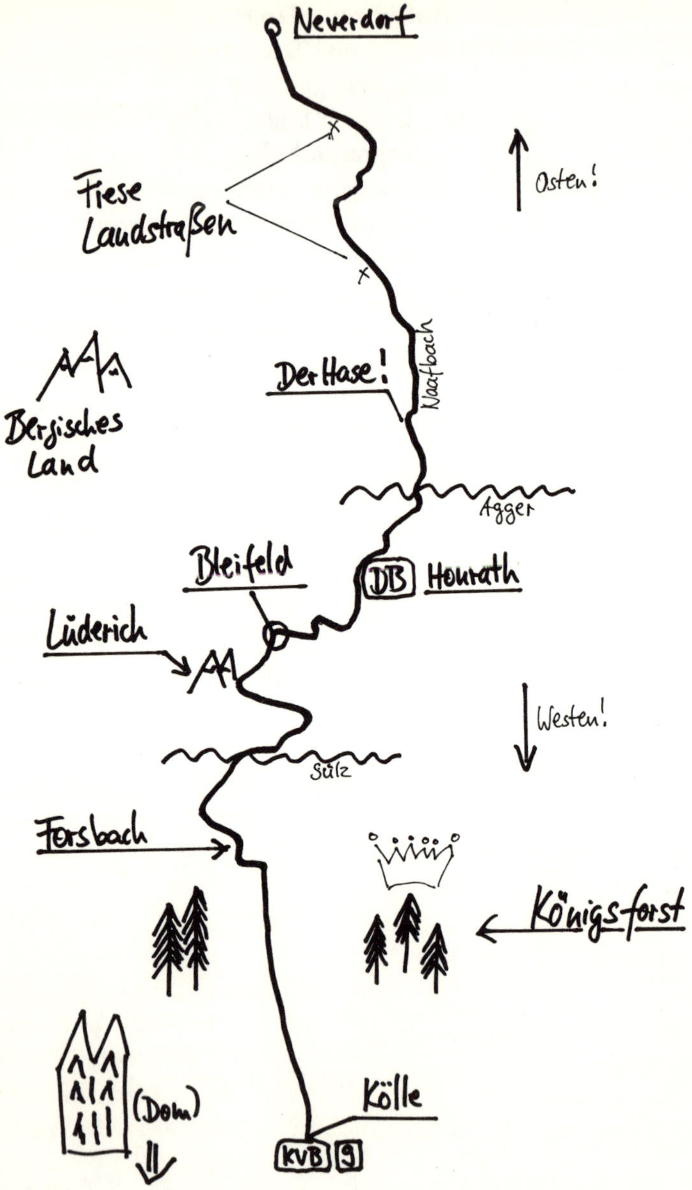
Neuerdorf
Fiese Landstraßen
Osten!
Der Hase!
Naafbach
Bergisches Land
Agger
Bleifeld
DB Honrath
Lüderich
Westen!
Sülz
Forsbach
Königsforst
Kölle
(Dom)
KVB 9

Auf der Suche nach dem Domblick

EIN TRAGIKOMISCHES KAMMERSPIEL

Personen

Die Mutter des Autors
Der Autor
Der Autor als Kind
Viele Vögel und ein Feldhase

Schauplatz ist Kurköln und das Bergische Land, die Zeit Februar 2006.

»Ich mööch zo Foß noh Kölle jonn.« Was habe ich mich schon geärgert, dass ich in Köln wohne und dort gar nicht hingehen kann – wie es sich Willi Ostermann in seinem Lied wünscht. Es befällt einen echten Kölschen wirklich eine Art Rührung, wenn er, aus der Ferne sich seiner Stadt nähernd, endlich wieder den Dom erblickt.

Ein perfekter Zo-Foß-noh-Kölle-jonn-Weg ist der Kurkölner Weg, ein Wanderweg des Sauerländischen Gebirgsvereins. Dieser Weg führt über 153 Kilometer von Meschede im Sauerland über Olpe bis an den Stadtrand von Köln zur Endhaltestelle der Straßenbahnlinie 9 am Königsforst. Und wenn ich wenig Zeit für größere Touren habe oder eine weite Anreise scheue, wandere ich gern in der Nähe.
Ich erspare mir an dieser Stelle besser den Kalauer, dass die Wanderung auf dem Kurkölner Weg einem Kuraufenthalt

entspricht. Der Name Kurköln bezieht sich auf den Kurfürsten, der das entsprechende Gebiet im kleinstaatlich organisierten Deutschland des 17. und 18. Jahrhunderts beherrschte. Das kurkölnische Kerngebiet erstreckte sich auf der linken Rheinseite von Krefeld im Norden bis hinunter zur Ahr. Der Chef von Kurköln bzw. dem Kurfürstentum Köln war der Kölner Kurfürst, klar. Stellen Sie sich aber bitte den Kölner Kurfürsten nicht als feschen Adligen mit gigantisch großem Schloß vor. Der Titel des Kölner Kurfürsten war sozusagen der Nebenjob des Erzbischofs von Köln und beinhaltete das Privileg, mit sechs anderen geistlichen und weltlichen Kollegen den deutschen König zu wählen – zu küren. Schluss mit dem Kuren und Küren war erst 1803, als der Reichsdeputationshauptschluss (dieses Bandwurmwort war immer mein Lieblingsgeschichtsunterrichtswort gewesen) erlassen wurde.

Zu Kurköln gehörte auch das Herzogtum Westfalen. Und der Kurkölner Weg verbindet eben dieses Herzogtum mit dem Gebiet von Kurköln – denn dazwischen lag das rechtsrheinische Herzogtum Berg. Es ist ein weit verbreiteter Irrtum, das Bergische Land hieße Bergisches Land, weil es dort etwas hügeliger wird. Der Name leitet sich vom Herzogtum ab.

Der Kurkölner Weg bildet also einen Transit durch feindliches Gebiet, er ist der Korridor zwischen Stammland und Anhängsel.

Ich war früh am Morgen mit dem Zug und dem Bus ins Bergische Land in die Nähe von Much gefahren. Meine Mutter begleitete mich. Sie ist mit ihren fast 70 Jahren eine große Frischluftfanatikerin. An Wochenenden und in den Urlauben wird die Umgebung zu Fuß oder mit dem Fahrrad erkundet. Und während der Woche ist sie immer unterwegs, wenn es ihre Zeit erlaubt. Häufig geht sie morgens ab 5.30 Uhr einen Rundweg durch den Kölner Vorort, in dem sie mit meinem Vater wohnt. Warum so früh? Sie möchte möglichst wieder zuhause sein, bevor die Hundebesitzer ihre morgendliche Gassi-Tour machen.

Der Bus mit der Nummer 575 hielt in Neverdorf (ein kleiner Sprengel in Neverland). Direkt an der Bushaltestelle kreuzt der Kurkölner Weg mit dem Kürzel X22 die Straße. Wir mussten nicht umständlich nach dem Weg suchen, sondern konnten sofort loswandern. Das gefiel mir, vor allem, da der X22 kein Hochglanzweg moderner Prägung ist und ich mich schon auf eher ungenügende Markierungen eingestellt hatte. Um es gleich zu sagen, der Sauerländische Gebirgsverein hatte den Weg vorbildlich gekennzeichnet, und wir hätten gut auf die Wanderkarte verzichten können.

Nach dem ersten Kilometer erreichten wir das Naafbachtal. Der Naafbach schlängelt sich durch ein breites Tal mit Wiesen und Weiden. Bis vor einigen Monaten hatte ich noch nie davon gehört. Dann sprach ich mit Kölner Wanderfreunden, die mir von dem unberührten Tal geheimnisvoll zuraunten. Als ich später ins Internet schaute, stellte ich fest, dass um das Tal jahrzehntelang gekämpft wurde. Viele Bäche im Bergischen Land sind gestaut worden, um genügend Wasser für die Großstadt bereitzustellen. 1973 hatten die Kölner den Plan gefasst, das Tal volllaufen zu lassen. Dagegen hat sich 1982 eine BI (Abkürzung für Bürgerinitiative, früher nannten wir das »'ne Bürgerinni«) »Naafbachtal« gegründet, die noch heute gegen die Überflutung kämpft, obwohl es mittlerweile nicht mehr danach aussieht. Auf der Internetseite des BUND las ich: »Wir möchten ausdrücklich betonen, dass das Naafbachtal gemäß § 48 LG NRW als Naturschutzgebiet eingetragen ist und unter

Natura 2000-Nr. De-5109-301 als FFH-Gebiet an die EU gemeldet wurde. Wir vertreten deshalb die Ansicht, dass auch bei erhaltenden Maßnahmen wie bei einer Wegsanierung oder Instandsetzung eine FFH-Verträglichkeitsprüfung durchzuführen ist.« Naturschutz ist hier knüppelharte Bürokratenarbeit, schließlich gilt es zu verhindern, dass breitere Wege angelegt werden.

Das Naafbachtal ist wirklich größtenteils naturbelassen, aber man muss wissen, dass man die Zivilisation immer spürt und sieht. Man sollte auf dieser Strecke schon Spaß an vielen Ortsdurchquerungen haben. Dort kann man dann beobachten, welche faszinierenden Möglichkeiten es gibt, Hausnummern, Briefkästen und Vorgartenlaternen in absolut geschmackssicheren Farben und Formen an Häuserfassaden anzubringen. Man muss außerdem auch vielbefahrene Landstraßen überqueren oder an ihnen ein Stück entlanggehen. Als Faustregel für Wanderungen durch Pendlergegenden wie das Bergische Land gilt: Eine halbe Stunde kann man ungestört laufen, dann kommt das nächste Stück Zivilisation.

In den schönen halben Stunden sichtete meine Mutter einen Graureiher und hatte auch einen Sperber gehört. Ich hätte den Sperber noch nicht mal erkannt, wenn ich ihn gesehen hätte, aber meine Mutter identifizierte ihn anhand seines Kreischens. Später gerieten wir in einen Schwarm Krähen. Und dann zeigte mir meine Mutter ganz aufgeregt einen Kleiber. »Kleiber? Nie gehört.« – »Aber das ist doch der Vogel des Jahres 2006.« – »Ach, echt? Wahnsinn!« – »Sein Markenzeichen ist es, sich senkrecht an Baumstämmen hinunterzustürzen.« An dem Baum, auf den meine Mutter zeigte, konnte ich Zweige, aber keinen Vogel des Jahres erkennen. Mir war vollkommen neu, dass meine Mutter eine professionelle Ornithologin ist. Nur während einer mehrstündigen Wanderung gelingt es, solch neue Facetten an den eigenen Eltern zu entdecken, die man so gut zu kennen glaubt.

Nach dem Naafbachtal Nr. De-5109-301 durchquerten wir das kleine Dorf Kern und gingen dann zum Fluss Agger. Jetzt erspähte ich mein erstes Tier. Es war noch weit entfernt, und ich konnte nicht erkennen, ob es sich um ein Reh oder einen freilaufenden Hund handelte. Also bat ich meine Mutter, stehenzubleiben und sich nicht zu bewegen. Als das Tier sich uns bis auf zehn Meter genähert hatte, standen wir Aug in Aug mit einem Feldhasen. Ein ganz schön großer Feldhase mit riesigen Läufen (Beinen) und gigantischen Löffeln (Ohren). Er hoppelte verträumt den Weg bergan und war anscheinend in Hasengedanken versunken. Erst drei Meter vor uns blieb er stehen, dachte wieder kurz nach und raste zehn Sekunden später in einem Affenzahn (ein Hasenzahn ist ja etwas anderes) den Weg zurück. Dieser alte Hasenfuß!

Eine kleine Brücke führte über die Agger, und wir folgten dem Weg zum nächsten Bergrücken. Wir durchwanderten Honrath und kreuzten die Oberbergische Bahn von Köln nach Gummersbach am dortigen Bahnhof. Von hier aus hätte man ebenfalls starten können, dann sind es bis Köln noch 17 Kilometer. Bis Durbusch ging es bergan, aber danach trennten uns nur noch das Tal der Sülz und der Königsforst von der Kölner Bucht. Wir konnten bis zu den rauchenden Chemiefabriken von Wesseling zwischen Köln und Bonn sehen, aber der Blick auf Köln war uns durch Bäume und eine kleine Erhebung verwehrt.

Hinter Bleifeld machten wir zum ersten Mal Rast. Erst im Sitzen bemerkten wir, wie kalt es eigentlich war. Meine

Es geht nichts über eine gepflegte Wanderpause mit Rucksackverpflegung.

Rucksackverpflegung bestand aus einer Portion Knoblauchspaghetti in Öl. Leider war durch die Kälte das Öl fast gefroren. Dieser Fettklumpen hatte sich als Bodensatz in der Plastikschale abgelagert, aus der ich aß. Sehr appetitlich war das nicht.

Da meine Mutter ein eher rastloser Typ ist, gingen wir bereits nach zehn Minuten weiter. So erreichten wir zügig den Lüderich. Schon kurz nach dem Zweiten Weltkrieg hatte meine Mutter hierher Schulausflüge gemacht. Dabei ist der Lüderich nur eine kleine Erhebung mit vielen Bäumen. Eigentlich hat dieser Berg nichts Ausflugsmäßiges oder halbwegs Spektakuläres. Es müssen bescheidene Zeiten gewesen sein. Und den in der Karte verzeichneten Rundumausblick fanden wir auch nicht.

Symbole auf Wanderkarten und ihre Bedeutung

180-gradige Halbaussicht

360-gradige Vollaussicht
(falls nicht von Bäumen verstellt)

Trimmpfad (wenn nicht inzwischen
demontiert oder verfallen)

Grillhütte (Achtung: Würstchen selber mitbringen)

Hallenbad (Vorsicht, ich habe schon erlebt, dass es sich dann um ein Hotel-Hallenbad in der Größe einer besseren Badewanne handelte.)

Kneipe (wenn nicht geschlossen)

Bahnhof (wenn nicht stillgelegt)

Kinderspielplatz (wenn die Geräte nicht vermodert und rostzerfressen sind)

Wieder kein Blick nach Köln. Kein Blick zum Dom. Was dazu wohl die UNESCO sagt? Schließlich hatte sie zunächst den Kölner Dom zum Weltkulturerbe erklärt und dann mit dem Entzug dieses Ehrentitels gedroht, sollte ein Hochhausprojekt auf der anderen Rheinseite realisiert werden, das den freien Blick auf den Dom nicht mehr ermöglicht hätte. Und nun kein Blick vom Lüderich! Mussten jetzt alle Wälder auf diesem Berg gerodet werden? Meiner Meinung nach könnte hier ein Touristenziel erster Güte entstehen, wenn man es nur richtig anpacken würde. Asphaltierte Anfahrtsstraßen, einen Aussichtsturm mit Restaurant, einen Andenkenladen und ein Spaßbad sah ich vor meinem geistigen Auge entstehen. Dazu ein griffiger Name wie »Domblick«. Oder am besten benannte man den Lüderich gleich komplett um. So toll war »Lüderich« als Bergname ja nun nicht. Der Freiburger Hausberg heißt zum Beispiel Schauinsland, da bietet sich für den Lüderich doch »Guckdendom« oder »Schaunachköln« an. In seiner derzeitigen Verfassung ist der Lüderich eher ein Berg von trauriger Gestalt.

Vom Lüderich hinunter ins Sülztal ist es ein Kilometer, und die Ortsdurchquerung von Hoffnungsthal zog sich etwas. Dann wanderten wir hinein in den Königsforst. Und spätestens ab Forsbach war der Kurkölner Weg für mich ein Heimspiel. Ich konnte die heimatliche Stadt förmlich riechen: Ich jing zo Foß noh Kölle. In meiner Kindheit war ich hier fast jedes Wochenende gewandert. Dabei muss ich ein etwas verhaltensgestörtes Kind gewesen sein. Ich warf mich nicht schreiend auf den Boden, wenn ein Spaziergang oder eine Wanderung angekündigt wurde. Nein, ich bin als Kind gerne gewandert! Wenn es mir langweilig wurde, habe ich mir einen alternativen Weg parallel zum Hauptweg gesucht, auf dem man durchs Unterholz stapfen konnte. Oder ich habe mir neue Abenteuer mit meinem besten Freund Lurchi ausgedacht. Lurchi, der Salamander-Held des gleichnamigen Schuhgeschäfts, war mein imaginierter bester Freund, der mit mir durch dick und dünn ging. Wie gesagt, ich war etwas sonderlich.

Kurz nach 16 Uhr kamen wir an unserem Ziel, der Straßenbahnendhaltestelle der Linie 9, an. Ich hatte an diesem Tag

einiges erfahren, über das Bergische Land, meine Mutter und mich selbst. Aber auch, dass die Gegend um Bleifeld ein Bergbaugebiet war oder dass im Aggertal das Standesamt neben einem Ausflugshotel angesiedelt ist. Ich hatte gesehen, dass Witzbolde beim Ortsschild von Jexmühle bei Honrath das »J« durch ein »S« ersetzt hatten.
Um ehrlich zu sein: Wahrscheinlich werde ich den Kurkölner Weg nicht noch einmal gehen. Habe ich jetzt schon hinter mir. Er gehört zur Kategorie der Einwegwanderwege. Es gab nicht genug Highlights, die eine nochmalige Erwanderung rechtfertigen würden. Aber ich habe schon andere Wege im Auge, die ich in Zukunft in Richtung Köln wandern werde, um dann beim Anblick des Doms in haltloses, sentimentales Schluchzen auszubrechen.

In dieser Beziehung vorbildlich ist das Projekt des Kölner Eifelvereins, der Kölnpfad. Dieser Rundweg soll in einer Schleife von 155 Kilometern rund um die Stadt führen. Toll: Man verliert den Dom (schnäuz!) quasi nie aus den Augen. Ich habe mich für den Job einer der vielen Wegewarte gemeldet. Dann ist endlich Schluss mit meiner Meckerei über mangelhaft markierte Wanderwege, dann habe ich es selbst in der Hand. Auf einem kleinen, circa zehn Kilometer langen Teilstück werde ich als Wegepate die Aufgabe haben, Markierungen anzubringen. Ich werde jeden Baum, Strauch und jede Häuserecke mit dem Zeichen, dem schwarzen Dom auf rot-weißem Grund, vollpflastern. Dann muss ich natürlich auch zweimal im Jahr kontrollieren, ob alle Markierungen noch existieren. Herrlich, endlich ein ehrenamtlicher Job im Dienste der heimischen Wanderkultur!

Aufführungslänge

29 Kilometer

Aufführungsdauer

7 Stunden und 19 Minuten mit einer 10-minütigen Pause

Programmheft

Naturpark Bergisches Land, 1:50.000

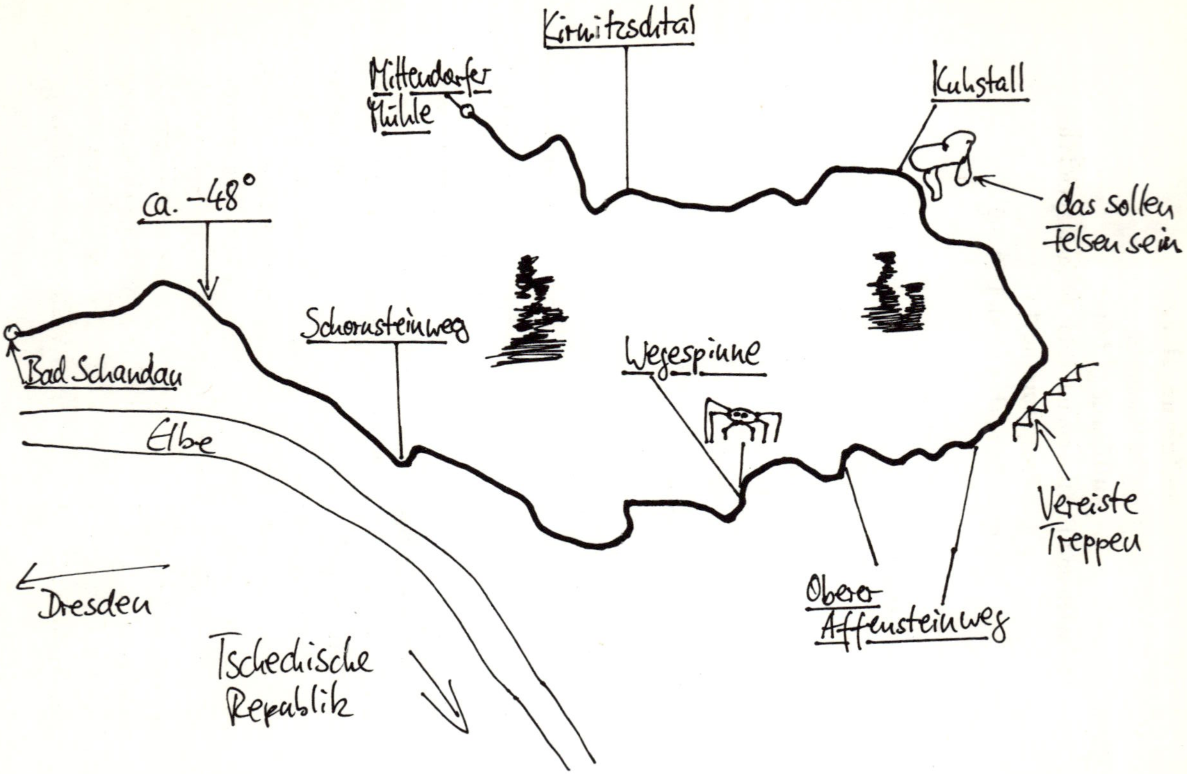
Kirnitzschtal
Mittendorfer Mühle
Kuhstall
das sollen Felsen sein
ca. -48°
Schornsteinweg
Wegespinne
Bad Schandau
Elbe
Vereiste Treppen
Obere Affensteinweg
Dresden
Tschechische Republik

Winter an den Affensteinen

EIN DRAMA IN EINEM AKT

Personen

Ein fröstelndes Mädchen
Ihr Begleiter
Zwei Wanderer mit Orangen
Böhmische Raubritter

Schauplatz ist Sachsen,
die Zeit März 2005.

Ich hatte mir das so schön vorgestellt: Am Sonntag, dem 6. März, musste ich beruflich nach Dresden, und wenn ich schon mal da war, wollte ich die Gelegenheit nutzen, um am Tag zuvor in der Sächsischen Schweiz zu wandern. Es sollte meine erste Frühlingswanderung in diesem Jahr werden. Ich weiß, kalendarisch beginnt der Frühling am 21., aber Meteorologen gilt der 1. März als Stichtag. Vom »meteorologischen Frühlingsanfang« zu sprechen zeugt von coolem Kennertum. So wie es auch keine Temperaturen mehr gibt, sondern nur noch »gefühlte Temperaturen«. Wetterkundlich fangen alle Jahreszeiten am 1. an: Der Sommer am 1. Juni, der Herbst am 1. September und der Winter am 1. Dezember. Der 5. März wäre meteorologisch also ganz klar ein Frühlingstag, wenn auch ein sehr früher. Punkt, aus, basta. Am 5. März 2005, als ich durch die Sächsische

Schweiz wanderte, war tiefster Winter. Das Flugzeug konnte erst nach einer viertelstündigen Enteisung in Köln abheben. Und in Dresden war es noch kälter. Um genau zu sein: acht Grad unter Null. Und gefühlt minus 18 Grad. Eine absolute und gefühlte Scheißkälte.

Wenn man eine Hitliste der Wanderjahreszeiten aufstellen müsste, stände der Herbst ohne Zweifel ganz oben. Licht und Farben sind herrlich, die Temperaturen liegen zwischen zehn und 20 Grad, und wenn man Glück hat, regnet es nicht so viel wie in einem durchschnittlichen deutschen Sommer. Der Preis für den obersten Wanderjahreszeit-Hitparadenplatz ist hoch: Die Wanderwege sind überfüllt, selten dass man auf wenige Wanderer trifft, und wenn, ist der Weg oft Mist.

Auf dem zweiten Platz liegt der Frühling. Es gibt wie im Herbst angenehm mäßige Temperaturen, die ideal zum Wandern sind; manchmal geht es im Mai schon mal auf vorsommerliche 25 Grad hinauf. Dass die Natur erwacht, alles langsam grün wird und zu blühen anfängt – geschenkt.

Der Sommer schafft es nur auf einen undankbaren Bronzemedaillenplatz. Vielen ist es zum Wandern zu heiß, und sie liegen lieber am Strand. Für mich ist bei schwüler Hitze ein Mittelgebirgswald der angenehmste Ort auf der Welt. Durch die Höhenlage ist die Luft frisch und kühl und nicht stickig wie in den Städten.

Weit abgeschlagen auf dieser Liste liegt der Winter. Es ist kalt, die Wege sind vereist oder verschneit, die Bäume sind kahl. Aber kann man drei bis vier Monate auf sein liebstes Hobby verzichten? Es gibt Hobbyrennradfahrer, die die Rennsaison im Oktober beenden und erst wieder im April auf das Fahrrad steigen. Es gibt Motorradfreunde, die ihr Gefährt in den Wintermonaten abmelden und in der Garage einmotten. Aber es gibt eben auch die Hartgesottenen: die Junkies. Die können nicht einfach monatelang aus dem Fenster schauen und die Hände in den Schoß legen. Und auch ich gestehe: Ich bin Wanderjunkie. Wenn ich Zeit zum Wandern habe, dann wandere ich, auch im Winter. Es ist nicht meine Lieblingswanderzeit, aber sie hat auch ihre Vorzüge: Man kann meist viel weiter ins Land schauen, die kahlen Bäume und Sträucher geben Blicke frei, die im Sommer zugewachsen sind. Wer noch nie dem Charme einer verschneiten Winterlandschaft erlegen ist, der hat ein Herz aus Stein.

Daher war es auch an diesem bitterkalten 5. März, einem gefühlten Wintertag, keine Frage: Ich würde wandern.

Die Erkenntnis ist nicht neu: Im Winter hängt alles von der richtigen Ausrüstung ab. Ästhetisch sind lange Unterhosen bedenklich. Wenn ich mich damit im Spiegel sehe, muss ich immer an einen Westernhelden denken, der, aus dem Schlaf aufgeschreckt, mit der Winchester am Saloon-Fenster für die Ehre seiner Stadt und seiner Familie in langen Unterhosen kämpft. Aber praktisch sind lange Unterhosen im Winter unumgänglich. In den Würgegriff eines Schals begebe ich mich ungern. Dafür ziehe ich gegen die Halseskälte einen Fleece-Pullover mit hohem Kragen an – der tut es meist auch. Dazu Mütze, Jacke, festes Schuhwerk – alles Selbstverständlichkeiten. Außerdem warme Handschuhe und dicke Socken. Wie der Volksmund sagt: Füße warm, Doktor arm. Und für den Fall, dass die Sonne scheint, sollte man eine Sonnenbrille dabeihaben. Die starke Lichteinstrahlung führt manchmal sogar zu Spontanerblindung.

Am mollig warmen Schreibtisch lassen sich die richtigen Tipps für Kleidung und Ausrüstung leicht geben. Man könnte also den Eindruck gewinnen, Mensch, der Andrack, der hat es drauf, der weiß, wie man eine Winterwanderung angeht. Als ich aber den Affensteinweg in der Sächsischen Schweiz ging, hätte ich doch besser eine Skihose statt der Jeans angezogen. Immer wieder versank ich im Tiefschnee. Vielleicht wären Handschuhe aus wasserundurchlässigem Material besser gewesen als meine aus Wolle. Nicht weil ich so viele Schneeballschlachten mit mir selbst auf der Wanderung gemacht hätte, sondern weil man sich beim Klettern an steileren Stellen doch hier und da mit den Händen abstützen muss. Die Handschuhe wurden erst klamm und dann nass. Und meine Sonnenbrille hatte ich auch vergessen.

Auch wenn mich der Winter nicht vom Wandern abhalten kann, so bin ich letztlich doch kein Wintertyp. Ich bin nie im Skiurlaub gewesen oder im Hochgebirge gewandert, noch besitze ich eine winterfeste Ausrüstung, und genau das hätte mir auf dieser Wanderung zum Verhängnis werden können. Denn ich kann ohne Übertreibung sagen, dass das die riskanteste Wanderung war, die ich jemals unternommen habe.

Ich wollte das Hinterland erkunden. Zur Elbe hin bilden Bastei und Schrammsteine eine phantastische Kulisse und sind eben nicht nur eine dieser potemkinschen Landschafts-Skylines wie zum Beispiel das Rheintal. Dort ist das Panorama vom Fluss aus gesehen überwältigend, und auch der Höhenweg ist grandios. Aber dahinter? Da wird es doch sehr wiesenfeldertaunushunsrückesk. Anders an der Elbe. Von Einheimischen hatte ich den Tipp bekommen, auch einmal landeinwärts zu wandern.

Ich startete hoch über dem Fluss am Rand des Elbsandsteingebirges in der Nähe des Kurorts Bad Schandau (übrigens, nicht irritieren lassen: Die Sächsische Schweiz und das

Elbsandsteingebirge sind ein und dasselbe. Das ist wie in einem Roman von Dostojewski, in dem eine Person Karamasow, Alexej Fjodorowitsch, Alexejtschik, Aljoscha, Aljoschenka, Aljoschka, Ljoscha und Ljoschetschka heißt). Auf den ersten zwei Kilometern meiner Wanderung musste ich über ein offenes Feld gehen. In der Ferne sah man zwar die Elbsandsteinfelsen, aber für irgendwelche Naturschönheiten war in meinem von einem unbarmherzigen Ostwind umwehten Kopf kein Platz. Die Kälte trieb mir die Tränen in die Augen, die Ohren schmerzten. Was für ein Irrsinn, hier oben herumzulaufen, kurz vor Sibirien, mit einer einfachen Wollmütze, durch die der Wind pfiff. Ich wünschte mir eine riesige russische Fellmütze. Hatte ich schon erwähnt, dass es gefühlte minus 28 Grad waren? Sollte ich die Wanderung schon nach den ersten Metern aufgeben müssen? Als ich den Wald unterhalb der Schrammsteinaussicht erreichte, schützten die Bäume und Felsen vor dem eisigen Wind, und ich schöpfte neuen Mut. Jetzt ging es bergan, und mir wurde warm.

Um mich herum war alles erstarrt, leblos. Riesige, zwei bis drei Meter große Eiszapfen hingen links und rechts des Weges herab. Aber nicht nur die Größe war beeindruckend, sondern vor allem die Farbe. War das Wasser besonders eisenhaltig, oder gab es einen verborgenen Zusammenhang zwischen den Bächen hier und der ostsächsischen Kanalisation? Die Eiszapfen funkelten uringelb-kupfern, eine Farbe, wie ich sie zuletzt an lange nicht mehr gesäuberten Pissoirs in zweifelhaften Kaschemmen gesehen hatte.

Zunächst führte der Weg noch gut zwei Kilometer an den Schrammsteinen entlang. Man läuft parallel zur Elbe Richtung tschechische Grenze. Die Strecke ist dort gut ausgebaut, und ich kam entsprechend gut voran. Das änderte sich, als ich abbog und es auf einem Pfad steil bergan ging.

Der Aufstieg trägt den bezeichnenden Namen Schornsteinweg, denn es wird so eng, als würde man durch einen Kamin klettern. Ich kam mir vor wie Sisyphos. Unbeholfen versuchte ich, die Höhe zu erreichen, doch immer wieder verlor ich den Halt oder rutschte eine Schrittlänge zurück. Auf halbem Weg nach oben fing ich derart an zu schwitzen, dass meine Brille beschlug und ich überhaupt nichts mehr sehen konnte. Ich zog also die Brille aus, und meine Bemühungen, auf die Höhe zu kommen, wurden noch ungeschickter. Das war kein Wandern mehr, das war Krabbeln, Rutschen, Fluchen.

Nachdem ich gesund oben am Grat angekommen war, erholte ich mich auf einem längeren Höhenweg mitten durch die Felslandschaft. Geologisch gesehen, besteht das Elbsandsteingebirge aus einem ungefähr zwanzig mal zwanzig Kilometer großen Sandsteinblock. Da der Sandstein so weich ist, wurden in den letzten Jahrmillionen durch Regen Täler und freistehende Felsen herausgespült. Wie ein Bildhauer, der aus Marmor eine Skulptur formt, hatte die Witterung hunderte bizarre Felsformationen entstehen lassen. Der Felsen ist tiefschwarz, was den majestätischen Eindruck noch verstärkt, und ragt teilweise dünn wie ein überdimensionaler Finger in den Himmel. Natürlich ist Sandstein eigentlich sandsteinfarben – logisch. Daher erstrahlt die Dresdner Frauenkirche nach dem Wiederaufbau auch in zartem Ocker, wird aber in wenigen Jahren auf Grund der Luftverschmutzung schwarz wie der Kölner Dom oder eben diese Felsen sein. Im Winter haben die dunklen, oft bedrohlich wirkenden Felsen etwas Niedliches – weil sich der Schnee wie Zuckerguss auf die Spitzen und Kanten legt.

Bisher war ich noch niemandem begegnet, aber jetzt kamen mir ein Junge und ein Mädchen entgegen, und wie im Märchen Sterntaler rieb sich das Mädchen die blaugefrorenen Hände. Doch weder Kneten noch heißer Atem halfen ihr. Auch die Hände an wärmere Körperteile wie Bauch oder Po zu halten führte eher zu einem Kälteschock als zu spürbarer Besserung. Ich grüßte bedauernd, mit meinen nassen Wollhandschuhen war ich nur wenig besser dran.

Kurze Zeit später erreichte ich eine Wegespinne, ein Begriff aus den Wanderführern. An einer Wegespinne treffen im Unterschied zur Kreuzung (vier Wege) und Gabelung (drei Wege) mindestens fünf Wege aufeinander. Es waren an dieser Stelle genau fünf. Meine Karte versagte völlig. Die Markierungen an den Bäumen stimmten nicht mit denen auf der Karte überein. Ich versuchte, mich mit Hilfe des Ausschlussverfahrens zu orientieren. Zurück wollte ich auf keinen Fall. Nach Schmilka an der Elbe und zum Großen Winterberg auch nicht. Diese Wege war ich schon einmal gegangen. Hinunter Richtung Kuhstall kam auch nicht in Frage, den wollte ich mir erst später ansehen. Also blieb nur noch der obere Affensteinweg. An den Fußabdrücken konnte ich erkennen, dass an diesem Tag schon Wanderer hier entlanggegangen waren. Ihnen folgte ich. Manchmal kommt es vor, dass man im Schnee den Pfad nicht identifizieren kann. Das war mir bei einer Wanderung in der Schwäbischen Alb passiert, und ich hatte mich damals schrecklich verlaufen.

Schon längst hatte ich keinen Blick mehr für die Umgebung. Ich versuchte, mich in dem inzwischen 60 Zentimeter tiefen Schnee auf den nächsten Schritt zu konzentrieren. Einmal kam ich aus dem Gleichgewicht, konnte mich aber noch an einem dünnen Bäumchen linker Hand festhalten. Der Schock setzte erst verzögert ein, als ich begriff, dass dieses kleine Bäumchen weit und breit das einzige Bäumchen war, und es neben mir in eine 150 Meter tiefe Schlucht hinabging. Wo bleibt denn da der deutsche Wander-TÜV? Kann ich als Steuerzahler nicht erwarten, dass man hier entweder ein Holzgeländer anbringt oder mal streut und Schnee räumt? Oder am besten der ganze Wanderweg im Winter gesperrt wird? Für den Winterwanderer gibt es keine Vorschriften vergleichbar den Winterreifen bei Autos, es gibt keinen Winterdienst und keinen Winterwarndienst.

Allerdings scheint man sich der Schwierigkeiten auf dem Affensteinweg bewusst zu sein, sonst gäbe es nicht auf jedem Kilometer Kästen mit der Aufschrift »Selbsthilfebox«. Sie sehen aus wie sarggroße Truhen. In ihnen findet man Verbandszeug und vor allem eine Selbstrettungstrage. Ich fragte mich ernsthaft, wie ich mich auf einer solchen Trage selbst retten sollte. Aber trotz der Kälte und der schlechten Witterungsverhältnisse waren auch an diesem Tag erstaunlich viele Wanderer unterwegs. Die hätten mich im Absturzfalle wahrscheinlich gerne zehn Kilometer durch die verschneiten Wälder getragen. Nun gut, vielleicht nicht das Wanderpärchen, das unter einem Felsvorsprung gerade Rast machte. Die schälten in aller Ruhe ihre Orangen. Das sah gemütlich aus, doch die beiden strahlten eine Quatsch-uns-jetzt-bloß-nicht-an-und-wenn-du-abstürzt-sind-wir-nicht-so-blöd-dich-zu-retten-Haltung aus, sodass ich nur knapp grüßte und weiterging. Nach dreieinhalb Stunden Wanderung und ungefähr der Hälfte des Weges hatte ich auch eine Pause nötig. Unter einer weit hervorstehenden Felsenplatte, wo es angenehm trocken war und wo anscheinend weder Mensch noch Tier in jüngster Vergangenheit ihre Notdurft verrichtet hatten, ruhte ich mich ein wenig aus. Nur noch ein schmaler Streifen war von der Landschaft zu sehen. Es wirkte wie ein sehr, sehr alter Cinemascope-Breitwand-Western im Fernsehen: mehr schwarze Streifen als sonst was.

Nach der Rast war es schon 14.30 Uhr, und ich musste weiter, wollte ich bis Sonnenuntergang wieder in Bad Schandau sein. An diesem Abend sollte die Sonne in Dresden um 17.50 Uhr untergehen, während es in Köln erst um 18.18 Uhr zu dämmern begann. Fast eine halbe Stunde Zeitunterschied. Die deutsche Einheitszeit ist eigentlich ein Konstrukt. Erst mit der deutschen Reichsgründung von 1871 war sie eingeführt worden, und später wurde sie zur MEZ (mitteleuropäische Zeit). Vorher gingen – im wörtlichen Sinne – in fast jedem der vielen kleinen Staaten Deutschlands die Uhren anders. Auf jedem Bahnhof musste damals der Reisende seine Uhr umstellen, da es eine rheinische Zeit, eine hessische Zeit, eine badische Zeit usw. gab. Um als überzeugter Europäer zu sprechen: Die Vereinheitlichung der Zeit war für Westeuropa, was über 100 Jahre später der Euro sein würde – ein Zeichen der Gemeinsamkeit.

Wanderdurchschlupf

Ich lief und lief und lief, als mir plötzlich ein riesiger Felsen den Weg versperrte. Auf einer großen Tafel stand unmissverständlich, dass man sich in Lebensgefahr begeben würde, wenn man versuche, um den Felsen herumzulaufen. Sollte ich jetzt etwa über den Felsen klettern? In anderthalb Meter Höhe sah ich dann das nächste Wanderzeichen. Dort war ein kleines

Schlupfloch. Nun gut. Zuerst warf ich meinen Rucksack durch das Loch, dann wuchtete ich meinen Körper auf einen Felsenvorsprung, um mich dann vorwärtsrobbend durch den Durchschlupf zu zwängen. Achtung, das ist auch im Sommer kein Weg für Wanderer mit Kinderwagen!

Das »Loch vom Affenstein« war aber nur der Anfang. Der Abstieg ins Tal Richtung Kuhstall war so steil, dass er fast durchgehend aus Treppen bestand. Treppen im Mittelgebirge sind die Alternative zu Wanderserpentinen. Gut, auf Treppen geht es im Normalfall schneller. Aber ich würde jederzeit Serpentinen mit ein paar gemütlichen Kehren vorziehen und hätte auch in diesem Moment nichts dagegen gehabt. Die Stufen waren vereist und bildeten eine glatte Fläche, die 45 Grad abfiel. Um die 230 Meter Höhenunterschied zu bewältigen, hatte ich schnell vier Abstiegstechniken entwickelt.

Technik 1 (Die Rodel-Variante)

Auf dem Hinterteil sitzend rutschte ich bis zur nächsten Kurve. Diese Technik hatte den Nachteil, dass sie sehr weh tat und man sein Steißbein spürte, wenn dann doch eine Treppenstufe hervorsprang. Außerdem wird auf diese Art und Weise trotz langer Unterhose der Po sehr kalt. Ich vermied die Rodel-Technik, so gut es ging, aber es gab Stellen, da war sie die einzige Möglichkeit, überhaupt hinunterzukommen.

Technik 2 (Die Himalaya-Variante)

Wenn auf den Stufen genug Schnee lag, versuchte ich, aufrecht abwärtszugelangen. So wie ich das bei hochalpinen Meistern gesehen hatte, ging ich seitwärts. Dabei musste ich meine Wanderschuhe kräftig in den Schnee stoßen, um etwas Halt zu haben.

Technik 3 (Die Geländer-Variante)
Wenn ein Holzgeländer seitlich entlanglief, packte ich es fest unter meinen rechten Arm und ließ mich hinuntergleiten. Diese Technik machte am meisten Spaß, tat aber bald unter den Achseln weh und führte zu einem größeren Loch in meiner Jacke.

Technik 4 (Die Senioren-Variante)
An einigen Stellen gab es unter den Holzstufen und dem Eis einen kleinen Zwischenraum. Dann konnte ich meine Wanderstiefelspitze rückwärts gehend unter die Stufen rammen. Der Nachteil dieser Variante: Sie war sehr sicher, aber ungeheuer zeitaufwändig. Daher wechselte ich zwischen dieser Variante und den schnelleren Techniken wie der Rodel-Technik und der Geländer-Technik ab.

Zum Kuhstall führen breite Forstwege. Wege, die ich normalerweise nicht so mag und auch schon mit Todesverachtung als »Wanderautobahnen« beschrieben habe. Aber als Alternative zu dem hinter mir liegenden Abstieg und dem schmalen Weg an den Affensteinen zuvor war es die pure Erholung und sorgte für erhöhte Glückshormon-Ausschüttung. Stressendorphine hatte ich vorher reichlich, die brauchte ich nicht mehr. Jetzt verspürte ich Wanderer-Glück auf einem ausgesprochen langweiligen Weg.

Der Kuhstall ist ein höhlenartiges Felsgebilde und annähernd so berühmt wie die Bastei oder das böhmische Prebischtor. Angeblich kommt der Name daher, dass böhmische Raubritter hier gestohlene Kühe versteckt hielten. Was sie dann dort mit den Kühen anstellten, weiß ich nicht. Haben sie die Rindviecher weiterverkauft, geschlachtet oder gemolken? Mir war der Zutritt zum Kuhstall jedenfalls verwehrt, weil nur eine vereiste Treppe dort hinaufführte. Und bergan fiel mir überhaupt keine Fortbewegungstechnik mehr ein, außer einer Halsbrech-Variante.

Unweit des Kuhstalls erreichte ich das Kirnitzschtal, wo ich an der Lichtenhainer Mühle mit dem Lichtenhainer Wasserfall vorbeikam. Der Wasserfall war eingefroren, als habe ihn eine Eishexe binnen eines Sekundenbruchteils zur toten Masse verzaubert.

Dort wartete ich auf die Straßenbahn, die seit 1898 verkehrt und eine reine Wanderstraßenbahn ist. In diesem Tal gibt es nämlich nichts außer ein paar gastronomischen Betrieben und Mühlen. 1898 liefen in anderen deutschen Mittelgebirgen, wie zum Beispiel in der Eifel, nur absolute Exoten und Außenseiter freiwillig durch die Wälder. In der Sächsischen Schweiz schien sich der Bau einer Straßenbahn schon damals gelohnt zu haben, um die Wanderer nach Bad Schandau zu befördern.

Mit 30 Stundenkilometern fuhr ich gemütlich zurück. Wenn man gesund in der Zivilisation angekommen ist, denkt man immer, was soll es, war doch alles ganz schön. Ich weiß aber nicht, ob ich die Sächsische Schweiz als Winterwandergebiet empfehlen kann. Ich überlege kurz – nein, kann ich nicht. Wandern Sie doch bitte im Winter auf breiten Forstwegen durch die Wälder. Von denen gibt es ja nun wirklich reichlich in unseren deutschen Mittelgebirgen, und mit ein bisschen Schnee gewinnen auch die an Attraktivität. Aber die schmalen und auch ohne Schnee und Eis nicht ungefährlichen Pfade im Elbsandsteingebirge sollte man doch eher zu den Jahreszeiten erwandern, die auf dem Treppchen oben stehen: Herbst, Frühling, Sommer.

Aufführungslänge

18 Kilometer

Aufführungsdauer

5 Stunden und 38 Minuten mit einer 20-minütigen Pause

Programmheft

»Rad- und Wanderkarte Nationalpark
Sächsische Schweiz«, 1:30.000

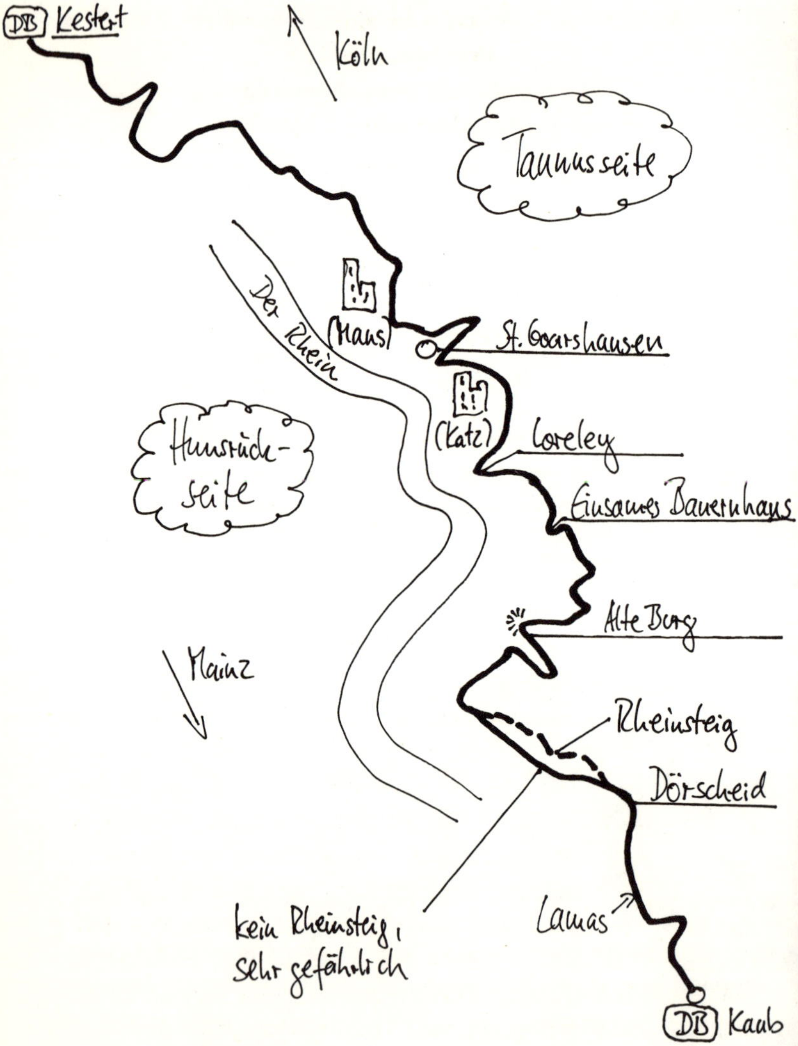
DB Kestert
Köln
Taunusseite
Der Rhein
(Maus)
St. Goarshausen
(Katz)
Loreley
Hunsrück-
seite
Einsames Bauernhaus
Alte Burg
Mainz
Rheinsteig
Dörscheid
kein Rheinsteig,
sehr gefährlich
Lamas
DB Kaub

Der Rhein

EIN LUSTSPIEL MIT CHÖREN

Personen

Markus	Mein bester Freund und Deutschlehrer
Jane	Eine englische Sketch-Malerin des 19. Jahrhunderts
Zwei Wanderer mit blöden Hüten	
Eine gepiercte Loreley	

Schauplatz ist der Rhein zwischen Kaub und Kester, die Zeit Oktober 2005.

10 Minuten, 20 Minuten, 25 Minuten, 30 Minuten, 40 Minuten. Die Ansagestimme auf dem Koblenzer Hauptbahnhof und die Anzeigetafel auf Gleis 109 wetteiferten miteinander, wer die längere Verspätungszeit der Regionalbahn Richtung Wiesbaden verkünden durfte. Wegen eines »Personenschadens in Höhe von Niederlahnstein« hatte der Zug schließlich 50 Minuten Verspätung. Zunächst ist man ja immer ein bisschen geschockt, dass an den Gleisen jemand zu Schaden gekommen ist. Wenn man dann aber fast eine Stunde in der Kälte wartet, fallen einem blitzschnell andere Selbstmordarten im häuslichen Umfeld ein: aufhängen, Tabletten schlucken, Pulsadern aufschneiden, sich erschießen, aus dem Fenster stürzen. Mit ein wenig gutem Willen

könnte doch jeder Selbstmordwillige sein Vorhaben umsetzen, ohne Wanderer bei der Anfahrt mit der Deutschen Bahn zu behindern.

Der Personenschaden war der Beginn einer anderthalbtägigen Tour mit meinem besten Freund Markus, dem Deutschlehrer. 33 Kilometer auf dem Rheinsteig hatten wir uns vorgenommen – von insgesamt 320 Kilometern, die der neue Weg von Bonn bis Wiesbaden umfasst. Der Rheinsteig-Reiseführer schlägt eine Einteilung in 20 Teilstrecken vor, die meiner Ansicht nach teilweise etwas zu kurz geraten sind. Am ersten Tag wollten wir ab Kaub 21 Kilometer über die Loreley bis St. Goarshausen gehen: die Königsetappe des Rheinsteigs. Markus brüstete sich mit einer mehrtägigen Wanderung durch die Alpen im Sommer. »Das ist schon etwas anderes als deine Mittelgebirgswanderei«, spuckte er große Töne. »Wir sind da in sechs Tagen 10.000 Höhenmeter gewandert, das sind Wanderungen, sage ich dir!« Ich schaute direkt in meinem Rheinsteig-Wanderführer nach, wie viele Höhenmeter wir an diesem Tag auf dem Weg zwischen Kaub und St. Goarshauen zurücklegten: 1.385 Meter. Alpine Verhältnisse am Rhein. Ha! Das war respektabel, und es brachte Markus zum Schweigen.

Von Kaub aus ging es dann auch direkt auf die Höhe, und bei gutem Wetter soll man einen hervorragenden Blick auf den Fluss haben. An diesem Tag verschwand alles im Nebel, was aber den hochalpinen Charakter verstärkte: Wir wanderten oberhalb der Wolkengrenze, wobei die Tiere am Wegesrand eher vermuten ließen, dass wir uns irgendwo in den Kordilleren befanden. Waschechte Rhein-Lamas grasten friedlich und schauten kaum auf, als wir an ihnen vorbeigingen. Gegen zwölf Uhr riss die Nebeldecke schließlich auf und gab Rhein und den gegenüberliegenden Hunsrück frei.

Immer auf der Suche nach neuen Wandergegenden, hatte ich zuletzt mit einer Bekannten gesprochen. Sie schwärmte vom Taunus, ihrer Heimat. »Na ja, Taunus, ich weiß nicht«, murmelte ich, um ihre Gefühle nicht zu verletzen. »Da fährt doch nur der schnelle ICE von Köln nach Frankfurt durch.« »Nein«, meinte sie, »da gibt es doch die ganzen Burgen!« Burgen im Taunus? Wo sollen denn die berühmten Taunus-Burgen sein? »Na, am Rhein.« Okay. Streng geographisch gesehen, ist das richtig, aber kein Mensch würde jemals sagen: »Ich gehe im Taunus wandern«, wenn er sich am rechtsrheinischen Ufer befindet. Menschen, die an Flüssen wohnen, sagen ja auch immer: »Wir kommen von der Mosel« oder »Wir leben am Rhein«. Die Flusslage ist einfach das Vorzeigeviertel der Mittelgebirge, dahinter kommen die landschaftlichen Slums. Die haben natürlich auch ihren ganz eigenen Charme, strahlen aber nicht die gleiche Würde und Klasse aus.

Wir hatten uns mittlerweile etwas vom Rhein entfernt und liefen an Dörscheid vorbei, ein Dorf der Kategorie »Westerwälder Allerlei«. Der Weg wurde immer schmaler. Sehr schmal. Über staubige Erde und Schiefergeröll ging es ungesichert ohne Geländer am Hang entlang. Da ich nicht schwindelfrei bin, musste ich öfters Pausen machen und kam nur sehr langsam voran. Ich ging wie auf Eiern. Markus, der alte Alpinist, marschierte forsch voran (»Das ist nix hier gegen die Alpen«), war aber auch meiner Meinung, dass das nun nicht mehr der Rheinsteig sein könne. Wir hatten schon länger keine Markierung gesehen. Für einen Wohlfühlweg war es hier zu gefährlich. Der Untertitel des Rheinsteigs heißt zwar »Wandern auf hohem Niveau«, aber damit war wohl kaum Harakiri-Wandern gemeint. Auch wenn die Tagestour zwischen Kaub und St. Goarshausen mit »drei Sternen«, der höchsten und anspruchsvollsten Klassifizierung, gekennzeichnet war und als eine der schwierigsten Tagestouren galt. Aber das hier war lebensgefährlich. Immerhin war es überhaupt ein Weg, sodass es nicht in Frage kam, umzukehren. Aber hätte man uns nicht intensiver vor diesem Weg warnen können, ja müssen? Warum gab es keine richtigen Wanderverkehrszeichen?

Jungs, hier seid ihr falsch. Sofort umkehren!

Hier nur Rundwanderweg.

Achtung, Feldweg mit fiesen Traktorfurchen!

Diesen Weg besser ohne Kinder gehen.

Mal ganz ehrlich. Dieser Wanderweg ist wirklich miserabel und langweilig. Besser nicht gehen!

Schöner, schmaler Wanderpfad.

Achtung, rücksichtslose Mountainbiker!

Wer hier weitergeht, muss über Elektrozäune klettern ...

... und dann vor Stieren weglaufen.

Erst geht es ganz steil hoch, dann ein bisschen abwärts und dann immer weiter steil nach oben.

Nach insgesamt 45 Minuten gelangten wir wieder auf den Rheinsteig. Das weiße »R« auf blauem Grund verhieß eine Rückkehr in zivilisierte Wandergefilde. Wir mussten aber überheblich schmunzeln, als der Weg sich über ein paar Felsen schlängelte. Hier war alles für die Sicherheit des Wanderers getan worden: Drahtseile und im Boden verankerte Pfosten. Fast ein bisschen langweilig nach der Kamikazestrecke. An den optimal abgesicherten Felsen schoben wir uns an einem Pärchen vorbei, das wir bereits dreimal überholt hatten. Entweder hatten wir kurz gerastet oder uns verlaufen, und nun mussten wir schon wieder diesen blöden Hüten hinterherlaufen. Die Karo-Hemden der beiden gingen ja noch, ebenso die Outdoor-Westen. Aber die Leder-Trapper-Hüte waren zu viel. Schlabbrige Lederhüte trägt man vielleicht im australischen Outback bei der Krokodil-Safari oder beim Ayers-Rock-Gucken oder was man da so macht, aber doch nicht in deutschen Mittelgebirgen und nicht am Rhein!

Nachdem wir bisher einige überholt hatten, kamen uns nun immer mehr Wanderer entgegen. Sie folgten der offiziellen Nord-Süd-Richtung des Rheinsteigs. An einem steilen Aufstieg machte uns ein entgegenkommendes älteres Pärchen (ohne Hüte) Platz mit den Worten »Bergfracht geht vor«. Mir ist nicht ganz klar, ob sich dieses anscheinend halbwegs geflügelte Wort auf unsere Last auf dem Rücken oder auf uns selber bezog. Ich wäre wahrscheinlich stehengeblieben, um dem Alter den Vortritt zu lassen, da es inzwischen sehr heiß geworden war und wir uns nach einer Pause sehnten. Nur fünf Minuten später erreichten wir den Rastplatz »Alte Burg«. An der »Alten Burg« war keine Burg zu sehen. Die war eben so alt, dass sie auch schon wieder weg war. Hier war es jedoch entschieden besser als an der Wanderhütte mit Basketballkorb, die wir zuvor passiert hatten. Was sollte das denn? Schon Basketballkörbe in Garageneinfahrten signalisieren: In-Amerika-hängen-die-auch-an-jede-Garageneinfahrt-einen-Korb. Noch nie, nie, nie habe ich ein Kind oder einen Jugendlichen an einem solchen Korb Basketball spielen sehen. Und jetzt auch noch im Wald. Gibt es Wanderer, die einen Basketball im Rucksack mitführen und sich dann an dieser Wanderhütte denken: Toll, schau mal, Schatz, da ist ja ein Korb an der Wanderhütte, da nehme ich doch mal schnell den Basketball aus dem Rucksack, den ich die ganze Tour mit mir herumgeschleppt habe, und übe mal ein paar Dunkings?

Markus hatte für uns beide panierte Putenschnitzel gemacht, und die Sicht über den Rhein war großartig. Wir versicherten uns, dass es uns selten so gut gegangen sei, es noch nie besser geschmeckt habe und das Leben sich von seiner besten Seite zeige. Wenn man diese Aussicht malen würde, könnte das entstandene Kunstwerk kitschig wirken. In Venedig hatte ich zuletzt einen deutschen Familienvater belauscht, der während der Fahrt mit einem Lagunenboot seine Familie darüber belehrte, dass er nun kein Foto von dem wundervollen Panorama der Stadt machen würde, da der Blick in den Sonnenuntergang zu kitschig wäre. Da hätte ich fast wütend eingegriffen und korrigiert: Eine Landschaft oder eine Stadtansicht kann nie kitschig sein, höchstens ihre

Wartestand am Rheinsteig: Was soll hier vorbeikommen? Busse, Rehe, Mädels?

künstlerische oder zumindest kunstgewerbliche bildliche Wiedergabe. Es ist durchaus schicklich, selbst bei fast körperlich schmerzend schönen Landschaften die Augen geöffnet zu halten. Das kann nie Kitsch sein. Warum ich das erzähle? Weil der Begriff Kitsch meines Wissens am Rhein entstanden ist. Im 19. Jahrhundert waren die Engländer nicht nur italiensüchtig, sondern auch verrückt nach dem Rhein. Der erste Baedeker-Reiseführer von 1830, »Rheinreise von Mainz nach Cöln«, wurde rasch ins Englische übersetzt und der Mittelrhein zu einem beliebten Ziel der Angelsachsen. Auch ein Maler wie William Turner hat nicht nur Schiffe in dunstigen Londoner Häfen gemalt, sondern war etliche Male am Rhein unterwegs, um die Romantik der Burgen und des Rheintals auf Zeichnungen und Gemälden zu verewigen. Und ihm machten es junge englische Damen nach, die sich mit Skizzenblock an den Fluss setzten.

Und da saß also diese junge englische Lady, nennen wir sie einmal Jane, am Rheinufer und zeichnete eine mittelalterliche Burg ab. Das interessierte natürlich auch die rheinischen Ureinwohner, die es nicht kannten, dass jemand die Muße hat, sich stundenlang ohne harte körperliche Arbeit, einfach nur so zum Zeitvertreib, mit der Natur zu beschäftigen. Die Rheinländer fragten also Jane: »Watt mähs du denn do, watt iss datt?« Jane, ungeheuer polyglott gebildet, verstand sofort die Frage und antwortete: »It's a sketch«, übersetzt also: »Es ist eine Zeichnung.« Jetzt fragte der eine Rheinländer den anderen Rheinländer: »Häst do verstanden, watt die jesagt hätt?« – und der andere sagte: »Na klar, datt iss Kitsch.« Und so entstand der Legende nach der Begriff Kitsch.

Von unserem Rastplatz aus konnten wir in aller Ruhe schon mal zur Loreley hinüberschauen. Unterhalb der 132 Meter hohen Loreley befindet sich die schmalste und tiefste Stelle des Mittelrheintals an einer Flussbiegung mit Stromschnellen und aus dem Wasser ragenden Felsen. Noch heute ist es für Rheinschiffer eine heikle Stelle und erfordert all ihre Navigationskünste. In vergangenen Jahrhunderten hatte hier so mancher Schiffer und Flößer seinen Kahn versenkt. Und da es natürlich nicht an der Unfähigkeit des jeweiligen Kapitäns liegen konnte, war mal wieder das Weib schuld. Daher erfand man eine Langhaarblondine, die die Schiffer ins Unglück führte. Ich war beeindruckt, dass Markus, der alte Deutschlehrer, sich perfekt auf den heutigen Tag vorbereitet hatte und Heines Loreley-Gassenhauer auswendig deklamieren konnte:

Ich weiß nicht, was soll es bedeuten,
Dass ich so traurig bin;
Ein Märchen aus alten Zeiten,
Das kommt mir nicht aus dem Sinn.

Die Luft ist kühl und es dunkelt,
Und ruhig fließt der Rhein;
Der Gipfel des Berges funkelt
Im Abendsonnenschein.

Die schönste Jungfrau sitzet
Dort oben wunderbar;
Ihr goldnes Geschmeide blitzet,
Sie kämmt ihr goldenes Haar.

Sie kämmt es mit goldenem Kamme
Und singt ein Lied dabei;
Das hat eine wundersame,
Gewaltige Melodei.

Den Schiffer im kleinen Schiffe
Ergreift es mit wildem Weh;
Er schaut nicht die Felsenriffe,
Er schaut nur hinauf in die Höh.

Ich glaube, die Wellen verschlingen
Am Ende Schiffer und Kahn;
Und das hat mit ihrem Singen
Die Lore-Ley getan.

Nach unserer Rast wollten wir so schnell wie möglich zur Loreley. Zunächst aber führte uns der Rheinsteig etwas vom Fluss weg. Plötzlich stand einsam auf einer Wiese ein freistehendes Bauernhaus. Mein Bauchgefühl sagte mir: jetzt rechts gehen, aber das weiße »R« auf blauem Grund wies den Weg geradeaus. Nun hatten wir uns heute schon einmal verlaufen, sodass wir wie brave Schüler den Markierungen folgten. Ein erneuter Aussichtspunkt war das Ziel, ohne dass man mehr gesehen hätte als von der Wanderhütte »Alte Burg«. Dann ging es wieder landeinwärts, und wir kamen zu dem einsam gelegenen Bauernhaus, nur von der anderen Seite. Der Rheinsteig macht also eine ziemlich unsinnige Schleife von gut einem Kilometer. Unter »Wandern auf hohem Niveau« hatte ich mir etwas anderes vorgestellt, als im Kreis zu gehen. Es gibt viele tolle Aussichten auf diesem Wanderweg, und es wäre nicht mal aufgefallen, hätte man diese ausgelassen. Ich schlage als sogenannte Andrack-Variante vor, an dem Bauernhaus rechts zu gehen. 50 Meter weiter stößt man dann wieder auf den Rheinsteig.

An den Busparkplätzen auf der Loreley allerdings führt kein Weg vorbei. Und wie gute Bustouristen steuerten wir den Andenkenladen an, mit jeder Menge kunstgewerblichen

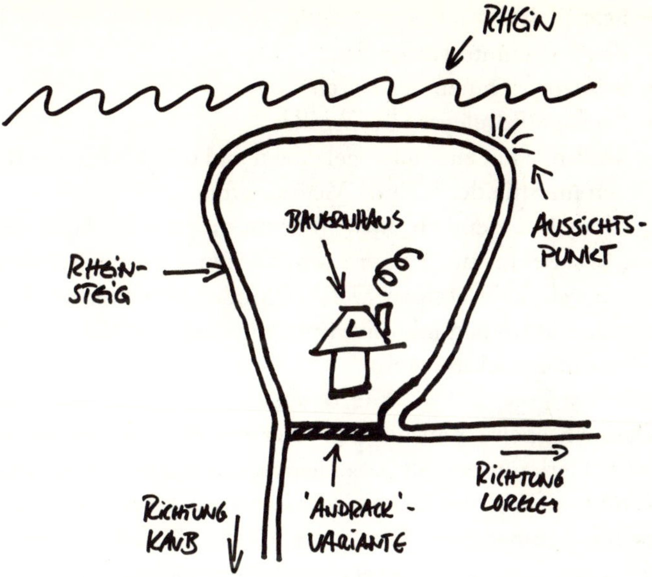

Spitzenprodukten, die das Angebot eines normalen Souvenirladens bei Weitem übertrafen:

- Regenschirme
- Etageren (diese dreistöckigen Dinger, auf denen Omi die Plätzchen serviert)
- Flaschenöffner
- Pistolen
- Eine Stofftasche mit Weinmotiv und dem Aufdruck: »Meine Leute waren am Rhein, und das Einzige, was sie mir mitgebracht haben, war diese Scheiß-Tasche«
- Teelöffel-Service
- Schneekugel
- Weizenbierglas (ich habe mir eines für 5,50 Euro gekauft, leider ist es in der Spülmaschine kaputtgegangen)

- Skatspiel
- Bierdeckeluntersetzer
- Schnaps »Tränen der Loreley«
- Nackige Loreleys:
  Modell 1: mit zusammengefalteten und verschlungenen Beinen im Stile der kleinen Meerjungfrau
  Modell 2: ziemlich unzüchtig mit gespreizten Schenkeln (Zwei Seniorinnen einer französischen Reisegruppe konnten sich nicht einigen, welches Modell sie erwerben wollten, und trieben inklusive Sprachbarriere die Verkäuferinnen in den Wahnsinn.)

Dass ich eben so ausführlich über das Wort »Kitsch« und seine Herkunft erzählt habe, liegt daran, dass mich die Herkunft von Wörtern immer schon interessiert hat. Leicht ist es bei Lehnwörtern. Das französische »Le Waldsterben«, der amerikanische »kindergarden«, das türkische »haymatlos« und das russische »ziferblat« sind eindeutig deutschen Ursprungs. Aber aus welchen Wortstämmen leiten sich deutsche Wörter und Eigennamen her? Markus und ich haben beide Germanistik studiert. Zu einem solchen Studium gehören auch fundierte Kenntnisse des Mittelhochdeutschen. Und so wussten wir beide, da wir speziell im Erlernen des Mittelhochdeutschen extrem fleißig gewesen waren, dass man »Ley« mit »Felsen« übersetzt. Die Loreley war also der Felsen der Lore, die hier oben durch das Kämmen ihrer langen blonden Haare die Rheinschiffer um den Verstand gebracht hat.

Aber auch unzählige andere deutsche Wörter leiten ihre ursprüngliche Bedeutung vom Wortstamm Ley = Felsen her. Meistens hat sich aber das altertümliche »y« zu einem »i« gewandelt. Hier nur drei Beispiele:

- Ferkelei. Mittelhochdeutsch = Ferckeley. Eine Tat oder ein Gedanke, der derart säuisch ist, dass selbst ein Fels erröten muss.
- Blei. Mittelhochdeutsch = B-Ley. Das schwere Metall wurde zunächst als minderwertiges Felsgestein angesehen, da es zu schwer war, um beim Haus- und Kirchenbau Verwendung zu finden. Folglich unterschied man zwischen hochwertigem Gestein (A-Ley) und minderwertigem (B-Ley). Als man später entdeckte, dass es sich um ein Metall handelte, blieb der Name trotzdem bestehen.
- Leistung. Mittelhochdeutsch = Leystungk. Aus der Annahme, jeder Ritter und Edelmann müsse wie ein Felsen (Ley) in der Brandung stehen (stungk), entwickelte sich dieses Wort.

Der Rhein – nur schön

Wir schafften es gerade noch in die letzte Vorstellung des 3-D-Kinos im kürzlich eröffneten »Besucherzentrum Loreley«. Wir waren die einzigen Zuschauer. In zahllosen Hubschrauberflügen wurde in dem 18-minütigen cineastischen Meisterwerk das Rheintal vorgestellt. Störend war nur, dass die Miss Loreley in dem Film ein Nasenpiercing hatte. Metall an der Nase geht prinzipiell schon nicht, aber im Gesicht einer Dame, die eine mythische Figur darstellt, gehört es verboten.

Hinter der Loreley führt der Rheinsteig erst durch eine Wohnsiedlung mit Schulzentrum und später an Burg Katz vorbei hinunter nach St. Goarshausen. An der Talstraße wies uns ein Schild darauf hin, dass es nur noch 0,3 Kilometer bis zum Ortszentrum wären. Aber der Rheinsteig zwang uns noch einmal in die Höhe zum Dreiburgenblick, also zu einem Umweg von zwei Kilometern.

Markus sieht fassungslos eine gepiercte Loreley.

Am Dreiburgenblick standen schon eine ältere Frau und ihre Tochter, die sich auszukennen schienen. Man konnte von hier aus tatsächlich Burg Katz zur linken Hand sehen (»Die Burg haben die Japaner gekauft. Die sind aber nie da. Nur manchmal veranstalten diese Japaner Seminare, und dann brennt Licht hinter den Fenstern«). Gegenüber, hoch über St. Goar, thronte Burg Rheinfels, und wenn man sich sehr anstrengte, konnte man rechts Burg Maus entdecken (»Gehört einem Feigenzüchter. Der ist meistens zuhause«).

Burg Katz und Burg Maus heißen so, weil sie sich wie Katz und Maus belagern. Nun ja. Wer jemals gesehen hat, wie nah die Manderscheider Burgen beieinanderliegen, kann über die Burgen am Rhein nur schmunzeln. Immerhin sind aber alle drei Burgen, die man von dieser Aussichtsplattform sehen kann, historische, im Spätmittelalter entstandene Bauten und keine süßlichen romantischen Nachbauten des 19. Jahrhunderts.

Wir wollten in St. Goarshausen übernachten, fanden nur zwei Einzelzimmer in einem Seitental, alle Hotels direkt am Rhein waren komplett ausgebucht. Der Wirt klärte uns über das Touristenwunder am Rhein auf: Hier würden eigentlich alle Hotels vom Bustourismus leben. Schon ein Jahr im Voraus buchten die Busreiseveranstalter große Hotelkontingente in St. Goarshausen. Da wird es für Wanderer, die spontan noch eine Bleibe suchen, wirklich schwer.

Zu später Stunde fiel eine Busgruppe aus Norddeutschland auf ihrer Rückkehr vom Tagesausflug in die Rüdesheimer Drosselgasse in das Hotelrestaurant ein. Es gingen massenhafte Bestellungen für süßen Rotwein ein. Die Enttäuschung war riesengroß, als bekannt wurde, dass es nur süßen Weißwein gebe. Aber der wurde auch getrunken.

Am nächsten Tag wanderten wir den Rheinsteig flussaufwärts weiter bis Kestert. Das sind gerade mal 12,4 Kilometer, und mit 810 Meter Steigung ist diese Etappe nicht so anspruchsvoll wie die Königstour von Kaub nach St. Goarshausen. Diese Strecke ist eigentlich etwas zu kurz geraten, da man schon mittags in Kestert ankommt. Weiter wandern könnte man noch 12,7 Kilometer nach Kamp-Bornhofen oder 14,1 Kilometer nach Filsen.

Der Weg führte uns an Burg Maus vorbei und in langen Kehren wieder bergan. Er ersparte uns sogar einen Aussichtspunkt und beließ es dabei, uns über eine im Frühdunst dampfende Wiese zu geleiten. Durch zwei Täler und viele Wälder ging es weiter bis nach Kestert.

Zusammen mit meiner »Nierensteinwanderung« war ich nun ungefähr 50 Kilometer, also ein gutes Siebtel des Rheinsteigs gewandert. Im Vergleich zu anderen neu konzipierten Wegen, wie zum Beispiel dem Rothaarsteig, verdient sich der Weg am großen Strom Bestnoten. Am meisten profitiert er natürlich von den Natur- und Kulturlandschaften, den Weinhängen, den kleinen Dörfern und Burgen. Manchmal ist es dann aber zu viel des Guten an Rheinaussichten. Ich schlage daher die Einrichtung eines Rheinsteig-Schnellwanderweges vor, der verzichtbare Aussichtspunkte und Umwege weglässt. Ein Weg nach dem Motto »Der Rheinsteig in zehn Tagen« oder ganz einfach »Die Andrack-Variante«.

Aufführungslänge

20,9 Kilometer + 12,4 Kilometer

Aufführungsdauer

11 Stunden, 13 Minuten

In den Pausen von 3 Stunden, 23 Minuten wird gegessen, getrunken und die Loreley besichtigt.

Programmheft

»Rheinsteig, Topographische Freizeitkarte«, 1:50.000. Auf dieser Karte sind in einem komplizierten Faltsystem zwar die gesamten 320 Kilometer Wegelänge enthalten, der Maßstab ist aber doch etwas zu groß geraten.

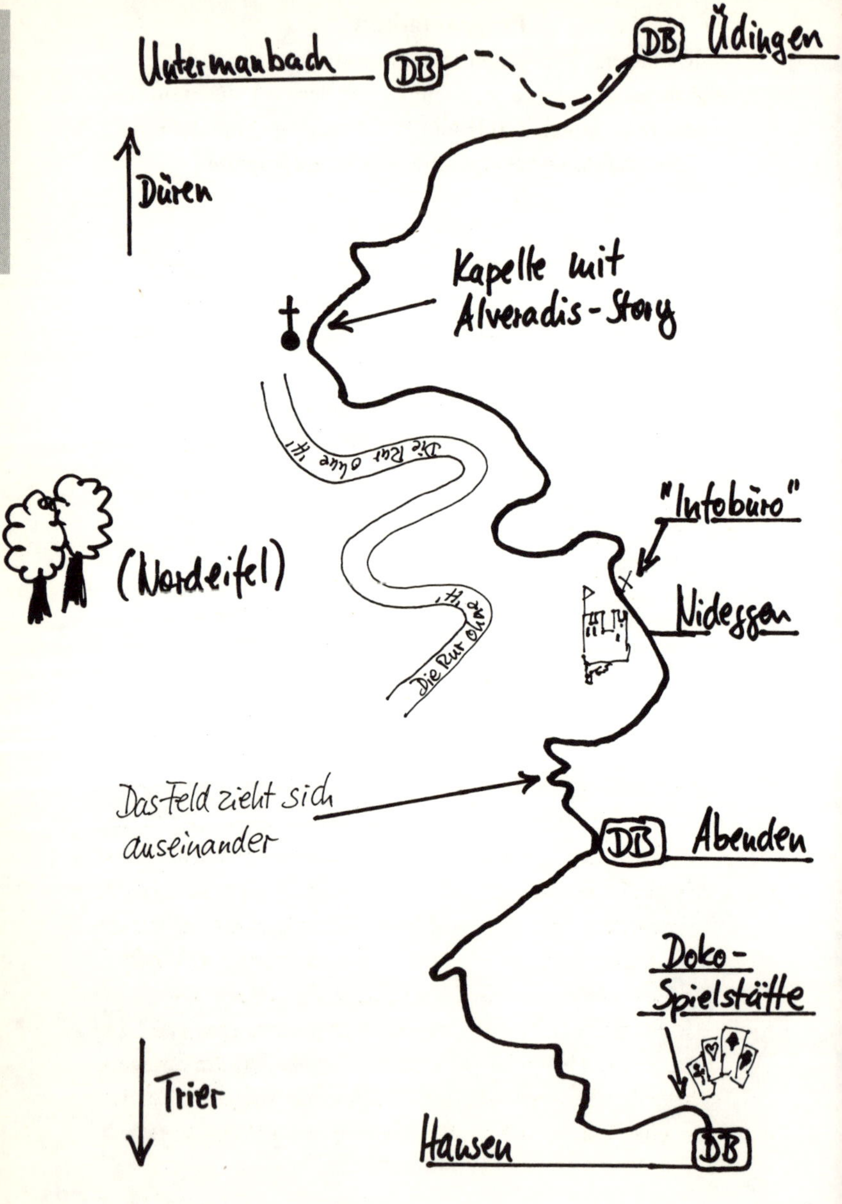
Untermaubach
DB
Üdingen
DB
Düren
Kapelle mit
Alveradis-Story
"Infobüro"
(Nordeifel)
Nideggen
Das Feld zieht sich
auseinander
DB
Abenden
Doko-
Spielstätte
Trier
Hausen
DB

Wadoko

EIN TRAGIKOMISCHES DRAMOLETT

Personen

Andreas Holger Peter	Mitglieder der Doppelkopfspielgemeinschaft »Sportfreunde 86«
Alveradis	Mit Honig beschmierte Grafengattin
Nideggen-Mann Nideggen-Frau	Informanten

Schauplatz ist das Rurtal in der Nordeifel, die Zeit Februar 2006.

Es liegt eindeutig im Trend, scheinbar unvereinbare Sportarten zu kombinieren. Skilanglauf und Schießen ergibt Biathlon, Schwimmen, Radfahren und Laufen Triathlon, und wem das nicht reicht, für den gibt es noch den modernen Fünfkampf oder gar den Zehnkampf. Warum sollte man also Wandern nicht mit einer anderen Betätigung verbinden? Schießen ist vielleicht für einen alten Pazifisten wie mich nicht das Richtige. Aber wie wäre es mit Kartenspielen? Erst Wandern, dann Doppelkopf, erst Laufen und dann Zocken, erst körperliche, dann geistige Höchstleistungen vollbringen, erst ein Fest für die Physis, dann eines für die Psyche.

Ich hatte schon immer lieber Doppelkopf als Skat gespielt. Von vier Spielern spielen jeweils zwei zusammen. Das Interessante ist, dass man vor dem Spiel nicht weiß, wer mit wem spielt (beim Skat wird das ja durch das berühmte Reizen entschieden). Durch Spielansagen und geschickte Beobachtung muss man während der Partie herausfinden, wer der eigene Partner und wer der Gegner ist. Das sorgt für ein hochpsychologisches Moment.

Es hilft schon zu wissen, welche Spielertypen einem gegenübersitzen. Unsere Doppelkopfspielgemeinschaft »Sportfreunde 86« war sehr heterogen. Holger hatte mit mir Theater-, Film- und Fernsehwissenschaft studiert und ist jetzt Eigentümer einer Firma für Mediendesign und Werbung. Er ist einer der Urväter des roten Balls von VOX und produziert neben tausend anderen Sachen die Hinweistrailer für »Wetten, dass«. Als Kartenspieler trägt Holger sein Herz auf der Zunge. Es bleibt nie verborgen, ob er ein gutes oder schlechtes Blatt hat und wie seine momentane Befindlichkeit ist.

Andreas ist selbstständiger Versicherungsagent mit einem Faible für den 1. FC Köln. Beim Kartenspielen ist er der Zocker und Bluffer in unserer Runde. Ständig versucht er, auch bei schlechtesten Blättern die Gegner zu verunsichern und zu demoralisieren und den eigenen Partner aufzubauen. Mit zunehmendem Alter ist er ein wenig risikoscheu geworden. Früher hätte er jedes noch so aussichtslose Spiel gespielt, heute geht er gelassener ran, da er mit dieser Strategie deutlich erfolgreicher ist.

Peter ist Arzt und Jung-Verleger und der ruhende Pol der Runde. Er ist das Pokerface, dem man gar nichts ansieht. Normalerweise spielt er nur die ganz sicheren Blätter und Ansagen. Umso überraschender (und erfolgreicher) ist es dann, wenn er urplötzlich und ohne Vorankündigung zum Angriff übergeht. Peter hatte von uns vier Doppelkopf-Jungs die größte Wandererfahrung, um genau zu sagen: Trekking--Erfahrung. Denn sein erstes Buch als Verleger beschäftigt sich mit Osttibet und heißt »Minya Konka – Schneeberge im Osten Tibets«, nach dem höchsten Berg dieser Gegend. Die dort beschriebenen Touren in 4.000 bis 5.500 Meter Höhe ist er zum großen Teil selbst gegangen. Er war also ein bisschen überqualifiziert für die Tour in der Nordeifel, die ich geplant hatte.

Die Rur ohne »h« sollte man nicht mit der Ruhr mit »h« verwechseln. Dort soll es auch gar nicht so übel sein, und an den alten Fördertürmen führen mittlerweile auch Wanderrouten entlang. Aber das Tal der Rur ohne »h« ist hervorragend! Die Rurtalbahn, die in den 80er Jahren stillgelegt werden sollte, aber dann als eine der ersten Strecken in Deutschland privatisiert wurde, transportiert zwischen Heimbach und Düren Radfahrer, Camper, Kanuten, Wanderer, Segler, Angler und Minigolfer. Am Fluss finden sich im

Meine ganz persönliche Hitliste der besten Flusstalwanderbahnen Deutschlands, die ich alle schon für Wanderungen genutzt habe.

Streckenname	Von–Nach	Kursbuch-Nummer
1. Oberelbstrecke	Meißen–Schöna	241.1
2. Rurtalbahn	Düren–Heimbach	484
3. Moselstrecke	Koblenz–Trier	690
4. Murgtalbahn	Rastatt–Freudenstadt	710.41
5. Semmeringbahn	Bad Schandau–Sebnitz	248
6. Eifelbahn an Urft und Kyll	Kall–Trier	474
7. Rechtsrheinische Strecke I	Koblenz–Rüdesheim	466
8. Rechtsrheinische Strecke II	Köln–Koblenz	465
9. Lößnitzgrundbahn	Radebeul Ost–Radeburg	509
10. Enztalbahn	Pforzheim–Bad Wildbad	710.6

Abstand von wenigen Kilometern Bahnhöfe, sodass man als Wanderer je nach Tagesform seine Tour problemlos verkürzen oder verlängern kann.

Doch der Mensch, der die Sitzbezüge der Rurtalbahn designt hat, muss Drogen genommen haben. Oder er war ein sehr praktisch denkender Mensch. Eine Explosion sämtlicher Facetten des Farbspektrums vermischt sich mit ekstatischen schwarzen Strichblitzen, sodass jugendliche Graffiti-Hooligans mit Edding in der Hand keine Angriffsfläche für ihre Kunstwerke finden. Und die Betreiber der Rurtalbahn hüten diese Bezüge wie ihre Augäpfel. Als ich vor einigen Jahren ermattet von einer Wanderung meinen Fuß auf einem Sitz abgelegt hatte, musste ich wegen Verunreinigung eine Strafe von 40 DM zahlen. Das war mir eine Lehre. Besser ist es in diesem Fall, die Beine zur Entlastung weit von sich zu strecken, da sich das Ausziehen der Wanderschuhe mit Rücksicht auf die Mitreisenden von selbst verbietet.

Wir wollten in Üdingen, 17 Zugminuten hinter Düren, aussteigen. Da niemand den Halteknopf drückte, fuhr der Zug einfach weiter bis zur nächsten Station. Die Rurtalbahn ist eben eher einer Straßenbahn denn einem ICE vergleichbar. Von Untermaubach nahmen wir dann wieder eine Bahn zurück nach Üdingen, und dort ging es auf den Wanderweg.

Der Hauptwanderweg 4 des Eifelvereins ist einer der großen Nord-Süd-Wege der Eifel. Er beginnt wenige Kilometer nördlich von Üdingen und führt durch die Täler von Rur, Urft und Kyll ins 189 Kilometer entfernte Trier. Es ist aber kein typischer Talweg. Meistens verläuft »die Vier« über die Höhenzüge oberhalb der Flüsse, so auch ab Üdingen im Rurtal. Auf den ersten Kilometern hielt Andreas gut mit. Er war der Ungeübteste, und ich hatte mir vor der Wanderung Sorgen gemacht, ob er das Tagespensum von knapp 20 Kilometern überhaupt schaffen würde. »Du unterschätzt mich«, hatte er geantwortet. Das war aber ein eindeutiger Bluff gewesen. Ich wusste: Er hatte Angst vor der Tour.

Nach einer knappen Stunde erreichten wir den ersten kulturhistorischen Höhepunkt der Wanderung: eine Kapelle. Daneben fand sich eine Tafel, die an Alveradis erinnerte und eine mittelalterliche Sex-and-Crime-Geschichte erzählte: Graf Wilhelm II. von Jülich, der Erbauer der nahen Burg Nideggen, hatte seine Frau mit dem schönen Namen Alveradis in einen eisernen Käfig sperren lassen. Der Käfig sollte an der Außenwand des Burgturms angebracht werden. Aber zuvor befahl der Graf, Alveradis mit Honig zu bestreichen, sodass sie von hunderten Bienen und Wespen gequält wurde. Nachdem sie derart umschwärmt an der Burgmauer hing, fuhr der Wüstling nach Köln, »um seiner Lust zu frönen«. Gott sei Dank wurde Alveradis von Frauen der ländlichen Umgebung gerettet. Alveradis erteilte zum Dank den Frauen die Nutzungsrechte für den Wald, durch den wir wanderten. Graf Wilhelm Zwo ereilte kurz nach seiner Schandtat die gerechte Strafe, und er starb alsbald an einer schlimmen Krankheit.

Zu Beginn hatten wir noch viel geredet. Die Vierer-Wanderungs-Dynamik bringt es mit sich, dass man sich in immer wechselnden Pärchen-Kombinationen findet und unterhält. Nur selten schritten wir wie die Musketiere in geschlossener Reihe Seite an Seite. Als der Weg in steilen Kehren bergauf führte, schmaler wurde und sich über unseren Köpfen gewaltige Sandsteinfelsen türmten, war Schluss mit Reden. Nun hörte man nur das Keuchen, Stöhnen und Husten von nicht mehr ganz jungen Männern. Ganz am Ende ging Peter. Der hatte den Hochgebirgsrhythmus verinnerlicht. Bergauf immer gleichbleibendes, langsames Tempo, am besten unter der anaeroben Grenze, an der Schwelle zum Hecheln und Schwitzen. Oben auf den Sandsteinfelsen versuchte Holger sein Glück als Freeclimber und sprang auf einem monolithischen Felsen herum. Wir trösteten uns damit, dass wir im Falle eines Absturzes zum Abschluss des Tages auch Skat spielen konnten.

Der Wanderweg zwischen Üdingen und Nideggen ist ein Steigerungsweg. Man steigert nicht nur permanent die Höhenmeter, auch die Wanderqualität wächst beständig. Zunächst geht es über die Ortsstraßen von Üdingen, dann über asphaltierte Feldwege, später über steinige Forstwege, und schließlich schlängelt sich ein schmaler Pfad an den Sandsteinfelsen des Rurtals vorbei. Auf diesem Pfad erblickten wir schon früh die Burg Nideggen, die Stammburg Wilhelms des Lüsternen.

In Nideggen fragte Peter nach dem »Ratskeller«. In einem Hauseingang stand ein älterer Mann und wies uns den Weg. Leise, aber hörbar zischte seine Frau, kaum hatte Peter sich umgedreht: »Ja sind wir denn hier ein Infobüro?« Liebe unbekannte Frau aus Nideggen: Nein, Sie sind kein Infobüro, ein Lebewesen kann kein Büro sein. Aber es sollte zum höflichen und freundlichen Naturell eines Menschen gehören, Auskunft zu erteilen, wenn sie erwünscht ist. Und speziell in einem Ort, der zu einem nicht geringen Teil vom Tourismus lebt, sollten die Bewohner ein verstärktes Interesse daran haben, Touristen (und auch Wanderer sind Touristen) weiterzuhelfen. Sonst könnten die Touristen am Ende auf die Idee kommen, in Gebiete zu fahren, wo jeder Bewohner mit Freude ein Infobüro ist. Ende der Gardinenpredigt.

Die Rurtaltour von Üdingen flussaufwärts war ich schon dreimal gegangen. Immer war ich bislang in der Burg Nideggen eingekehrt. Dort gibt es hervorragendes Essen in mittelalterlichen Gemäuern und einen tollen Blick über das Rurtal. Als ich vor der Doppelkopfwanderung telefonisch einen Tisch bestellen wollte, musste ich feststellen, dass sich die gesamte Belegschaft für diesen Tag freigenommen hatte. »Nä, Herr Andrack, wir sind am Freitag in Köln, Karneval feiern.« Also hatte ich im Internet nach einer Alternative gesucht. Mit den Begriffen »Restaurant« und »Nideggen« gelangte ich auf die Internetseite www.zum-ratskeller.de. Dort sind tatsächlich alle 143 Restaurants in Deutschland aufgeführt, die »Ratskeller« heißen. Ob in Dessau, Buxtehude, Bad Salzuflen oder Freudenstadt, man findet jedes Restaurant mit Namen »Ratskeller« nach Postleitzahlen geordnet. Aber wer, bitte schön, braucht so etwas? Man plant doch nicht eine Reise nach, sagen wir einmal, Bückeburg und schaut dann unter www.zum-ratskeller.de nach, ob es dort auch einen »Ratskeller« gibt. Nur zur Info, in Bückeburg gibt es tatsächlich einen Ratskeller. Im »Ratskeller« zu Nideggen waren wir die einzigen Gäste an diesem Mittag.

Wenn es sich bei der Wanderung an diesem Tag um ein Fußballspiel gehandelt hätte, hätte man Andreas zur Halbzeit auswechseln müssen. Die Füße taten ihm weh, und sein Baumwoll-T-Shirt war derart durchgeschwitzt, dass ihn schon im Restaurant fröstelte. Peter war entschieden dagegen, das T-Shirt von Andreas auf der Heizung trocknen zu lassen. Wir hatten ja das Essen noch vor uns. Wir beschlossen auch, keinen Umweg über den ortsansässigen Supermarkt zu machen, wo er sich ein neues T-Shirt hätte kaufen können. Also besorgte sich Andreas auf der Restaurant-

Holger vor dem Ratskeller in Nideggen

Toilette Papierhandtücher und stopfte sie sich unter das nasse T-Shirt.

Zur Rur zurück kam man nur auf einem steilen Weg den Berg hinunter. Der »Downhill-König« war Holger. Er flog förmlich, nutzte jede Abkürzung und war zwei Minuten vor Peter und mir, die gemächlich hinabstiegen, im Tal. Als Letzter kam Andreas. Er sah sehr mitgenommen aus, und die Papierhandtücher waren während des Abstiegs in Richtung Bauch gerutscht. Gelten Männer neuerdings eher als verweichlicht, ließ Andreas sich nichts anmerken. Er war nicht aus dem weichen Holz des »neuen Mannes« geschnitzt. Er bluffte weiter: «Was ist Jungs, können wir endlich weitergehen?«

Wir kamen nach Abenden. Hier hätte man Schluss machen können. Das Dorf hat eine Kneipe zum Kartenspielen und eine Bahnstation. Aber nach Hausen waren es nur noch 4,5 Kilometer, und der Wanderweg sollte weitestgehend im Tal verlaufen. Das würden wir wohl noch schaffen!

In Hausen sahen wir, nahe der Bahnstation, schon von Weitem die Gaststätte »Haus Rurtal«. Dem Biathlon vergleichbar war das jetzt unser Schießstand, der Puls würde bald hinuntergehen, um mit sicherer Hand die Karten zu halten und die richtigen Entscheidungen für ein perfektes Spiel zu treffen. Peter und ich waren schon im Lokal angekommen, hatten Heißgetränke bestellt – es war doch recht kalt an diesem Tag –, als schließlich auch Andreas und sein Pfleger Holger kamen. »Wir sind stolz auf dich, Andreas«, sagte ich, als wir alle am Tisch saßen. »Stolz kann man nicht sagen, einfach froh, dass du noch dabei bist«, ergänzte Peter. Für ihn als alten Tibet-Wanderer hätten es an diesem Tag noch ein paar Kilometer mehr sein können. Doch wenn man zu viert ist, muss man Kompromisse machen. In den nächsten vier Stunden spielten wir Karten, was niemanden störte, da wir die einzigen Gäste waren. In den meisten Kölner Gaststätten ist das Kartenspielen inzwischen nicht mehr gerne gesehen. Es stört wohl die Event-Gastronomie, vor allem, wenn die beteiligten Spieler anfangen, sich anzuschreien und gegenseitig Vorwürfe zu machen, was beim Doppelkopf schnell passieren kann. Als kurz nach 21 Uhr die letzte Bahn nach Düren fuhr, brachen wir auf.

Es war mein Tag gewesen. In zwei unterschiedlichen Spielrunden war ich jeweils Zweiter im Doppelkopf geworden und hatte die Wanderwertung zusammen mit Peter klar für mich entschieden. Im Weltcup des neuen, heute von uns spontan gegründeten Wadoko-Verbandes (angelehnt an das neue Mode-Zahlenrätsel Sudoku) hatte ich eindeutig die Führung übernommen.

Auf der Fahrt zurück nach Köln stellte ich mir die Frage, ob das nun ein typischer Männerausflug gewesen war. Zu den klassischen Männer-Bastionen gehören Studentenverbindungen, Männergesangsvereine, Fußballklubs, Männer-Kegelvereine, Karnevalsvereine. (Natürlich gibt es in den meisten Kölner Karnevalsvereinen auch eine Frau: das Funkenmariechen!) Was verbindet alle diese männerbündischen Zusammenschlüsse?

1. Es wird sehr viel Bier getrunken. Gut, das haben wir auch getan, vor allem während des Kartenspielens, aber nicht bis zur Besinnungslosigkeit (vergleiche hierzu Studentenverbindungen und Kegeltouren).

2. Es werden anzügliche Bemerkungen über Frauen im Besonderen und Allgemeinen gemacht. Davon war nicht die Spur zu verzeichnen. Null.

3. Wie es in Köln heißt: Man kennt sich, man hilft sich. Das Moment der Vetternwirtschaft ist sehr ausgeprägt innerhalb

von Männervereinigungen. Was bei uns vieren nicht ist, kann ja noch werden. Aber keiner von uns war bei Andreas versichert, keiner war Kunde bei Holgers Firma, und keiner gehörte zum erweiterten Abnehmerkreis von Peters Tibet-Büchern. Kein kölscher Klüngel, nirgendwo.

4. Ganz allgemein gesprochen: In Männervereinen genießt man die temporäre Abwesenheit von Frauen und lässt die Sau raus. Das war bei uns auch nicht der Fall gewesen. Obwohl: Wahrscheinlich ist es ein Klischee. Aber vielleicht wäre unser kleiner Wanderverein mit Frauenbeteiligung durch Nideggen mit all seinen süßen Geschäften mit den supertollen Auslagen nicht ganz so schnell hindurchgegangen. Aber das ist, wie gesagt, bestimmt ein ganz blödes Vorurteil. Vermutlich wäre der Tag nicht anders verlaufen, würden ein oder zwei Frauen zu den »Sportfreunden 86« gehören.

Aufführungslänge

19 Kilometer

Aufführungsdauer

6 Stunden und 2 Minuten mit einer 70-minütigen Pause

Programmheft

Erholungsgebiet Rureifel, 1:25.000

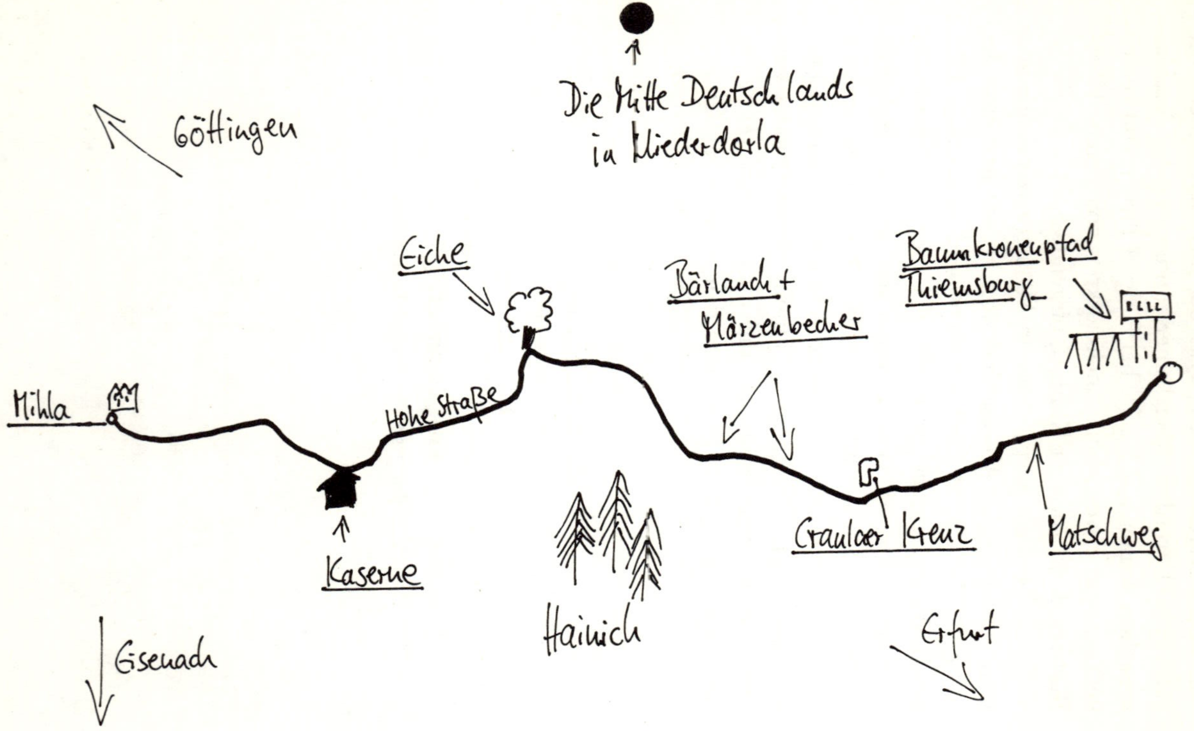
Die Mitte Deutschlands
in Niederdorla
Göttingen
Mihla
Eiche
Hohe Straße
Kaserne
Bärlauch +
Märzenbecher
Baumkronenpfad
Thiemsburg
Hainich
Craulaer Kreuz
Matschweg
Eisenach
Erfurt

Vor fünf im Urwald

EIN EINAKTER

Personen

Lena	Meine Tochter
Nationalpark-Ranger	
Pubertierendes Etwas mit Eltern	

Schauplatz ist der Hainich in Thüringen, die Zeit April 2006.

Die Mitte ist nichts Halbes und nichts Ganzes. Politisch pendelt man zwischen links und rechts, ein Platz im Mittelfeld einer Fußballtabelle ist fade – auf den ersten Plätzen und den letzten spielt die Musik. Und die großen nationalen Zeitungen geben Wettervorhersagen von West-, Ost-, Nord- und Süddeutschland. Aber die Mitte? Die bleibt unerwähnt. Es gibt aber eine Mitte. Eine geographische und mathematische Mitte Deutschlands. Je nach Berechnung liegt diese Mitte in Krebeck, Heiligenstadt oder Niederdorla (auf Niederdorla hat sich der Verband deutscher Schulgeographen e.V. geeinigt, und wenn die es nicht wissen, wer dann?). Auf jeden Fall liegt die geographische Mitte Deutschlands in der Nähe des Hainich in Thüringen.
Hainich? Wer oder was ist der Hainich? Ich hatte im Vorfeld meiner Wanderung bei einigen Mitmenschen getestet, ob sie den Hainich kennen. Aber weder Kai Pflaume noch

meine Mutter hatten je etwas von diesem Mini-Mittelgebirge gehört. Auch nicht von den Orten dieses Landstrichs, von Wanfried, Nazza, Treffurt, Langula, Großengottern und Langenfeld unterm Stein.

Dass der Hainich so unbekannt ist, wundert einen nicht, denn immerhin war dieser schmale Höhenzug in Thüringen nördlich der Wartburgstadt Eisenach 60 Jahre lang auf keiner Landkarte verzeichnet gewesen. Das war nicht der Fluch der Mitte. Es handelte sich um militärisches Sperrgebiet, das von der Wehrmacht, der nationalen Volksarmee und der Roten Armee zu Übungszwecken genutzt wurde. Nun befindet sich dort einer der 14 deutschen Nationalparks.

Als Startpunkt der Hainich-Entdeckungsreise hatte ich Mihla ausgewählt, ein Ort zwölf Kilometer von der geographischen Mitte Deutschlands entfernt. Ich hatte mich natürlich im Internet über den Hainich informiert. Die Bilder im Netz hatten unberührte Natur ohne Forstwirtschaft versprochen und mich neugierig gemacht. Mit meiner Tochter Lena wollte ich 15 Kilometer bis zum Baumkronenpfad Thiemsburg gehen. Der Baumkronenpfad wurde im Sommer 2005 eröffnet und ist der zweite seiner Art in Deutschland (den anderen findet man übrigens im Pfälzer Wald!). Dort kann in luftiger Höhe und aus ungewöhnlicher Perspektive der Wald entdeckt werden.

Ein ansteigender Asphaltweg führte zu einer ehemaligen Kaserne, hinter der schließlich der Wald begann. Eine Tafel am Wegrand klärte uns darüber auf, dass wir auf der Hohen Straße gingen, eine alte Wirtschaftsstraße und damit für den ambitionierten Wanderer so prickelnd wie eingeschlafene Füße. Auf dem Weg hörten wir einen Specht und begegneten einem Hund mit seinem Herrchen. Mehr Tiere sollten wir an diesem Tag nicht zu sehen bekommen, dabei war uns von der äußerst netten Frau im Hotel einiges versprochen worden – ihren Gästen wären schon Wildschweine, 32 an der Zahl, begegnet. Auch Dachse und sogar Waschbären sollten im Hainich leben. Vermutlich hielten sie alle noch ihren Winterschlaf.

An einer großen Eiche bogen wir rechts auf den Gratweg des Hainich, den Rennstieg. Spätestens nach zwei bis drei Kilometern war klar: Auch hier herrschte Wanderlangeweile. Ein Nationalpark-Ranger (toller Halb-Anglizismus, die Jungs haben fast so schicke Uniformen wie ihre amerikanischen Kollegen) hielt mit seinem Auto neben uns und fragte, ob wir uns zurechtfinden würden. Das war aufmerksam, aber der Weg war beim besten Willen nicht zu verfehlen. Lena hätte es noch netter gefunden, wenn uns der Ranger ein Stück mitgenommen hätte. So blieb ihr nur die Flucht in Phantasiewelten. Wie könnte ein idealer Erlebnisweg aussehen? An verschiedenen Wegkreuzungen müssten Ausleihpferde zur Verfügung stehen, die man nach einigen Kilometern wieder zurückgeben könnte. Die Wanderwege müssten auf jeden Fall gefährlich und nur geeignet für 12- bis 35-Jährige sein. Kleine Schluchten müssten auf wackligen Holzbrücken und an Seilen überwunden werden. Oder man müsste sich an Felsen entlanghangeln. Vielleicht hätte ihr das ursprüngliche Militärübungsgelände der Roten Armee besser gefallen?

Auch ein kurze Zeit später entgegenkommendes, Kaugummi kauendes, pubertierendes Etwas mit ins Gesicht gezogener Kappe schien nicht sonderlich angetan vom samstäglichen Hainich-Ausflug mit seinen Eltern.

Acht Kilometer nach unserem Start wurde der Weg endlich etwas besser. An der Wanderhütte Hellmund-Stein bog der

Rennstieg halb links in den Wald hinein. Dort wuchsen am Wegesrand kleine Blumen mit weißen Blüten. Lena tippte auf Schneeglöckchen, war sich aber nicht sicher. Ich sollte doch unbedingt ein Wanderpärchen fragen, das sich uns näherte, drängte sie, die würden so aussehen, als wüssten sie, was im Hainich wächst und blüht. Ich hatte aber keine Lust zu fragen, es war mir zu peinlich. Und meine 14-jährige Tochter würde sich auch nicht trauen. »Was bekomme ich, wenn ich frage?« – »Nix«, antwortete ich. Überraschenderweise hat Lena die beiden, als sie auf gleicher Höhe waren, doch noch gefragt. Die »Schneeglöckchen« waren Märzenbecher. Die Wandersfrau zeigte uns noch ein Bündel Bärlauch, das sie gepflückt hatte. Wir bedankten uns für die Informationen und hatten endlich etwas zu tun. Den Bärlauch, den wir nun selber sammelten, wollte ich daheim in Köln zu Bärlauch-Pesto verarbeiten. Ich musste aber Abstand von diesem Vorhaben nehmen, als ich sah, wie kümmerlich das Häufchen Bärlauch im Kühlschrank aussah. Ich hätte keine vier Wochen verstreichen lassen sollen.

Meine Tochter, der Wander-Eminem: 8 Mile durch den Hainich

Hinter dem Craulaer Kreuz (leider, wie die meisten »Denkmäler« im Hainich, nur eine Nachbildung) endete der schöne Weg. Über eine nasse, sumpfige Wiese ging es bergab Richtung Baumkronenpfad. Den Kilometerangaben darf man an dieser Stelle im Übrigen nicht vertrauen. Am Craulaer Kreuz waren es noch sechs Kilometer bis zum Baumkronenpfad gewesen, 50 Meter weiter waren es nur noch fünf. Super, wir schritten mit Siebenmeilenstiefeln voran. Auf der ungeschützten Wiese pfiff der Wind durch unsere Klamotten, und Lena sah mit Mütze und darübergezogener Kapuze aus wie ein Wander-Eminem (wenn Eminem wandern würde, was der aber bestimmt nicht in seinem Rapper-Repertoire hat). Wir erreichten das letzte Waldstück unserer Wanderung, den Langensalzaer Stadtwald. Wir stapften durch den Schlamm, bis wir den Naturpfad Thiemsburg erreichten. Der klebrige Lehm ließ nach wenigen Schritten die Beine schwer werden. Wie bei den mittlerweile aus der Mode gekommenen Buffalo-Schuhen hatten wir zehn Zentimeter dicke Lehmsohlen unter den Füssen. Diese Lehmklumpen fielen auch nicht ab, als wir weitergingen. Wir mussten uns gegenseitig, wie wir das von Pferdehufen gewohnt sind, die Schuhsohlen mit Steinen auskratzen.

Hainich-Highlight: Bärlauchsammeln

Auf diesen Stelzen ruht der Baumkronenpfad.

Lenas Enttäuschung über den Baumkronenpfad begann schon, als wir ihn das erste Mal erblickten. Ein massiver Turm aus Beton mit einer roten Aussichtsplattform ragte in den Himmel. In zehn Meter Höhe führte auf dicken Stelzen ein 300 Meter langer Rundweg durch die Baumkronen. Lena hatte keinen Weg, gesichert wie eine Magnetschwebebahn, sondern eine wacklige Holzbrücke erwartet. Mir war es ganz lieb, so wie es war.

Dass es überhaupt so etwas wie Baumkronenforschung gibt, hatte ich in der ZEIT gelesen. Diese Wissenschaft ist ziemlich jung und versucht, in luftiger Höhe zu erkunden, was vom Boden aus nicht zu erkennen ist: den Kampf um Licht und Sonne. Es geht nämlich ziemlich ruppig dort oben unter den Baumkronen zu, bei windigem Wetter schlagen die Äste der verfeindeten Bäume aufeinander ein, und der Stärkere gewinnt. Und wenn so eine Buche (diese Baumart herrscht im Hainich vor, und eine Buche erkenne sogar ich, da eine direkt vor unserem Esszimmerfenster steht, also eigentlich viel zu nahe am Haus, aber das ist ein anderes Thema), wenn so eine Buche also zu klein gerät, stirbt sie ab, da sie kein Sonnenlicht mehr abbekommt.

Lena und ich stiegen die Wendeltreppe an der Außenseite des Betonturms hinauf. In zehn Meter Höhe begann der Rundweg. Vom Turm wegführend stieg er leicht an. Wir gingen durch die Baumwipfel hindurch, und es war schon interessant zu sehen, welche Bewegung hier herrschte. Kein Ast und kein Zweig stand still, sondern alles wiegte sich im Wind. Wenn im Sommer dann noch Blätter an den Bäumen sind, ist es wahrscheinlich noch spektakulärer. An der höchsten Stelle (24 Meter hoch) des Baumkronenpfades hätte sich Lena am liebsten nach unten gestürzt. Vorausgesetzt, unter uns wäre Wasser gewesen. Ich dagegen musste Schwindelanfälle unterdrücken und klammerte mich am Geländer fest, kaum dass ich einen Blick nach unten riskierte. Aber man sollte ja in die Baumkronen schauen.

Nach drei Minuten auf dem Rundweg hatten wir den mächtigen Betonturm wieder erreicht. Am Ausgang wird man durch ein Andenkengeschäft geschleust. Dort sah ich einen Prospekt über den Hainich mit dem Titel »Urlaub rund um den Urwald«. Man kann sich wirklich jedes Wandergebiet in Deutschland schönreden, aber nach den vielen Kilometern auf elend langweiligen Wegen fragten wir uns schon, ob wir den »Urwald« übersehen hatten. Mit Urwald war tatsächlich der kleine Bergrücken gemeint gewesen, den wir an diesem Tag durchwandert hatten. Aber ob man den ein oder anderen umgestürzten Baumstamm als »Urwald« bezeichnen muss? Ich weiß nicht. Man hätte sich schon gewünscht, dass ein Wanderweg auch mal durch das Unterholz führt und nicht an ihm vorbei. Und wenn ich mich im Hainich umsah, musste ich zugeben, dass ich schon vielen Wanderwegen unrecht getan hatte. Vielleicht wäre es in Deutschlands Mitte schlauer gewesen, erst einmal ein für Wanderer lustvolles Wegenetz zu erstellen und dann markige Marketingsprüche von der Urwüchsigkeit der zu erwartenden Natur zu entwerfen. Für Radwanderer sind die Wege ganz nett, aber zu Fuß sind sie eine Qual. Ein gnadenloserer Wanderkritiker, als ich es bin, würde jetzt einfach sagen: Der Hainich ist grauenhaft, der Hainich ist ein Flop. Das wäre aber ungerecht. Wenn man zufällig in der Nähe ist, sollte man dem Baumkronenpfad einen kurzen Besuch abstatten. Dort kann man auch mit dem Auto hinfahren, und er ist einen schönen Tagesausflug wert. Aber passionierte Streckenwanderer sollten vom Hainich nicht zu viel erwarten.

Aufführungslänge

15 Kilometer

Aufführungsdauer

4 Stunden, 48 Minuten
mit einer 44-minütigen Pause

Programmheft

»Südliches Eichsfeld, Hainich, Werratal«, 1:50.000.
Eine Karte, auf der alle Sehenswürdigkeiten verzeichnet sind,
mit der man sich nicht verlaufen kann.

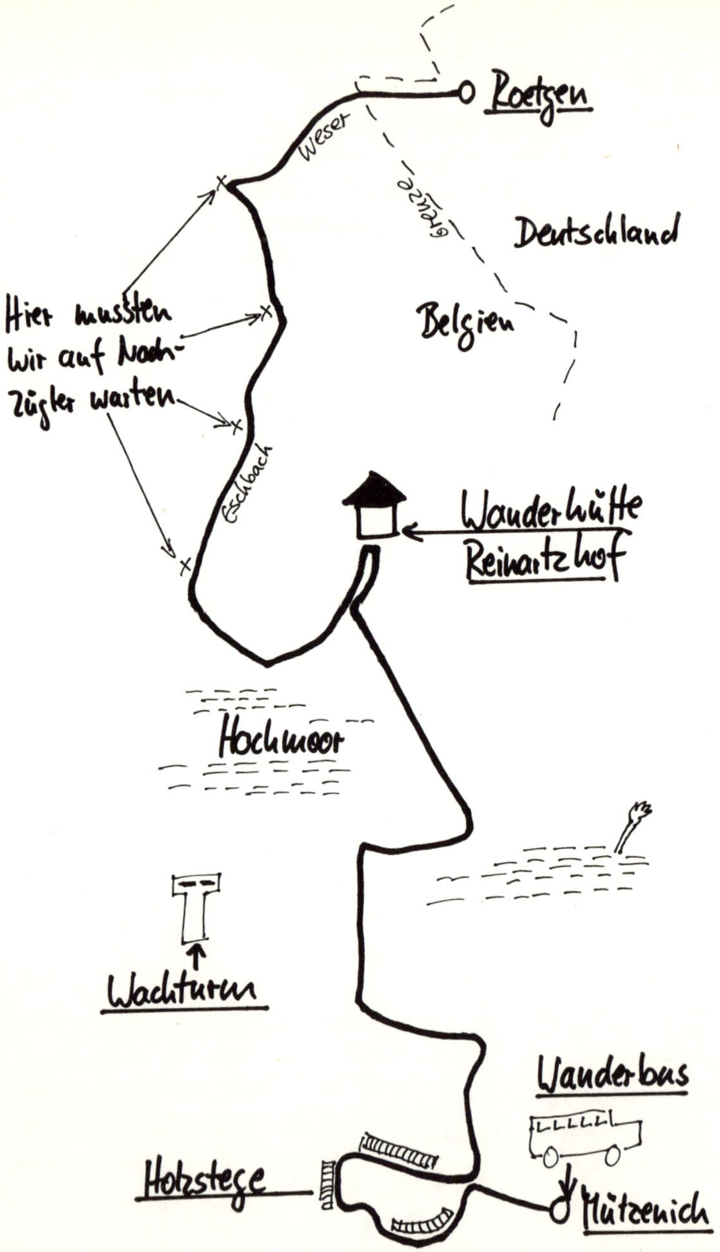
Roetgen
Weser
Grenze
Deutschland
Belgien
Hier mussten wir auf Nach-
zügler warten
Eschbach
Wanderhütte
Reinartzhof
Hochmoor
Wachturm
Wanderbus
Holzstege
Mützenich

Mit dem Eifelverein im Hohen Venn

EIN TRAGIKOMISCHES SCHAUSPIEL

Personen

Susanne	Mitglied im Eifelverein Roetgen
Markus	Ihr Mann und mein bester Freund
Bruno	Der Belgier
Manfred	Der große Vorsitzende
Dieter	Diplom-Naturführer
Petra	Medienwartin des Eifelvereins
Guido	Der Tapfere
Peter und Christine	Die Luftikusse
Drei Holländer	
Eine Geisterfahrerin	

Schauplatz ist das Hohe Venn, die Zeit März 2006.

In den vergangenen Jahrhunderten hat die Sozialisation des »Wanderers« einige Metamorphosen durchlebt, und diese Entwicklung ist bis heute nicht abgeschlossen. Der romantische Wanderer im ausgehenden 18. Jahrhundert, der erste Genusswanderer, war ein Einzelner, der Ego und die göttliche Natur zu verbinden versuchte. Diese Form des Wanderns setzte sich im 19. Jahrhundert weitgehend durch. Das 20. Jahrhundert sollte das Jahrhundert der Gruppenwanderer werden. Die Wandervögel entdeckten den Herdentrieb. Die große Gruppe, die Gemeinschaft war Quelle ihres Wandervergnügens. Zusammen sang man und erlebte gemeinsam die Natur. Von 1950 bis in die späten 70er Jahre wurde vornehmlich im Kreis der trauten Familie gewandert. Heute geht der Trend wieder in Richtung Vereinzelung: Man trifft den Wanderer allein oder in kleineren Gruppen, bestehend aus guten Freunden oder – entsprechend der demographischen Entwicklung – der kleiner gewordenen Familie. Die Gruppenwanderung befindet sich wandersoziologisch betrachtet auf dem Rückzug. Aber es gibt sie natürlich noch, besonders in den großen Mittelgebirgsvereinen.

Mit dieser Tradition ist Susanne aufgewachsen, die Frau meines besten Freundes Markus. Seit fast 30 Jahren ist sie Mitglied des Eifelvereins. Schon mit 13 Jahren war sie in der Jugendgruppe ihres Heimatortes Roetgen, südlich von Aachen, aktiv. Roetgen (gesprochen Rötchen wie Brötchen ohne »B«) liegt an der Grenze zu Belgien.

Susannes Jugendgruppe schneiderte vor Karneval Kostüme, nach Karneval wurden die Zelte für die traditionelle Sommerfahrt nach Frankreich geflickt und vor Weihnachten für den Adventsbasar gebastelt. Gewandert wurde wenig. Nur drei Wandertouren pro Jahr waren vorgeschrieben. Meine eigene Zeit in der Jugendgruppe der Katholischen Studierenden Jugend habe ich auch eher mit Partys, Spielen und Fußball verbracht, für die Belange des Glaubens blieb da nicht mehr viel Zeit. Für Susanne, mich und andere unserer Jahrgänge war es einfach normal, wöchentlich in eine Jugendgruppe zu gehen.

Susanne war immer noch Mitglied im Eifelverein Roetgen. Über ihre Kontakte hatte sie für uns eine Tour organisiert: eine geführte Wanderung durch das Hohe Venn.

Ende März, an einem Sonntagmorgen, holten mich Susanne und Markus mit dem Auto ab. Für die meisten Menschen wohl das Selbstverständlichste der Welt, ich allerdings fahre sonst nur mit öffentlichen Verkehrsmitteln. Und wahrscheinlich tue ich gut daran, denn wie gefährlich Autofahren ist, stellte ich fest, als kurz hinter dem Kreuz Aachen eine Geisterfahrerin auftauchte. Die entgegenkommenden Scheinwerfer hatten mich irritiert. Ich kannte die Warnmeldungen im Radio für diese Fälle, doch erlebt hatte ich so was noch nie. Nun gut, die Autobahn war sehr leer, und die junge Frau hatte sich wohl gedacht, es wäre angebracht, auf dem Standstreifen gegen die Fahrtrichtung zu fahren. Als alter Psychologe wusste ich, was passiert war, als ich einige 100 Meter weiter das belgische Staatswappen sah. Die junge Frau hatte sich so erschrocken, schon in Belgien zu sein, dass sie auf der Stelle kehrtmachte: Da will ich nicht hin!

Die Geisterfahrerin war schon ungewöhnlich gewesen, wirklich beunruhigend fand ich aber etwas anderes: An diesem Morgen war ich zu einer Wanderung ins Ungewisse aufgebrochen. In den letzten Jahren hatte ich sämtliche Wanderungen stets selbst geplant. Heute war ich ohne Karte und ohne einen blassen Schimmer, wohin es gehen sollte, unterwegs.

Auf dem Roetgener Marktplatz trafen wir bei bedecktem Himmel 18 Wanderfreunde zwischen 18 und 72 Jahren. Susanne kannte alle mit Vornamen und stellte mich vor, da ich der einzige »Gastwanderer« war. Schon kurz nach Beginn der Wanderung erreichten wir belgisches Gebiet, den an Roetgen angrenzenden Ort Raeren (gesprochen: Raren).

An dieser grünen Grenze war viele Jahrzehnte Schmuggel ein großes Thema gewesen. In Zeiten eines vereinten Europas war das lange vorbei. Die gesamte Gruppe ging auf einem schmalen Pfad hintereinander Richtung Westen an der Weser entlang und später weiter auf dem Grat des Weserbergs. Weser, Weserbergland? Hatten wir uns verlaufen? Nein, der Berg und der Fluss haben natürlich nichts mit dem Strom zu tun, der durch Hameln und Bremen fließt und in die Nordsee mündet.

Von Petra, einer energischen Dame in den Fünfzigern und Medienwartin des gesamten Eifelvereins (im Eifelverein wird alles gewartet, die Wege und auch die Medien), erfuhr ich, dass der Verein 162 Ortsgruppen mit insgesamt 30.000 Mitgliedern hat. Sie selbst war Wanderführerin in der Ortsgruppe Roetgen. Jedes Jahr werden zwischen 20 und 25 Wanderungen im Umkreis von 30 Kilometern veranstaltet. Die meisten Wanderungen sind Halbtagswanderungen von acht bis zehn Kilometer Länge. Damit gerade ältere Mitwanderer nicht überfordert würden, erklärte Petra. Der Altersschnitt an diesem Tag lag bei ungefähr 60 Jahren und war damit für eine Wanderung des Eifelvereins, wie mir versichert wurde, außerordentlich niedrig. Wer die meisten Veranstaltungen (nicht Kilometer) im Jahr mitgemacht hat, wird geehrt. Die drei fleißigsten Wanderer bekommen bei der Adventsfeier einen Printenmann, die regionale Spezialität.

Petra hatte mein erstes Wanderbuch gelesen und war mit meinem donquichottesken Kampf gegen die immer beliebter werdenden Wanderstöcke nicht einverstanden. Ich würde übersehen, sagte Petra, dass mit zunehmendem Alter auch Knie-, Gelenk- und Hüftschmerzen häufiger würden und Stöcke dann eine große Hilfe seien. Nun gut, mit verschreibungspflichtigen Wanderstöcken bin ich einverstanden.

Nach der Weser folgten wir dem Eschbach. Es ging aufwärts dem Venn entgegen, meist über enge Waldpfade, direkt am Ufer des reißenden Bachs. Seit drei Tagen hatte der Winter sich verabschiedet, und das Schmelzwasser ließ den Wasserpegel steigen. Zu Beginn der Wanderung hatte ich mich eher im hinteren Teil des Wanderfeldes aufgehalten, nun lief ich mit Bruno, dem Belgier, voran. Bruno erzählte mir stolz von »seinem« Königreich und davon, dass das Venn-Gebiet lange zu den spanischen Niederlanden gehört hatte. Selbst ein Ortsteil von Raeren heißt bis heute »Spanisch«. Als dann die Niederlande an Österreich fielen, kam das Venn-Gebiet zu Belgien.

Naturgemäß gibt es bei einer Gruppenwanderung unterschiedliche Gehgeschwindigkeiten. Immer wieder schießen forsche Wanderer über das Ziel hinaus und verpassen so die

Petra hatte mit ihrem Rucksack versehentlich ein Wegeschild umgerissen. Jetzt versuchte die Gruppe mit vereinten Kräften, das Schild wieder aufzustellen. Es misslang übrigens.

geplante Wegabzweigung. Selber schuld, denn wenn man auf diese Art und Weise verlorengeht, muss man sich auf eigene Faust in die Heimat durchschlagen. Ohne Gruppe. Und auf die Nachzügler, auf die muss man immer warten. Man kann davon ausgehen, dass man bei einer Gruppenwanderung ungefähr alle 1.000 Meter stehenbleibt, damit sich die gesamte Gruppe wieder vereint. Das dauert durchschnittlich handgestoppte 180 Sekunden und versaut einem gründlich die Wanderdurchschnittsgeschwindigkeit. Bruno versicherte mir aber, dass nur erfahrene Wanderer an diesem Tag dabei wären, die sogenannten »Fußlahmen« hätte man zu Hause gelassen. Bruno selbst hatte die heutige Venn-Tour mit drei anderen vorgewandert. Eine Gruppenwanderung wird grundsätzlich vorgewandert. Ich kenne das überhaupt nicht, sondern stürze mich nach Kartenlage ins Abenteuer. Meistens gehe ich allerdings Strecken, die gut markiert sind, sodass der Weg nicht zu verfehlen ist. Bei Gruppenwanderungen sind die Führer alleine schon deshalb zum Vorwandern gezwungen, um nicht eine maulende Truppe im Rücken zu haben, weil man sich verlaufen hat. Trotzdem gibt es zahllose Geschichten über im Wald umherirrende und sich im Kreis drehende Wandergruppen. Herausgefunden haben sie aber immer noch.

Vor zwei Wochen hatte Bruno keine Probleme beim Überqueren des Eschbachs gehabt, überall hatte noch Schnee gelegen und der Bach wenig Wasser geführt. Über einige herausragende Steine war man relativ leicht auf die andere Seite gelangt. Jetzt musste man schon vom anderen Ufer sprechen. Jeder musste hier selbst sehen, wie er über den Bach kam. Alle Wanderer mit hohen Gummistiefeln liefen einfach mittendurch. Andere balancierten mit Hilfe von Stöcken auf querliegenden Baumstämmen zur anderen

Eine wichtige Warnung vor Tauwetter. Aber was ist Degel? Tauwetter auf Französisch? Blutsauger im Hochmoor? Feuchte Haare? Dieses rätselhafte Venn!

Seite, eine Frau ging barfuß durch das Wasser. Ich wagte, auf meine gewaltige Sprungkraft vertrauend, den Sprung über den reißenden Bach. Der Satz über gefühlte fünf Meter gelang, und ich wurde fortan »Air« Andrack oder »Bob Beamon des Hohen Venns« genannt.

Unter einer riesigen, 150 Jahre alten Fichte legten wir eine kurze Trink- und Snackpause ein. Obwohl es sich fast ausschließlich um Wanderprofis handelte, wie Bruno mir versichert hatte, fiel nun allen auf, dass Christine und Peter gänzlich unbedarft ohne Wanderverpflegung losmarschiert waren. Vom Rest wurden sie netterweise durchgefüttert. Das war echte Gruppensolidarität.

Zehn Minuten später traten wir aus dem Wald hinaus und gingen entlang einer flachen, hellen Fläche mit wenigen

Bäumen und Büschen: Das war das Venn. Das Hohe Venn (auf Französisch: Hautes Fagnes) ist ein Hochplateau. Venn heißt auf Niederländisch Moor, und damit ist auch schon das Hauptmerkmal dieses Gebiets beschrieben. Im Internet hatte ich gelesen: »Das Hohe Venn ist ein für Europa einzigartiges Hochmoorgebiet, der Naturpark ist ein überdimensionaler Wasserspeicher.« Und Wasser gab es reichlich. Es nieselte leicht, dunstige Nebelfelder hingen über der feuchten Landschaft, und der Wind pfiff über die Ebene. Richtiges Moor-Wanderwetter. Ich konnte mir lebhaft vorstellen, wie Menschen sich hilflos im Moor verirren und die blassen Arme der Moorleichen aus dem schwarz-brackigen Wasser ragen.

Wir blieben zunächst am Rand des Venns. Der Weg quer durch das Moor war für drei Monate wegen Vogelbrut gesperrt. Wenn es da überhaupt Vögel gab! Der kundigste Kenner diesbezüglich war der diplomierte Naturführer Dieter, der jeden Grashalm und vor allem die hier anzutreffenden fleischfressenden Pflanzen persönlich kannte. Und Dieter hatte sogar das berühmte und total schützenswerte Birkhuhn von Weitem gesehen. Einmal in den bereits 50 Jahren, in denen er im Venn unterwegs gewesen war! Dieter besaß sogar Zutritt zur Zone C. Man muss sich das so vorstellen: Wie das Nachkriegsdeutschland ist das Hohe Venn in vier Zonen unterteilt. In Zone A darf sich jeder frei bewegen, in Zone B muss man immer auf den Wegen bleiben, die Zone C darf man nur zusammen mit einem Naturführer betreten, und in Zone D darf keiner so ohne Weiteres rein. Die Zone D ist somit die Sowjetische Besatzungszone des Venns. Wir wanderten meistens in Zone B auf bewiesten, schnurgeraden Wegen am Venn-Rand.

Unsere Wanderführer hatten geplant, die Mittagspause in einer Wanderhütte zu verbringen. 300 Meter vor der Hütte kamen wir zu einer Stelle im Wald, an der sich vor einigen Jahrzehnten noch ein kleines Dorf befunden hatte. Dieter hatte in seiner Umhängetasche ein Foto von 1957 dabei. Wir sahen ihn als Zehnjährigen genau an der Stelle, an der wir uns nun befanden, im Gras sitzen. Allerdings war hinter dem Jungen von damals ein Bauernhof, der Reinartzhof, zu sehen. Heute lagen hier nur noch Mauerreste. Im Mittelalter hatte an diesem Ort ein mönchischer Einsiedler gelebt, um den Pilgern an der Strecke Aachen-Trier mit einer Glocke den Weg durch den Nebel zu weisen. Später wurden hier drei Bauernhöfe erbaut und bis 1971 bewohnt.

Wir waren inzwischen über drei Stunden unterwegs, und es wurde wirklich Zeit für die Mittagspause. Die trockene und komfortabel geräumige Blockhütte war allerdings besetzt. Drei holländische Wanderer hatten in der Hütte übernachtet. Nun putzten sie sich schnell die Zähne und packten ihre überdimensionierten Rucksäcke. Aber mal unter uns: Was sind das denn bitte schön für Wanderer, die um 13 Uhr zu ihrer nächsten Tagesetappe aufbrechen? So viel kann man am Vorabend gar nicht gesoffen haben, dass man erst so spät in die Puschen kommt.

In der Hütte verzehrte ich meine beiden Salamibrötchen, und Markus und Susanne gaben mir ein hartgekochtes Ei ab. Zum Nachtisch wurde leckere Kölner Karnevalsschokolade gereicht. Und als Digestif gab es einen Kräuterbitter. Der große Vorsitzende der Eifelverein-Ortsgruppe Roetgen, Manfred, hatte ein paar Plastikschnapsgläschen mitgenommen und spendierte original Venn-Schnaps, hergestellt aus der Wermut-Pflanze.

Feuchte Natur, so weit man blicken und spüren konnte. Hier gab es in einem Umkreis von zehn Kilometern keine bewohnten Siedlungen, nur Natur. Endlich durften wir direkt ins Moor. Keine Vogelbrut und keine Brandgefahr. Im Sommer darf bei großer Trockenheit keiner mehr rein. Rote Fahnen markieren die Sperrgebiete, so wie an Nord- und Ostsee bei aufgezogenem roten Ball niemand ins Meer darf. Um eventuelle Brandherde zu kontrollieren, hat die belgische Forstverwaltung riesige Wachtürme aufgestellt. Von dort aus wird beobachtet, ob sich alle Wanderer an die Verbote halten. Bei Nichtbeachtung werden hohe Geldstrafen verhängt. Geschossen wird nicht, auch nicht in Zone D.

Schmale Holzstege führten über eine wasserbedeckte Fläche. Auf den glatten, 30 Zentimeter breiten Bohlenwegen musste man höllisch aufpassen, um nicht abzurutschen. Rings um die Holzstege gurgelte und sprudelte es. Susanne sagte, dass sie noch nie solche Wassermassen im Venn erlebt

Der Sturz war nicht so lustig, wie es aussieht. Tiefe Fleischwunde, große Schmerzen.

hätte. Schon an normalen Tagen ist es sehr nass im Venn. Heute glich die Moorwanderung einer Wattwanderung.

Nach der Holzstegpassage ging es ungefähr drei Kilometer über Forstwege und breite Waldschneisen zu einem weiteren Moorgebiet. Dort hatte Guido einen Schwächeanfall. Der Vorsitzende Manfred berichtete mir, dass Guido wohl schon länger unter Herzrhythmusstörungen leide. Er wäre aber noch am vorherigen Tag beim Arzt gewesen, und der hätte keine Einwände gegen die Wanderung gehabt. Guido sah gar nicht gut aus, und es wurde in Roetgen angerufen, damit ein Nachbar ihn mit dem Auto abholen komme. Wir warteten, und bevor Guido in das Fahrzeug einstieg, konnte er schon wieder lachen. »Schöne Scheiße, was?«, sagte er und schüttelte mir zum Abschied kräftig die Hand.

Wahrscheinlich ist ein solcher Zwischenfall bei einer Gruppenwanderung nicht ungewöhnlich. Je größer die Gruppe ist, desto größer auch die Wahrscheinlichkeit, dass etwas Unvorhergesehenes und auch Dramatisches passiert. Ein Sturz, und jemand kann nicht mehr weitergehen. Oder Sonnenstich, Verbrennungen, Allergieschocks, Orientierungslosigkeit und Demenz. Mitwanderer können einfach verlorengehen. Irgendwo müssen die Moorleichen ja herkommen.

Langsam näherte sich die Wanderung ihrem Ende, an Feldern vorbei, wo früher Torf gestochen wurde, liefen wir zu einem Wanderparkplatz. Ein Reisebus holte uns ab und fuhr uns zurück nach Roetgen. Ganz werde ich den Verdacht nicht los, dass man mich als gefürchteten Rundwanderwegekritiker mit dem Busservice glücklich machen wollte. In einer Gruppe wandert es sich eher schlecht inkognito. Man erzählte mir, dass man eigentlich Rundwanderwege bevorzuge, um wieder bei den Autos anzulangen, und mit öffentlichen Verkehrsmitteln war im deutsch-belgischen Grenzgebiet kaum eine Streckenwanderung zu planen.

Aus verschiedenen Gründen hatte ich die Wanderung sehr genossen. Im Venn herrscht absolutes Hundeverbot. Besonders stolz war ich, dass ich keine nassen Füße hatte. Auf der Hinfahrt hatten Susanne und Markus noch gespottet: »Mit Halbschuhen ins Venn, im März, man glaubt es nicht.« Aber meine neuen Wanderhalbschuhe waren dicht, und ich hatte mir keine Blasen gelaufen.

In Roetgen verabschiedete ich alle herzlich: Bruno, den Belgier mit dem großen Nationalstolz, Petra, die mich für die therapeutischen Vorteile des Wanderns mit Stöcken gewinnen konnte, Manfred, den Mann mit dem Gratisschnaps, und Dieter, der vor 50 Jahren dem Venn verfallen war. Jetzt bin ich Venn-Fan. Obwohl ich eher der Typ für opulente Felsen- und Flusslandschaften bin, hatte mir die karge Moorlandschaft gefallen, und im Sommer komme ich bestimmt zurück (zu dieser Jahreszeit sollte man allerdings nicht bei Gewittergefahr wandern – keine Überlebenschance). Ich weiß allerdings nicht, ob Gruppenwanderungen so mein Ding sind. Ich musste doch zu oft meine Ungeduld zügeln, wenn wir auf Nachzügler warteten. Ich werde wohl weiterhin am liebsten alleine oder mit wenigen Leuten wandern. Um vielleicht endlich das Birkhuhn zu sehen.

Venn-Fan

Aufführungslänge

Etwa 17 Kilometer

Aufführungsdauer

Etwa sechs Stunden

Programmheft

»Hautes Fagnes/Hohes Venn/Hoge Venen, Carte de Promenades/Wanderkarte/Wandelkaart«, 1:25.000

Wanderdating im Internet

Kann man seine große Liebe beim Wandern kennenlernen? Und wenn ja, wie stellt man das an? Alleine in den Wald gehen und darauf warten, dass einem der zukünftige Ehepartner über den Weg läuft, ist schon mal ein guter Anfang. Könnte etwas dauern, bis man auf den Richtigen oder die Richtige trifft. Und wie spricht man den- oder diejenige dann an? »Mein schönes Fräulein, darf ich wagen, meinen Arm und Geleit Ihr anzutragen«? Das hat schon beim Faust und dem Gretchen ins Unglück geführt. Deshalb sollte man wohl dem Glück etwas nachhelfen. Eine organisierte Wanderreise oder eine Gruppenwanderung wären sicher eine gute Möglichkeit, dem Menschen zu begegnen, mit dem man sich bis zum Lebensende oder zumindest einen gewissen, überschaubaren Lebensabschnitt zusammentun möchte.

Man kann aber auch im Internet nachschauen und in einem Wanderforum suchen. Zunächst natürlich nur einen Wanderpartner, aber vielleicht bleibt es ja nicht nur beim gemeinsamen Naturerlebnis. Das meistfrequentierte deutsche Wanderforum ist unter fernwege.de zu finden. In 99 Prozent der Fälle verabreden sich dort Wanderfreaks zu Mehrtagestouren (sehr beliebt sind Jakobsweg, Alpenüberquerung und Rheinsteig) oder zu regionalen Touren (»Wer hat Lust, am Wochenende im Raum Essen zu wandern?«), es gibt aber auch eindeutigere Anfragen. »Suche Bergkameraden für Hochtouren« gehört wahrscheinlich nicht dazu, aber dass Helmuth (38) eine jugendliche Wanderpartnerin unter 30 sucht, war für einige Mitglieder des Wanderforums schon nicht in Ordnung. »Ist das jetzt eine Eheanbahnungsplattform?«, fragte Nikolaus wenige Stunden später. Ob sich eine Wanderpartnerin, die jung genug für Helmuth ist, gefunden hat, entzieht sich meiner Kenntnis.

Eine richtige Kontroverse entfachte der Aufruf von Walter, sich zum Nacktwandern im März zu verabreden. Er bekam zunächst den Rat, sich für seine Absichten eine Partnerbörse zu suchen. Worauf Walter wütend entgegnete: »Ein' an der Klatsche, oder was? Kannste nich' lesen? Es wird kein Partner, sondern mehrere Leute gesucht!« Gut, stilistisch ist der Mann kein Hermann Hesse. Obwohl *der* schreiben konnte und nackt gewandert ist und dabei eine hervorragende Figur machte. Ich sah kürzlich im »Spiegel« ein Foto von 1910, das den Autor aus Calw an einer Felswand im Adamskostüm zeigte.

Wenn schon die Literaten vor 100 Jahren nackt gewandert sind, dürfte das im Jahr 2006 nicht für Aufregung sorgen. Im Wanderforum von fernwege.de ging die Debatte jedoch weiter. Michael glaubte, »dass der hier nicht richtig ist. Außerdem ist es im März auch noch ganz schön kalt.« Und Klaus gab gute Tipps: »Denk wenigstens an feste Wanderstiefel und ein nettes Schleifchen um den Schniedelwutz.« Walter, der Nacktwanderer, war dagegen eher humorresistent: »Ich fass es nicht, bin ich hier tatsächlich im Kindergarten gelandet. Dürft ihr überhaupt schon alleine wandern?« Nachdem die Teilnehmerin »Vagabundin« ihm später geraten hatte, in einem Nudisten-Forum zu inserieren, hörte und las man nichts mehr von Walter.

Doppelt genäht hält besser, dachten sich wohl zwei Wanderer, die sich mit einem zusätzlich ins Netz gestellten Foto um zwei nette Mitwanderinnen bewarben. Die beiden hatten sich lässig auf die Unterarme abgestützt auf den Boden ge-

Hermann Hesse aus Calw

legt, die Wanderschuhe ragten in der Bildmitte den potenziellen Betrachterinnen entgegen. Was die beiden wollten, schrieben sie ziemlich unverblümt: »Wir sind beide Singles, die gerne wandern und die Natur lieben. Wir würden dies Erlebnis gern mit aufgeschlossenen Frauen teilen wollen.«

Ich weiß nicht, welche Frau keine weichen Knie und einen sehnsuchtsvoll-schmachtenden Blick bekommt, wenn sie liest, dass André (25) mit seiner romantischen Ader »eine Bergfee sucht«.

Weniger auf ätherische Wesen, als auf handfeste Hochleistungs-Frauen steht Roger: »Bin der Roger, 55 Jahre jung. Welche durchtrainierte belastbare Sie will mich begleiten. Tagesetappen von 40 Kilometer sollten ihnen nichts ausmachen. Auch jüngere Damen angenehm.« Ist doch ein klares Anforderungsprofil.

Andreas sagt: »Hallo! Ich, 45, verheiratet (finde es trotzdem anregender mit einer Frau zu wandern), suche Wanderpartnerin.« Vielleicht sollte mal jemand die Frau von Andreas fragen, ob sie das auch »anregender« findet.

Auch Freunde der gleichgeschlechtlichen Liebe meldeten sich im Wanderpartnerforum von fernwege.de: Britta, Vanessa, Dudi und Detlef (die Namen habe ich mir ehrlich nicht ausgedacht) laden ein zum Schwulen- & Lesbenwandern. »Hi Boys and Girls, wir haben viel vor. Es sollen etwas andere Touren werden.« Klar.

Anscheinend ist Wandern ein Aphrodisiakum. Ich habe eine Zuschrift zu meinem ersten Wanderbuch erhalten, in der der Absender begeistert beschrieb, dass er seine besten

Touren immer mit Frauen gewandert wäre. Besonders schön wären die Nächte gewesen, schwärmte er. Und ein Bekannter aus meinem engeren Freundeskreis hat mir glaubhaft versichert, den tollsten Sex der Welt während einer mehrwöchigen Wandertour gehabt zu haben.

Es sollte aber nicht der Eindruck entstehen, dass im Internet nur jüngere und ältere Herren ihren Hormonstau beim Wandern auflösen wollen. Auch zwei Frauen aus der Pfalz suchten männliche Wanderbegleitung. Es ist ihnen von Herzen zu gönnen, dass sie Erfolg hatten.

Eher selten kommt es vor, dass Wanderinnen und Wanderer auf die doch zum Teil unmissverständlichen Kontaktanzeigen direkt antworten. Anders im Fall von Wolfgang. »Suche dauerhaft Wanderpartnerin für alles, was Spaß macht. Ich bin männlich, 56/170/86 (stark abnehmend). Noch ein Jahr arbeiten und dann dauerhaft frei.« Eine Frau mit dem Spitznamen Wander-Woman antwortete prompt begeistert und interessiert. Ich wünsche Wander-Woman und Wolfgang, W-W & W, eine lange und dauerhafte Wanderbeziehung und alles Gute, sollte sich mehr daraus ergeben.

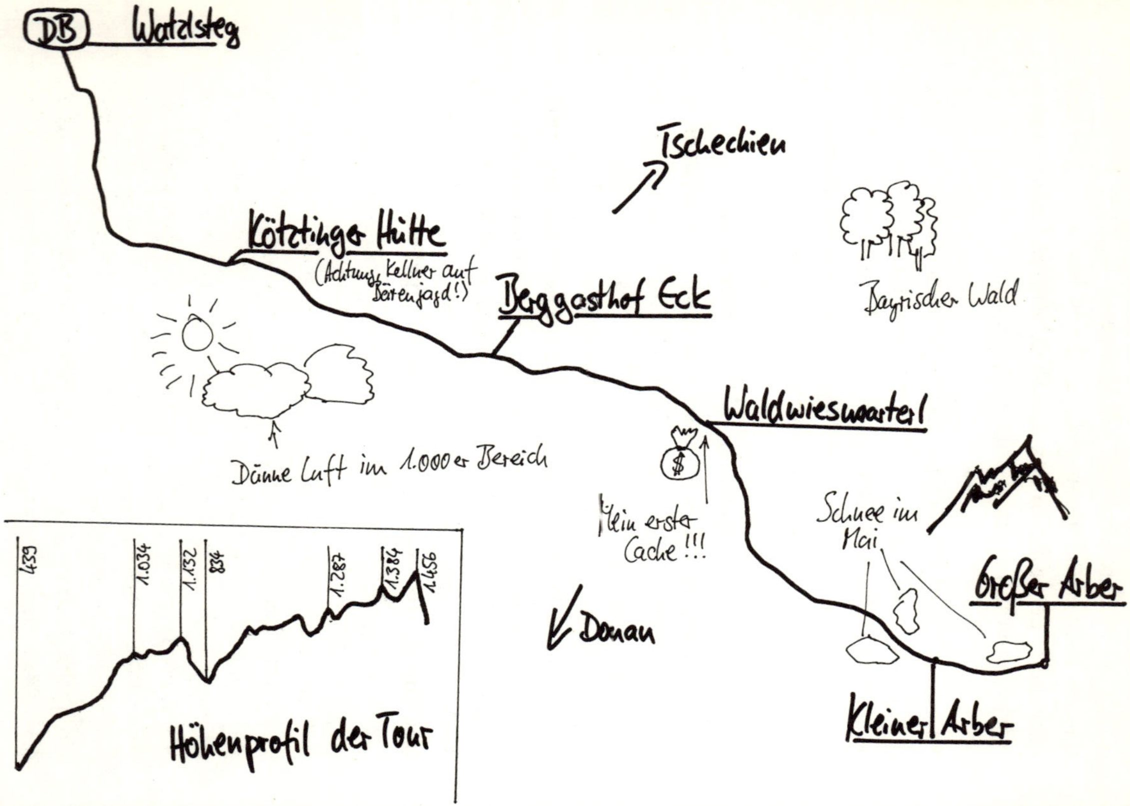
DB
Waldsteg
Kötztinger Hütte
(Achtung: Kellner auf Bärenjagd!)
Tschechien
Berggasthof Eck
Bayrischer Wald
Dünne Luft im 1.000er Bereich
Waldwieswarterl
Mein erster Cache!!!
Donau
Schnee im Mai
Großer Arber
Kleiner Arber
439
1.034
1.132
834
1.287
1.384
1.456
Höhenprofil der Tour

Zwölf Tausender

EIN BERGDRAMA

Personen

Victor	Schauspieler
Robert de Niro	Kellner
Stefan	Geo-Cacher aus Schiltach im Schwarzwald
Norbert	Stefans Kumpel

Schauplatz ist der Bayerische Wald, die Zeit Mai 2006.

Das deutsche Mittelgebirge in einer Höhe zwischen 1.000 und 1.500 Metern sollte man nicht auf die leichte Schulter nehmen. Viele, die das taten, mussten ihren Hochmut mit dem Leben bezahlen. Und wer kann denn schon von sich behaupten, alle deutschen Tausender bestiegen zu haben? Na also. Victor und ich hatten vor zwei Jahren den Brocken im Harz geschafft, was ein guter Anfang war.

Nun hatten wir uns vorgenommen, in zwei Tagen zwölf Tausender im Bayerischen Wald zu bezwingen. Höhepunkt sollte der zweithöchste deutsche Mittelgebirgsberg, der Große Arber, mit 1.456 Meter Höhe sein (der Feldberg im Schwarzwald ist 1.493 Meter hoch). Es hatte schon viele Erstbesteigungen des Großen Arbers gegeben, der erste Mensch, die erste Frau auf dem Arber, der erste Chinese usw. Wir wollten riskieren, als erste bartlose Nichtraucher aus Köln, die früher zusammen in der KSJ waren, den Großen Arber zu besteigen. Mit dem Zug über Nürnberg und Cham fuhren wir nach Watzlsteg in der Oberpfalz. Ich hatte lange Jahre nicht kapiert, wo genau Oberpfalz, Oberfranken und Oberbayern liegen. Wenn man mal da gewesen ist, fällt die geographische Einordnung nicht mehr schwer.

Wir starteten also am Haltepunkt Watzlsteg in 439 Meter Höhe. Kann eine Wanderung in Bayern an einem Ort mit schönerem Namen beginnen? Am ersten Tag unseres mörderischen Projekts wollten wir vier Tausender besteigen und zehn Kilometer zum Basislager, dem Berggasthof Eck, zurücklegen. Wir waren guten Mutes, doch als wir aus dem Schienenbus ausstiegen, trauten wir unseren Augen nicht. Die bestellten Sherpas waren nicht gekommen. Man hatte uns vorher gewarnt, dass viele Eingeborene hier den zwölf

Mist, wieder keine Sherpas am Watzlsteg.

Tausendern mythische Kräfte zuschrieben und es schwierig werden würde, zuverlässiges Personal zu finden. Trotz des erhöhten Risikos gingen wir auf eigene Faust los.

50 Meter vom Bahnhof entfernt, stießen wir auf den Fernwanderweg E6, der von der Ostsee bis zur Adria führt.

Die ersten beiden Stunden liefen problemlos, und wir erreichten unseren ersten Tausender, den Mittagsstein, auf 1.034 Metern. Kurz zuvor waren wir schon auf dem Kreuzfelsen gewesen, dessen Gipfel 999 Meter hoch war. (Sollte man dort nicht noch mal nachmessen, ob der Kreuzfelsen nicht doch einen Meter höher ist? Wahrscheinlich will man das aber gar nicht, sonst müsste man alle gusseisernen Höhenprofile, die am Wegesrand die zwölf Tausender zeigen, austauschen, und das wäre natürlich sehr teuer.)

Am Mittagsstein rasteten wir an einem Glockenturm, der auch als Kulisse in »Spiel mir das Lied vom Tod« hätte dienen können. Von vier hohen Steinsäulen getragen, hing unter einem Dach eine große Glocke. Der unglaubliche Ausblick zusammen mit dem stolzen Gefühl, die 600 Meter Höhenunterschied zu Fuß überwunden zu haben, und nicht mit Seilbahn oder Lift, sorgte für die erste Euphorie dieser Tour. Nach einer Viertelstunde brachen wir auf und machten 30 Sekunden später wieder Rast. Hier oben gab es ein Gasthaus – die »Kötztinger Hütte« –, und wir beschlossen, erst einmal zwei Halbe zu trinken. Der Kellner sah aus wie Robert de Niro und war auch so cool, als käme er direkt aus einem Scorsese-Film. Als wir bezahlten, schaute Robert de Niro mit einem riesigen Fernglas zum nächsten Berggipfel. Was er denn dort suche, fragte ich ihn. »Na, Bären«, antwortete er, »und Hirsche.« Mit bloßem Auge konnte man ein paar bunte Jacken erkennen. Als wir wieder zehn Minuten gegangen waren, kamen uns einige Frauen entgegen. Ich vermute, das waren die Bären und Hirsche gewesen.

Alter Wanderscherz: Warum ist diese Kiefer mit einem weißen Ring markiert? Damit man zwischen Oberkiefer und Unterkiefer unterscheiden kann.

Inzwischen hatte es einen Wetterumschwung gegeben. Graue Nebelschwaden stiegen aus dem Tal empor, und es regnete stark. Wir kamen zu den Rauchröhren, einem Versteck der Landbevölkerung im 30-jährigen Krieg. Statt den Pfad direkt über die Felsen zu wählen, was eigentlich Victors und meinem Draufgängernaturell entsprochen hätte, entschieden wir uns für die leichtere Variante. Vom Großen Riedelstein (1.132 Meter) ging es auf 834 Meter hinunter zum Berggasthof Eck. Zwei Skipisten führen direkt auf den Berghof zu, dazwischen fällt der Weg steil bergab. Ich konnte Victor auf dieser Strecke nicht mehr folgen, bei jedem Schritt hatte ich Schmerzen in den Knien.

Ich versuchte, in kleinen Kehren zu gehen, lieh mir von Victor Stöcke aus, aber nichts half. Entnervt kam ich fünf Minuten nach meinem Freund im Gasthof an.

In der Nacht wurde ich immer wieder von einem lauten Tropfen geweckt. Ich dachte, ich hätte den Wasserhahn nicht richtig zugedreht, war aber zu müde, um aufzustehen. Außerdem hörte das Tropfen meist nach wenigen Minuten wieder auf. Am nächsten Morgen entdeckte ich auf dem Fensterbrett eine große Pfütze, und Wasser war den Heizkörper entlang auf den Boden gelaufen. Es hatte in der Nacht durch das geschlossene Fenster geregnet, und der Blick nach draußen stürzte mich noch tiefer in die Depression. So etwas hatte ich zuletzt bei der Fernsehberichterstattung über Unwetter in der Karibik gesehen. Eine Regenwand im Nebel, kaum Licht, starker Wind. Die Tausendertour würden wir wohl nicht fortsetzen können. Entsprechend schlechtgelaunt kam ich zum Frühstück.

Neben Victor und mir saßen zwei Männer, etwa in unserem Alter. Ich fragte sie, ob sie auch zum Wandern hier wären. Klar, antworteten sie. »Auch bei dem Wetter?« Wir erfuhren, dass es auch am Vortag (als wir uns noch bei der Anreise befanden) bis zehn Uhr schlimm geregnet hätte, dann wäre es besser geworden. Könnte am heutigen Tag auch so sein, dachte ich mir und klammerte mich an diesen letzten Strohhalm Hoffnung. Wir beschlossen, gemeinsam mit Stefan und Norbert loszumarschieren. Kurz nach neun Uhr packten wir unsere Sachen und liefen in den nur noch nieselnden Regen.

Unser Aufstieg glich der Wanderung der Lachse. Der Weg war zu einem Bach geworden, zwischen den Steinen floss uns das Wasser entgegen. Später lasen wir in der Zeitung, dass es in Bayern das schlimmste Hochwasser seit 50 Jahren gegeben hatte. Und wir waren mitten durch die Ursache für die übervollen Flüsse gewandert.

Als wir eine knappe Stunde hinter Eck an unserem ersten Tausender dieses Tages ankamen, stürzte Victor zum Gipfelkreuz. Dort fand er in einem Kasten ein wasserdicht verpacktes Gipfelbuch. »Sensationell, das ist erst gestern hier deponiert worden, wir sind die Ersten, die hineinschreiben dürfen!« Gipfelbücher sind eine Art Poesiealbum der Berge. Victor kniete sich hin und begann, die ersten Zeilen in das nagelneue Buch zu schreiben. Ich weiß nicht, was er schrieb, denn ich folgte derweil Stefan. Der hatte schon die ganze Zeit auf ein GPS-Gerät gestarrt. Nur zur Erinnerung: Die GPS-Technik haben wir Ronald Reagan und seinem verunglückten »Star Wars«-Programm zu verdanken. Das Vorhaben, aus dem Weltraum heraus feindliche Raketen abzuschießen, wurde nicht zu Ende geführt, aber die ersten Satelliten verblieben im Weltraum. Seitdem gibt es Navigationssysteme nicht nur für Autos, sondern auch für Wanderer. Mir hatte sich nie wirklich erschlossen, warum es sinnvoll sein könnte, sich ein GPS-Gerät anzuschaffen. Es ist teuer (das Gerät von Stefan kostete inklusive Deutschlandkarte 600 Euro), und die Wege, die ich am liebsten gehe, sind (meistens) ziemlich gut ausgeschildert. Stefan benötigte das Gerät allerdings auch nicht als Wanderhilfe, sondern zum Aufspüren von Verstecken. Stefan war Geo-

Cacher. Er hatte am heimischen Computer die Koordinaten der Verstecke (Englisch: caches) entlang der zwölf Tausender eingegeben. Weltweit existieren 300.000 Caches, allein in deutschen Wäldern und Städten gibt es 14.000. Das Spiel Geo-Caching muss man sich wie eine Schnitzeljagd für große Jungs vorstellen.

Stefan und Norbert, die zwei Geo-Cacher aus dem Schwarzwald

Auf seinem GPS-Gerät konnte Stefan die Höhenmeter und die Entfernung zum Cache ablesen. Das GPS fungierte nun als Heiß-Kalt-Maschine wie beim Ostereiersuchen. Stefan starrte auf sein Gerät: »Es kann nicht mehr weit sein, neun Meter, acht Meter, zehn Meter, Mist, es muss doch in der anderen Richtung sein.« Als Stefan bis auf einen Meter an den Fundort herangekommen war, konnte er immer noch nichts entdecken. Er holte nun aus seinem Rucksack ein sogenanntes Spoilerbild. Dieses Foto hatte er daheim ausgedruckt, der »Betreuer« der Zwölf-Tausender-Caches-Strecke hatte Bilder der Verstecke ins Netz gestellt. Es gab also nicht nur Verrückte (Zitat Stefan »Ich hab einen Hau«), die im Wald nach Caches suchen, es musste auch die geben, die das Zeug verstecken. Meistens, erklärte Stefan uns, macht man beides. Er suche gerne, würde aber auch selber Caches verteilen – aber nur bei ihm zu Hause. Anhand des Bildes identifizierte Stefan einen großen Stein als Versteck, krabbelte um ihn herum und zog triumphierend eine kleine Plastiktüte hervor. In der Plastiktüte war ein verschließbarer Gefrierbeutel und darin ein kleines blaues Plastikkästchen. Stefan entnahm ein Logbuch und trug Fundzeit und »Artigste Grüße« ein. Danach versteckte er den Cache wieder sorgsam. »Nichts ist ärgerlicher als geklaute Caches.« Verständlich. Dann wurde noch schnell ein Foto gemacht, und weiter ging es.

Seit 2000 gibt es Geo-Caching, seit Herbst 2004 ist Stefan dabei, und so leben anscheinend Tausende Mitmenschen in einem Paralleluniversum, ziehen durch die Wälder und verstecken Kästchen und suchen und entdecken und verstecken und suchen weiter.

Es hatte aufgehört zu regnen. Der Wandergott (den gibt es, wie angeblich auch den Fußballgott, obwohl ich an dessen Existenz langsam nicht mehr glauben mag) hatte sich unser erbarmt. Diese moderne Schnitzeljagd begann mich zu interessieren. Stefan zeigte mir das Spoilerbild des nächsten Verstecks an dem Gipfel mit dem schönen Namen Waldwiesmarterl. Es war ein Baumstumpf auf dem Bild zu sehen gewesen. Am Gipfel angekommen, standen da bestimmt 20 von diesen Baumwurzeln. Während die anderen drei links des Weges suchten, erblickte ich einen kleinen Baum genau wie auf dem Foto und kurz darauf (auch ohne die Hilfe des

Links ein Cache, rechts ein GPS-Gerät

GPS) den Holzstumpf. An einer Seite lehnte ein Holzstück an der Wurzel. Das nahm ich weg, griff tief unter die Wurzel und förderte einen kleinen Plastikbeutel zutage. Außer dem Logbuch fand sich noch allerlei Krimskrams in dem blauen Kästchen. Eine Trillerpfeife, einige Murmeln und ein Panini-Fußball-Sammelbildchen mit Per Mertesacker. Man durfte einen Gegenstand entnehmen, wenn man ihn durch einen neuen ersetzte und das im Logbuch notierte. Ich nahm die Murmeln heraus (konnte man immer gebrauchen) und holte aus meiner Brieftasche ein 15 Jahre altes Passfoto. Fast so wertvoll wie ein Bildchen von Per Mertesacker.

Beim Geo-Caching erlebt man die Wanderung nicht mehr als Ganzes, sondern der Weg ist in kleine Häppchen aufgeteilt. Nach jedem gelösten Rätsel erfuhren wir von Stefan, wie weit es noch bis zum nächsten Cache ist. Dann gingen wir eine halbe Stunde, zehn Minuten Cache-Suchen und weiter. Das alles gefiel vor allem Victor. Aber nicht nur das Spiel, sondern auch die schmalen Wege mit Steinen und Wurzeln, die steilen Anstiege, die wilde Natur. Diese anspruchsvolle Tour war genau nach seinem Geschmack.

Wir rasteten am vorletzten Tausender. Stefan und Norbert machten eine längere Pause und wollten später auf dem Großen Arber übernachten. Victor und ich mussten uns beeilen, um die letzte Seilbahn um 16.30 Uhr zu erwischen. 600 Höhenmeter zu Fuß hinunter, darauf konnte ich heute sehr gut verzichten, und so verabschiedeten wir uns von den Schatzsuchern. Ohne die beiden wären wir an diesem Tag wohl nicht losgewandert und hätten so einen aufregenden Wanderweg verpasst.

Beim Anstieg zum Großen Arber blickten wir zurück: Wie auf einer Schnur aufgereiht lagen dort die Tausender, die wir an den beiden Tagen hinter uns gebracht hatten. Ein gutes Gefühl. Durch vereinzelte Schneeflächen (wir hatten Ende Mai!) gingen wir schnurgerade berghoch. Heute wählten wir keine bequemen, leichten Wege, die uns immer wieder auf Schildern angeboten wurden. Wir waren Gipfelstürmer. Jeder lief und kletterte so gut er konnte. Oben war mindestens Windstärke acht auf der nach oben offenen Windstärkenskala. Wir hatten es geschafft. Wir hatten an zwei Tagen zwölf Tausender als erste bartlose Nichtraucher aus Köln, die früher zusammen in der KSJ waren, bezwungen und gleichzeitig eines der großen Abenteuer der Menschheit erlebt, das Geo-Caching. Immer wenn ich in Zukunft eine Plastiktüte im Wald sehen werde, werde ich nicht automatisch über schlimme Umweltsünder schimpfen. Vielleicht hat ja ein ungeschickter Geo-Cacher sein Versteck etwas schlampig gewählt. Wenn Sie einmal zufällig einen Cache finden sollten, legen Sie ihn bitte wieder an die

Fundstelle zurück, sonst werden große Spielkinder wie Stefan und Norbert enttäuscht. Und das wäre doch schade.

Aufführungslänge

18 Kilometer

Aufführungsdauer

10 Stunden, 31 Minuten mit Pausen
von insgesamt anderthalb Stunden

Programmheft

Neben der Karte »Naturpark Oberer Bayerischer Wald, östlicher Teil«, 1:50.000 natürlich das GPS-Gerät von Stefan. Dieses technische Wunderwerk zeigte die Zeit im Stand, den Schnitt in Bewegung, die Zeit in Bewegung und den Gesamtschnitt an. Außerdem ein Höhenprofil der zurückgelegten Gipfel. Für einen Statistik-Fan wie mich ein Traum. Allein wegen dieses Datenschnickschnacks überlege ich mir, doch ein GPS-Gerät anzuschaffen.

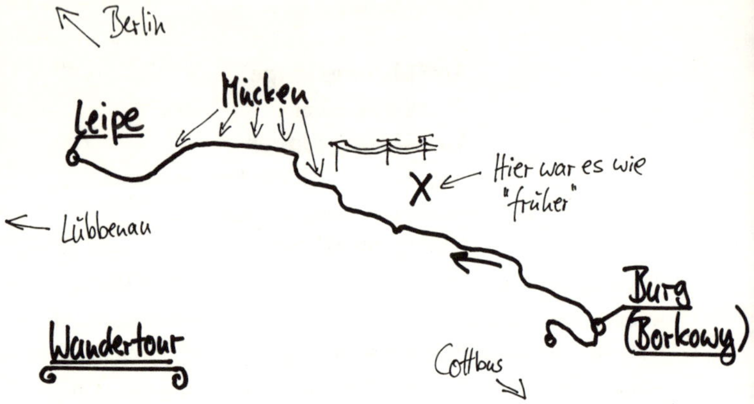
Berlin
Mücken
Leipe
Hier war es wie "früher"
Lübbenau
Burg (Borkowy)
Wandertour
Cottbus

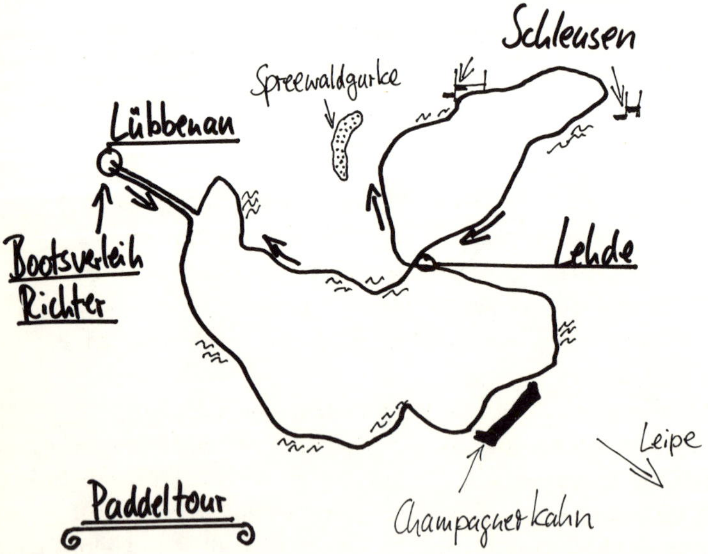
Schleusen
Spreewaldgurke
Lübbenau
Bootsverleih Richter
Lehde
Leipe
Paddeltour
Champagnerkahn

Und daß dem Netze dieser Spreekanäle
Nichts von dem Zauber von Venedig fehle,
Durchfurcht das endlos wirre Flussrevier
In seinem Boot der Spreewalds-Gondolier
THEODOR FONTANE,
Wanderungen durch die Mark Brandenburg

Im Spreewald

EIN SOMMERLICHER SCHWANK

Personen

Myriam, Lena	Die Töchter des Autors
Herr Richter	Der Bootsverleiher
Ein Schleusenwärter	

Schauplatz ist der Spreewald, die Zeit Mai 2006.

Als wir aus dem Bus stiegen, donnerten zwei Kampfjets der Bundeswehr über unsere Köpfe. Myriam bekam richtig Angst: »Üben die oder werfen die gleich Bomben?« Ich konnte sie beruhigen. Meines Wissens, sagte ich, hätte es in Deutschland in den letzten 60 Jahren keine Bombenabwürfe mehr gegeben.

Wir waren von Cottbus aus mit dem Bus nach Burg im Spreewald gefahren, um von dort aus nach Lübbenau zu wandern. Burg im Spreewald (Sorbisch Borkowy, in dieser Gegend ist jedes Ortsschild zweisprachig, jeder Ortsname auf Deutsch und Sorbisch vermerkt) ist gar nicht mal so klein.

Der Busfahrer meinte es gut mit uns und nahm uns bis zur Endhaltestelle am Ausgang von Burg mit. »Jetzt immer geradeaus die Straße entlang, dann kommen sie nach Lübbenau.« Danke für den Tipp, aber wir wollten eigentlich den Wanderweg und nicht die Straße benutzen. Also gingen wir zurück zum Ortszentrum.

Dass Orte einfach nur »Burg« heißen, ist mir noch nie begegnet. »Burg« gibt es selten allein, meist ist ihm ein markantes Präfix vorangestellt: Olden, Aschaffen, Ham, Bit, Magde, Offen, Mecklen, Regens oder Duis.

Spreewald. Das sind Wiesen, Weiden und kleinere Mischwälder. Aber vor allem unzählige Kanäle, Bäche und Fließe, wie die kleinen Wasserstraßen genannt werden. Obwohl das Wasser meistens nicht floss, sondern brackig vor sich hin gammelte. Im Spreewald gibt es noch nicht einmal den Hauch einer Erhebung, geschweige denn ein Gebirge. Ich hatte mich auf diese Flachlandwanderung gefreut, es war schön, einmal nicht an die nächste Steigung und Kammüberquerung denken zu müssen. Auch das Jammern meiner Kinder, wann dieser oder jener Berg sich dem Ende zuneigen würde, blieb mir so erspart.

Zu Fuß war hier niemand unterwegs. Riesige Gruppen von Fahrradfahrern überholten uns, wobei sie die gesamte Breite des Weges einnahmen und uns geflissentlich übersahen. Vor den Radfahrern hatte Myriam im Übrigen keine Angst, obwohl die fast so laut wie Kampfjets und eine konkretere Bedrohung für unsere körperliche Unversehrtheit waren. Das Teilstück zwischen Burg und Lübbenau gehört zum europäischen Fernwanderweg E10, der über mehrere tausend Kilometer von Lappland bis nach Bozen führt. Wo waren sie, die finnischen und österreichischen Fernwanderer? Wir sahen keinen einzigen, immer nur Radfahrer.

Der Weg führte entlang der Hauptspree über flaches Land. Wir gingen auf staubigen und unbefestigten Feldwegen vorbei an vereinzelt gelegenen Höfen, Rindern, die ein wenig wie verhungerte indische Kühe aussahen, und Holzmasten mit nur zwei Stromkabeln. Es hätte einen nicht gewundert, wenn uns mit einem Pferdegespann ein Knecht entgegengekommen wäre, um uns an unseren Zielort zu bringen. Es war, kurz gesagt, wie früher. Merkwürdigerweise hatten auch die Kinder ein vertrautes Gefühl dieser Landschaft gegenüber, als wären wir schon einmal hier gewesen. War das ein Fall von Reinkarnation? Hatten die beiden etwa in einem früheren Leben in dem ostpreußischen Landgut eines Großjunkers als Mägde gedient? Wenn ich mir die beiden so ansah, war das doch ziemlich unwahrscheinlich. Vermutlich handelte es sich bei dem Wiedererkennungseffekt eher um eine Art schwer zu fassendes Heimatgefühl.

Die Sympathiewerte für die Landschaft sanken, als es nach vier Kilometern größtenteils auf asphaltierten Wegen weiterging, es zu regnen anfing und die Mücken kamen. Wir näherten uns Leipe, und ich spielte mit dem Gedanken, die Wanderung abzukürzen und die restlichen sechs Kilometer bis Lübbenau mit einem Spreewaldkahn zu fahren. Spreewaldkähne sehen aus wie große Gondeln. Ein Kahnführer bewegt das Boot mit einem Stab vorwärts, und die Kundschaft sitzt auf Bänken an Tischen, die oft mit einem kleinen Blumenstrauß geschmückt sind. Dumm nur, dass ich Leipe mit Lehde verwechselt hatte. Ein Unterschied von zwei Buchstaben und fünf Kilometern. Nur von Lehde aus fahren Kähne nach Lübbenau, aber auch nicht mehr nach 17 Uhr. Ein bisschen genervt kamen wir um 18 Uhr in der Gaststätte Froschkönig in Leipe an. Ich aß einen hervorragenden Spreewälder Gurkenteller und ließ mir mehrmals (bis ich es endlich kapiert hatte) den Unterschied zwischen Senfgurke (weiß und glasig), Gewürzgurke (so wie im Supermarkt aus dem Glas) und Salzgurke (diese Gurken sind mit Salzlake getränkt, da sie erst angestochen und dann eingelegt werden) erklären. Auch meine Kinder pickten eifrig mit Zahnstochern die klein geschnippelten Gurkenscheiben vom Teller. Da sauer bekanntlich lustig macht, stieg die Stimmung am Tisch. Lena und Myriam schlugen mir ein Geschäft vor: Wenn sie mir zehn Gründe, gute Gründe, nennen würden, um die Wanderung abzubrechen, müsste ich ein Taxi rufen. Ich willigte ein, und die beiden legten direkt los.

1. Myriams Blase. Ich dachte zunächst, dieser Grund wäre nur ein vorgeschobener, aber tatsächlich, sie hatte eine fünfmarkstückgroße – »fünfmarkstückgroße« ist noch immer eine bessere Bezugsgröße als »zweieurostückgroße« – Blase unter dem rechten Fuß.
2. Lenas Rückenschmerzen.
3. Es gibt zu viele aggressive Mücken (wir hatten tatsächlich schon Stiche auf dem Kopf, am Knöchel, im Nacken und hinter den Ohren).
4. Es regnete.
5. Es ist schon sooo spät.
6. Dem Papa schmeckt das Lübbenauer Babbenbier so gut.
7. Es wäre doch zu schade, spät in Lübbenau anzukommen und die tolle Suite im Schloss Lübbenau, die wir gebucht hatten, nicht ordentlich genießen zu können.
8. Es wäre dem Bruttosozialprodukt der Lübbenauer Taxi-Innung gegenüber unfair, nicht mit dem Taxi zu fahren.
9. Wahrscheinlich werden wir vom Taxi aus noch einen Storch sehen. Ich hatte den Kindern erzählt, dass es im Spreewald noch ganz viele Störche gibt, und das war kein Ammenmärchen, denn wir sahen später tatsächlich einen Storch in fünf Meter Entfernung – aus dem Taxifenster.

10. Lena und Myriam wollten für den folgenden Tag, wenn es so richtig anstrengend wurde, topfit sein.

Eigentlich gut, wenn einem die eigenen Kinder die rhetorische Arbeit abnehmen, sich einen Wanderabbruch schönzureden. Wir fuhren dann mit dem Taxi nach Lübbenau und verbrachten als Alternativprogramm zur Wanderung einen entspannten Abend an der Bowlingbahn.

Am nächsten Tag gingen wir um elf Uhr im Hafen von Lübbenau zum Bootsverleih. Man kann sich hier, wie oben beschrieben, mit einem Kahn über die Wasserwege fahren lassen, aber wir wollten es auf eigene Faust versuchen. Statt eines Dreierkajaks hatten wir uns für drei einzelne Boote entschieden. Der Bootsverleiher Herr Richter mit Kapitänsmütze gab uns eine kurze Einweisung: Man solle sich gegenseitig beim Einsteigen helfen und ein über das Boot quergelegtes Paddel als Hilfe benutzen. Nie das Boot über Steine herausziehen, es könnte zerkratzen. Und: Das Paddel immer flach halten, da man bei ausholenden Bewegungen schnell nass würde. Ich kaufte noch Mückenspray, und dann stiegen wir in die Boote. Bei den Kindern ging das flott, ich tat mich etwas schwer. Von einer Brücke aus beobachteten uns einige Menschen, und bald begleitete ein lautes Gelächter meine ersten Einsteig- und Fahrübungen. Am schwersten fiel mir das Paddeln selbst. Ich war als Jugendlicher in einem Ruderverein gewesen, aber das war etwas anderes. Die Paddelblätter waren so komisch verdreht, und man musste das Doppelpaddel bei jedem Eintauchen ins Wasser in den Händen drehen.

Nachdem Herr Richter sich überzeugt hatte, dass wir nicht untergehen würden, durften wir endlich losfahren. Am Anfang war es wirklich sehr anstrengend. Nach ein paar

Eleganz in Perfektion im Spreewald

Schlägen musste ich mich erst einmal eine Weile treiben lassen, dann ausruhen und Kraft schöpfen, dann wieder paddeln, ausruhen, paddeln. Nach einer halben Stunde aber hatte ich den Bogen raus. Ein Wasserwandergefühl stellte sich ein. Wie man ja auch nicht darüber nachdenkt, einen Fuß vor den anderen zu setzen, so schwebte ich jetzt über das Wasser. Herr Richter hatte uns eine eingeschweißte Wasserwegekarte zur Orientierung mitgegeben, worauf alle Kanäle mit Namen verzeichnet waren. Unsere Route sollte vom Südumfluter über die Wolschina an der Moorigen Tschummi vorbei zum Bürgerfließ führen. Das Wegweisersystem war ordentlich, an jeder Abzweigung gab es Hinweisschilder und sogar markierte Rundpaddelwege. Verpaddeln konnte man sich hier nicht.

Die Spreewaldlandschaft war wunderschön. Die Kanäle wurden von alten Bäumen gesäumt, deren Äste Amazonaslike bis ins Wasser hingen. An zwei Stellen erhob sich direkt vor unseren Augen ein Fischreiher mit seiner gewaltigen

Spannweite aus dem Schilf. Nach einer Stunde legten wir für eine Pinkelpause an einem Wiesenstück an. An Land angekommen, sahen wir einen Kahn vorbeifahren. Ein Ehepaar, das es sich bei einer Flasche gekühltem Champagner gut gehen ließ, wurde von einem Spreewald-Gondoliere durch den Kanal gestakst. Der Fahrgast fragte über das Wasser, ob wir auch aus Zwickau kämen, denn bisher wären alle Paddelbootfahrer, denen sie begegnet wären, von dort gekommen. Als ich unsere Heimatstadt nannte, fing er an, laut zu singen, und noch hinter der nächsten Flussbiegung konnte man »Mer losse dr Dom in Kölle« hören.

In Lehde, das wir am vorangegangenen Tag nicht mehr erreicht hatten, machten wir eine Mittagspause. Fontane hatte über den Ort geschrieben: »Es ist die Lagunenstadt in Taschenformat, ein Venedig, wie es vor 1500 Jahren gewesen sein mag, als die ersten Fischerfamilien auf seinen Sumpfeilanden Schutz suchten.« Dem war auch über 100 Jahre später nichts hinzuzufügen. In Lehde gibt es das einzige Gurkenmuseum in Deutschland, wahrscheinlich ist es auch das einzige auf der ganzen Welt. Aber wer braucht wirklich ein Gurkenmuseum? (Ehrlich gesagt, mag man im Spreewald schon am zweiten Tag das Wort »Gurke« nicht mehr hören.)

Jede Restauration in Lehde hat einen eigenen Anlegeplatz, dort dürfen aber nur die großen Kähne zum Be- und Entladen ihrer Personenfracht halten. Wir mussten einmal um den Block fahren, gingen (in meinem Fall: krochen) an Land und zogen die Boote aus dem Wasser. Im Restaurant merkte ich, wie nass meine Hose vom Paddeln geworden war. Es empfiehlt sich, auf einer solchen Paddeltour immer eine Ersatzhose parat zu haben. Meine Kinder hatten eine, ich nicht. Als verantwortungsvoller Vater hatte ich an ihre Hosen gedacht, meine aber vergessen.

Nach der Mittagspause fuhren wir noch eine Schleife um Lehde herum und kamen zu einer Schleuse. Es war schon komisch, mit den kleinen Booten in die Schleuse einzufahren, aber die zu überwindenden Staustufen waren nicht höher als ein Meter. Als ich dem Schleusenwärter, der hier seinen Dienst unentgeltlich tat, einen Schleusenobulus gab, nickte er anerkennend: In ein solch kleines Boot würde er sich aus Angst vorm Kentern niemals setzen. Der Respekt des Schleusenwärters machte mir klar, was wir für eine Leistung vollbracht hatten. Deshalb hatten wir auch auf unserer Tour ausschließlich Zweier- und Dreierkajaks gesehen. Die anderen Leute hatten einfach Angst vor den kleinen Einerkajaks gehabt. Anders die furchtlosen Drei aus Köln. Wir waren bereit für höhere Aufgaben: Jugend trainiert für Olympia!

Als wir auf dem Weg zurück nach Lübbenau wieder in Lehde ankamen, mussten wir noch eine Erschöpfungsnachmittagskuchenpause einlegen. Myriam und ich hatten vom ständigen Drehen des Paddels Blasen an den Händen, und so waren wir froh, als wir gegen 16 Uhr wieder am Bootsverleih Richter angekommen waren.

Für eine Wanderung braucht man nicht immer ein Gebirge, kein Mittelgebirge und auch kein Minigebirge. Auch im Flachland ist es schön, wobei die Wanderung dort eher einen etwas meditativen Charakter hat. Oder man muss sich jede Menge zu erzählen haben. Und man muss nicht immer zu Fuß wandern, man kann auch mit dem Rad wandern oder mit dem Boot. Dieses Paddelwandern im Spreewald ist das Nonplusultra, ein Natur- und Fortbewegungserlebnis erster Klasse, das in dieser Form in Deutschland einmalig ist. Aber muss das so sein? Könnte man nicht viel mehr die Bäche und kleinen Flüsse in den deutschen Mittelgebirgen und Tiefebenen nutzen und einen Paddelbootspaß für jedermann anbieten? Ich bin überzeugt davon, dass viel mehr Menschen wanderpaddeln würden, wenn sich öfter eine bessere Gelegenheit dazu böte. Im Spreewald wird es vorgemacht, die Nachahmung sei empfohlen.

Aufführungslänge

9,4 Kilometer zu Fuß und 8,8 Kilometer mit dem Kanu

Aufführungsdauer

2 Stunden und 30 Minuten ohne Pause am ersten Tag und 5 Stunden mit 70-minütiger Pause am zweiten Tag

Programmheft

Ich hatte einen sehr guten Wanderführer. In »Wanderungen durch Brandenburg« werden die Streckenwanderungen der Fernwege E10 und E11 durch Brandenburg beschrieben. Eigentlich hatte ich vorgehabt, den Teilabschnitt des E10 zwischen Lübben und Lübbenau zu gehen. Doch in seltener Offenheit hatte der Wanderführer von dieser Etappe abgeraten. Karte »Pharus-Plan Spreewald, Rad-, Wasser-, Wanderwege«, 1:40.000.

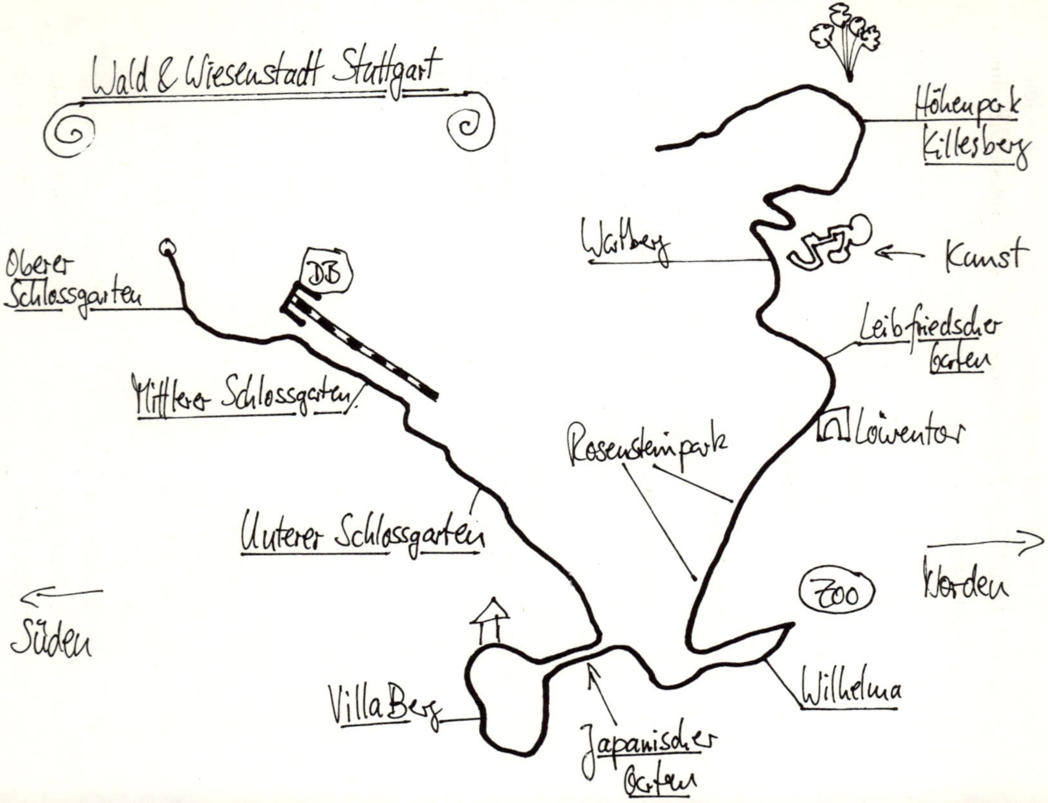
Wald & Wiesenstadt Stuttgart
Höhenpark Killesberg
Wartberg
Kunst
Leibfriedscher Garten
Löwentor
Rosensteinpark
Oberer Schlossgarten
DB
Mittlerer Schlossgarten
Unterer Schlossgarten
Norden
Zoo
Süden
Villa Berg
Japanischer Garten
Wilhelma

Die Kunst Spazieren zu gehen

EINE DRAMATISCHE KOMÖDIE

Personen

Friedrich I.
Wilhelm I. } Könige von Württemberg

Alte Männer im Unterhemd

Alte Männer
ohne Unterhemd

Schauplatz ist Stuttgart, die Zeit Mai 2006.

Was soll das denn? Thema verfehlt? Natürlich soll es in diesem Buch um die Schönheit des Wanderns gehen und nicht um Spaziergänge. Aber was ist die Grenze? Wo endet der Spaziergang, und wann fängt die Wanderung an? Ich habe in den letzten Jahren teilweise recht kuriose Definitionen gehört. Für einen Bekannten beginnt eine Wanderung erst, wenn er einen Rucksack auf dem Rücken hat. Nach dieser Definition würde ich permanent wandern, da ich meinen Rucksack ständig bei mir habe. Meine Frau wandert, sobald sie ihre Wanderschuhe anhat, auch wenn sie nur eine kurze Strecke zurücklegt. Andere bestehen darauf, dass man nur im Hochgebirge richtig wandern kann. Jede Fortbewegung im Mittelgebirge und im Flachland sei demnach ein Spaziergang. Das ist natürlich Quatsch, und ich muss so etwas weit von mir weisen. Mein Freund Markus definiert eine Wanderung eher im zeitlichen Rahmen: Wenn man eine Mittagspause macht, sei das Wandern. Da kommen wir meines Erachtens der Sache schon näher. Der Unterschied zwischen einem Spaziergang und einer Wanderung hat eine räumliche und zeitliche Komponente. Ab einer gewissen Strecke und einer gewissen Zeit, die man auf den Beinen ist, wandert man eben. Mathematisch ausgedrückt: Wenn die Zeit (h) und die Strecke (a) größer als x und y ist, handelt es sich um eine Wanderung. W = h größer x / a größer y. Alles klar? Einfacher gesagt: Alles über zehn Kilometer oder über zwei Stunden ist für mich eine Wanderung, alles darunter ein Spaziergang. Die konkrete Zeit und Distanz sollte jeder individuell für sich bestimmen, für mich gelten diese Parameter. Dachte ich immer.

Wenn ein Stadtmensch spazieren will, geht er in den Park. Große Parkanlagen, die von Fürsten angelegt wurden wie in Potsdam am Schloss Sanssouci, in Wörlitz, in Ludwigsburg, in Brühl bei Köln oder an Schloss Pillnitz bei Dresden, sind Perlen der Gartenbaukunst. Französische Gartenanlagen bestechen durch ihre streng komponierten Wegeachsen und den symmetrischen Grundriss, während die englischen Gärten die Vielfalt der Natur im Kleinen abbilden. Die großen Stadtparks entstanden häufig durch eine oder mehrere Bundesgartenschauen, wie der Stadtpark in Hannover (1951), der Rheinpark in Köln (1957 und 1971) und Planten und Blomen in Hamburg (1953, 1963 und 1973).

Auf eine besonders frappierende Parkdichte stieß ich bei meinen Recherchen in Stuttgart. Während den Bundesgartenschauen 1961, 1977 und 1993 waren dort insgesamt acht städtische Parkanlagen, von Fürsten und Bürgern im Laufe der vergangenen Jahrhunderte erschaffen, zu einer zusammenhängenden Fläche verschmolzen: dem Grünen U. Das musste ich mir ansehen.

Vom Stuttgarter Hauptbahnhof ging ich zunächst in südlicher Richtung die Fußgängerzone hinauf bis zum Schlossgarten, genauer dem Oberen Schlossgarten. Den hat Friedrich I., König von Württemberg, 1807 angelegt. Württemberg war gerade Königreich geworden, Jahrhunderte vorher waren die Schwaben »nur« Herzogtum gewesen. Grund genug also für den Stuttgarter Friedrich, den König auch städtebaulich heraushängen zu lassen: Es entstanden Schloss und Schlossgarten.

Im Oberen Schlossgarten herrschte an diesem Morgen entspannte Ruhe. Die Parkbesucher lagen auf den Wiesen und sonnten sich auf den Bänken. Ich ging am Schloss, dem Landtag und dem Schauspielhaus vorbei über eine Fußgängerbrücke zum Mittleren Schlossgarten. Wie in einem gepflegten Kurpark fanden sich hier drei Schachbretter mit Großfiguren, der Inbegriff der anspruchsvollen Rentner-im-Park-Beschäftigung.

Direkt daneben gab es zwei Boule-Bahnen. Schwäbisch-gründlich hingen in einem Baum zwei Besen und ein Regenschirm, um die Bahnen von Laub zu befreien und gegen plötzlich auftretende Unwetter gewappnet zu sein. Seit Jahren boomt Boule in Deutschland. Wurde man früher mit den bunten Boccia-Kugeln am Strand belächelt, wiegen heute Mitmenschen jeden Alters mit Kennermiene die silbernen Kugeln und machen einen auf mediterranen Lebensstil. Mittlerweile gibt es sogar schon Flutlicht für die Boule-Bahnen, wo man nach Feierabend bis tief in die Nacht spielen kann.

Im Mittleren Schlossgarten fehlten auch nicht die steinernen Tischtennisplatten mit Netzen aus Stahl, die ich in meiner Studentenzeit oft als einzige Sportmöglichkeit genutzt habe. Wir hatten damals ja nichts!

An einem Vormittag in Stuttgart bleiben einem die zwei Hauptplagen städtischer Parks erspart: Frisbee-Spieler und Jongleure, die ab dem frühen Abend den anderen Menschen, die eigentlich nur ihre Ruhe haben wollen, auf die Nerven gehen.

Über die sogenannte »Grüne Brücke« erreichte ich den Unteren Schlossgarten, der langgestreckt am Bahndamm liegt und immer zu sehen ist, wenn man Stuttgart mit dem Zug erreicht. Dieser Park war eindeutig im englischen Stil angelegt. Neben dem Weg floss ein kleiner künstlicher Bach, kein geometrisches Muster war zu erkennen. Der Rasen war aber alles andere als englisch kurz getrimmt. Lag es an den

Geht gar nicht: Biergeschwür in der Stuttgarter Sonne

leeren Kassen der Stadt Stuttgart, oder wurde unter dem Deckmantel der Ökologie geschludert? Dafür fehlten die Schilder, die das Betreten der Rasenflächen verboten. Wo kein Rasen ist, sondern eher eine Wiese, kann man das Betreten auch nicht verbieten. Dafür sah ich Männer über 60, die mit Unterhemd oder, noch schlimmer, nacktem Oberkörper auf den Bänken saßen. Kann man das nicht verbieten? Genauso wie in einigen Städten, zum Beispiel in Köln, das Füttern von Tauben durch empfindliche Geldstrafen drastisch zurückgegangen ist, sollte es eine Nackte-Oberkörper-Strafe geben und eine Verhüllungspolizei, die das kontrolliert. Es gibt einfach nichts Unästhetischeres als weiße, nackte Altmännerbäuche. Vor allem wenn man erst aus nächster Nähe erkennt, dass sich unter dem schlaffen Hautlappen überhaupt eine Hose befindet. Das muss doch wirklich nicht sein. Halt, mir fällt noch etwas ein, was auch mit Parkgefängnis nicht unter zwölf Monaten geahndet werden müsste: Das Scheren von Hunden an Grünflächen.

Ich war eine knappe Stunde gelaufen, und mein Körpermotor lief langsam warm. Ich ging rechts bergan zur Villa Berg. Villa Berg heißt nicht nur das große Gebäude auf einem der Stuttgarter Hügel (Stuttgart ist wie Rom auf Hügeln gebaut und ist eine sogenannte Talkesselstadt), sondern auch der die Villa umgebende Park. Ich durchquerte zunächst einen kleinen japanischen Garten, der anlässlich der Bundesgartenschau 1993 angelegt worden war. Japanische Gärten und Pavillons im fernöstlichen Stil sind neben der französischen und englischen Gartengestaltung die dritte große Mode im Parkdesign. Irgendwie liegen überall viele Steine herum, man geht über stark gebogene Brücken, und die Bonsaibäume wachsen höher, als man sich das vorstellt. In ungefähr 25 Sekunden hatte ich den japanischen Garten durchquert. In

dem anschließenden Park wechselten engbepflanzte Blumenbeete mit fast allen Bäumen der Welt, zu deren Bestimmung ich Monate benötigt hätte.
Bei den Bundesgartenschauen wird anscheinend auch, was ich lange nicht wusste, ein knallharter Blumenwettbewerb ausgetragen. Ich las im Internet, dass bei der Buga 2003 in Rostock eine Olympiade der Gärtner stattfand, bei der 2.785 Goldmedaillen, 2.754 Silbermedaillen und 1.599 Bronzemedaillen verteilt wurden. Ich habe, ehrlich gesagt, keine Lust gehabt, den Medaillenspiegel dieser Gärtnerolympiade genauer zu analysieren.

Nach einer Schleife durch den Villa-Berg-Park ging ich an den Gebäuden des SWR vorbei in den Unteren Schlossgarten zurück, der nahtlos in den Rosensteinpark führte. Dieser Park ist der größte englische Landschaftspark Südwestdeutschlands und unter König Wilhelm I. von Württemberg entstanden. Dieser Wilhelm folgte von 1816 bis 1864 dem König Friedrich nach und schuf weitere großräumige Parkflächen, wie zum Beispiel die Wilhelma. (Ich beschloss, sollte ich jemals eine Parkanlage erbauen, sie in jedem Fall »Manuela« zu nennen.) Die Wilhelma grenzt direkt an den Rosensteinpark und beherbergt den Stuttgarter Zoo. Deshalb muss man hier auch Eintritt bezahlen. Ich lief am Rande des Zauns entlang, sah immerhin kostenlos Eisbären, Zebras, Lamas, Kamele und Rehe von draußen.

Noch vor 150 Jahren hätte ich die Wilhelma nicht betreten dürfen, auch nicht gegen Geld. Nur Adelige und der Hofstaat durften in die königlichen Grünanlagen. Ein Spaziergang war ein eindeutig elitäres Vergnügen. Erst 1880 öffnete man die Wilhelma für die Bürger der Stadt, und die Anlage wurde zum Bürgerpark. Dort konnten die selbstbewussten

Stadtbürger ihrem neuen Hobby, dem Flanieren, frönen. Karl Gottlob Schelle schrieb sogar eine Art Gebrauchsanleitung: »Die Spatziergänge oder die Kunst spatzieren zu gehen«. Unverzichtbares Requisit für jeden männlichen Bürger, der das Haus verließ, waren der Hut und der Spazierstock.

Dieser Stock war kein knorriger Wanderstab und erst recht kein Karbonstab moderner Prägung, sondern ein wertvolles Accessoire. In der Burg von Meißen besuchte ich vor Kurzem eine Spazierstockausstellung. Die Stöcke unterschieden sich vor allem durch Knauf und Inhalt. Der Knauf war Statussymbol und sagte viel über den Spazierstockbesitzer aus. Gefertigt aus Silber, Metall, Elfenbein, Holz. Runde Knäufe, Tier- und Menschenköpfe, Rosenknäufe. Stich- und Schusswaffen, Schmuggelware, Schnapsflaschen, Feuerzeuge konnten im Spazierstock versteckt werden. Bei einigen Griffen gab es mechanische Vorrichtungen, die einer Ente den Schnabel öffneten, einen Chinesen spucken und einem Skelett den überdimensionierten Penis anschwellen ließen. Überhaupt, ungefähr 20 Prozent der Knäufe waren nicht jugendfrei: kleine pornographische Darstellungen, der Knauf in Form des weiblichen Geschlechts, umklappbare Knäufe, die erotische Abbildungen verbargen. Dies alles gehörte zur Freizeitbeschäftigung des Bürgers im 19. Jahrhundert, wenn er »spazieren ging«. Nach dem ersten Weltkrieg war die Blütezeit des bürgerlichen Spazierstocks vorüber. Man hatte eher eine Aktentasche oder ein Lenkrad in der Hand als einen altmodischen Stock. Fast 100 Jahre später sollten Stöcke im Stadtpark wieder en vogue werden, doch dazu später.

Nachdem ich die Wilhelma hinter mir gelassen hatte, ging ich weiter durch den Rosensteinpark westwärts. Der Stadtlärm verflüchtigte sich. Weite Grünflächen mit einzelnen, mächtigen Bäumen, die Schatten spendeten, bestimmten das Bild. Auf einer großen Übersichtstafel schaute ich nach, wo sich das Löwentor, der westliche Haupteingang des Rosensteinparks, befand. Ein durchgehend markierter »Fernspazierweg« im Grünen U wäre eigentlich eine gute Idee. Mit einem grünen »U« auf weißem Grund kreuz und quer durch die Stuttgarter Parks. Und ein kleiner kostenfreier Faltplan, der den Verlauf des Weges zeigt und die Sehenswürdigkeiten am »Grüner-U-Fernspazierweg« erläutert. Vielleicht wäre das auch ein Ansporn für andere Städte, »Fernspazierwege« einzurichten.

Neben dem Löwentor führte eine geschwungene Fußgängerbrücke auf die andere Straßenseite in den Leibfriedschen Garten. Dieser kleine Privatpark gehörte zu einer Villa, die 1944 durch Bomben zerstört wurde. Ich ging rechts des Hauptweges durch die Büsche einen fast zugewachsenen Pfad entlang und stieß auf eine künstliche Grotte. Um die Grotte lagen verstreut umgestürzte kleine Säulen, die steinernen Treppenstufen hinauf zur Terrasse waren zerbrochen und schief. Ich hatte das Gefühl, dass dieser Ort in den letzten 60 Jahren nicht mehr betreten worden war.

Keine 400 Meter hinter der verwunschenen und versteckten Grotte liegt das Eisenbahngelände des Nordbahnhofs und dahinter der Wartberg. Dieser Park steht voll Kunst. So Kunst eben, wie sie in städtischen Parks herumsteht. Gebrochene Riesenkugeln, dicke Stahlrohrwülste und schiefe rostige Platten. Durch Kleingärten hindurch ging ich hinauf zum Killesberg.

Der Höhenpark Killesberg war anlässlich der Reichsgartenschau 1939 angelegt worden und wurde 1993 als Schlussstein des Grünen U modernisiert. Unzählige Blumengärten, eine schöne naturbelassene Schlucht, viele Wasserfontänen und die für eine Bundesgartenschauparkanlage absolut unvermeidliche Schmalspureisenbahn wurden damals gebaut. Die große Runde im Killesbergpark ging ich sehr zügig, ich praktizierte Speedwalken. Ich hatte ja schon erwähnt, dass ich wegen meiner Fußgelenke orthopädischen Beistand benötigte und das Joggen einstellen musste. Meine alte Joggingrunde im heimischen Park um die Ecke (Länge 7,5 Kilometer) bin ich dann spaßeshalber einmal im besagten Speedwalkingtempo gegangen. Ich war erstaunt, dass ich statt der üblichen Dreiviertelstunde nur eine gute Stunde benötigte, um die Strecke zu bewältigen. Ich konnte, zumindest auf der kurzen Distanz, eine Durchschnittsgeschwindigkeit von über sieben Stundenkilometern halten. Seitdem bin ich auch schon häufiger meinen neun Kilometer langen Weg zur Arbeit schnellen Schrittes gegangen. Aber immer ohne Stöcke, dem Wahrzeichen der Nordic Walker.

Um das ein für alle mal festzuhalten: Nordic Walking ist weder ein Spaziergang noch eine Wanderung, sondern eine pervertierte Form des Skilanglaufs ohne Schnee. Wenn unsere Langlauf- und Biathlonprofis das praktizieren, um sich im Sommer fit zu halten, ist das okay, aber Nordic Walking als eigenständiger Sport geht gar nicht. Jede Fortbewegungsart hat seine Gepflogenheit, und wenn man Stöcke benutzt, sollte Schnee den Bodenbelag bedecken. Zuletzt hat mir ein seniler Grobmotoriker mit seinen Stöcken im Vorbeigehen fast die Kniescheibe herausgehauen und sich dafür noch nicht einmal entschuldigt. Daher empfehle ich in städtischen Parks, vergleichbar den Hundefreilaufflächen, kleine umzäunte Nordic-Walking-Areale, in denen sich die lieben Stockfetischisten tummeln und andere Spaziergänger nicht belästigen können.

Auf dem Weg zum Killesberg dachte ich mir eine neue Imagekampagne für Stuttgart aus. Die Aneinanderreihung von verschiedenen Parkanlagen war sensationell, das müsste doch im Stadtmarketing ganz anders kommuniziert werden. Hier ein paar Vorschläge:

Parkstadt Stuttgart
Grüne Stadt Stuttgart
Wald & Wiesenstadt Stuttgart
Grüne Hölle Stuttgart

Waren die letzten Stunden im Grünen U ein Spaziergang oder eine Wanderung gewesen? Ich hatte keinen Rucksack auf dem Rücken gehabt (spricht gegen Wanderung), hatte aber Wanderschuhe getragen (spricht für Wanderung). Ich hatte eine Mittagspause gemacht (spricht für Wanderung), war 14 Kilometer gelaufen (spricht für Wanderung) und war drei Stunden unterwegs gewesen (spricht für Wanderung). Es sprachen also mehr Argumente für die Bezeichnung »Wanderung«. Und doch war es irgendwie keine Wanderung für mich gewesen. Irgendwie kann man in einem Stadtpark nicht wandern, auch wenn man durch acht Parks hintereinander geht. Die Stadt war immer präsent, spürbar. Und das gehört dann doch irgendwie zu einer Wanderung, dass es hinaus in die Natur geht, nicht nur ins Grüne, sondern ins ländlich Grüne. Das Grüne U in Stuttgart war ein Ultraspaziergang gewesen, keine Wanderung. Allerdings ein sehr schöner Ultraspaziergang.

Aufführungslänge

14 Kilometer

Aufführungsdauer

4 Stunden mit einer einstündigen Pause

Programmheft

Cityplan Stuttgart des großen ADAC-Stadtatlas, 1:20.000

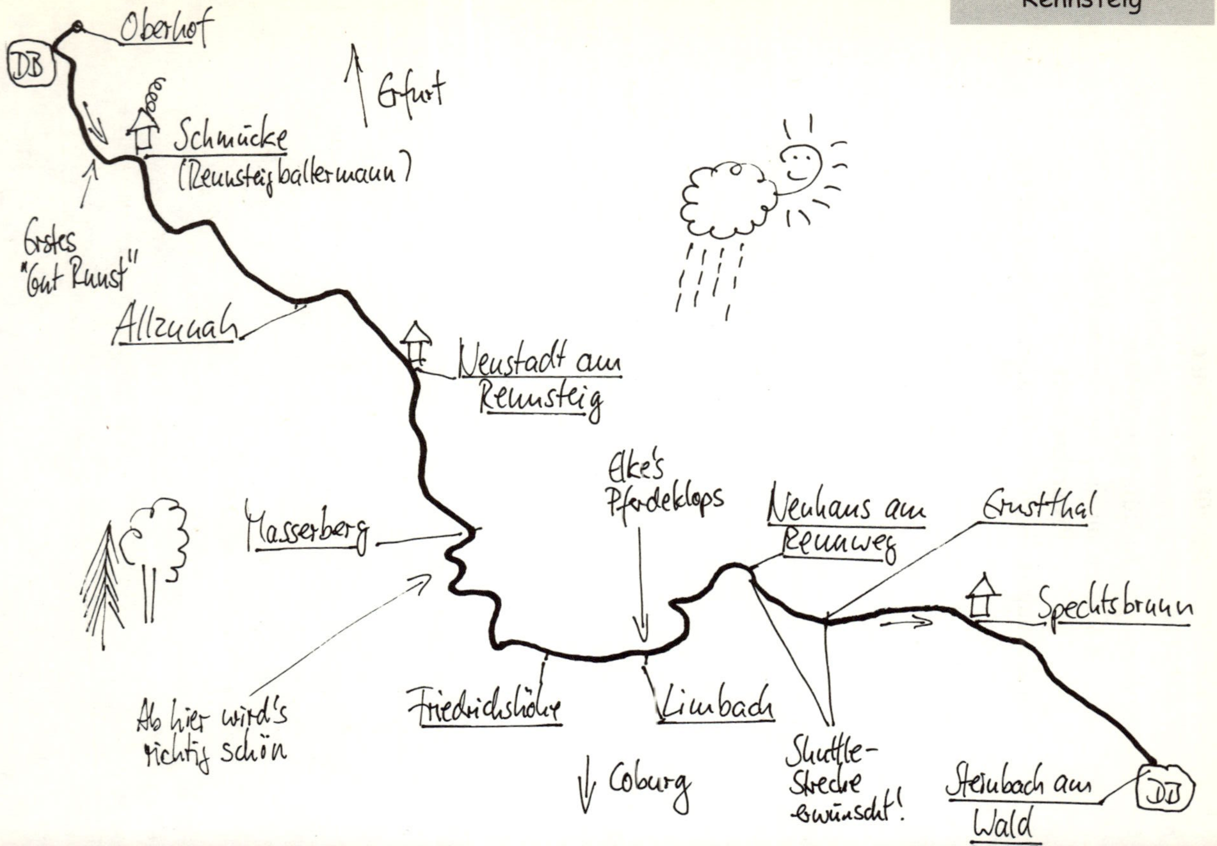
DB
Oberhof
Erfurt
Schmücke
(Rennsteigballermann)
Erstes
"Gut Runst"
Allzunah
Neustadt am
Rennsteig
Masserberg
Elke's
Pferdeklops
Neuhaus am
Rennweg
Ernstthal
Spechtsbrunn
Ab hier wird's
richtig schön
Friedrichshöhe
Limbach
Coburg
Shuttle-
Strecke
erwünscht!
Steinbach am
Wald
DB

Auf dem Rennsteig

EINE BURLESKE

Personen

Viele Wandergruppen
Lustige Herren
Fünf Holländer

Schauplatz ist der Rennsteig in Thüringen und Bayern, die Zeit Mai 2006.

Nach einem steilen, knapp zwei Kilometer langen Aufstieg vom Bahnhof Oberhof erreichte ich am Ortsrand das sogenannte Rondell von Oberhof. Den Ort kannte ich als Hochburg des Biathlons. Am Rondell entdeckte ich das erste »R« des Rennsteigs, die Mareile. So zärtlich nennt der Rennsteig-Fan seine Wandermarkierung. Ursprünglich war es der Name einer schönen Förstertochter, auf die die ersten Rennsteigrenner im 19. Jahrhundert wohl alle scharf waren.

Der Rennsteig in Thüringen ist einer der ältesten Fernwanderwege Deutschlands, von ihm hatte ich schon sehr viel gehört, Gutes und Schlechtes, und es war an der Zeit, sich ein eigenes Bild zu machen. Wie weit ich kommen würde, wusste ich noch nicht. Ich wollte sehen, was der Weg und meine Beine hergaben. Das Wetter war schlecht, ich wanderte meistens in einer Wolke. Es war ungefähr fünf Grad warm (das war als Tageshöchsttemperatur für diesen Donnerstag Ende Mai vorhergesagt worden), und es regnete sanft. Es war kein Starkregen und kein Platzregen, kein Nieselregen, kein Sprühregen, sondern ein weicher Sanftregen. Die Isländer kennen 18 unterschiedliche Wörter für »Pferd«, und über wie viele Wörter für »Schnee« die Eskimos verfügen, darüber streiten die Experten. Wir sollten uns in unseren Breitengraden noch mehr Spezialausdrücke für Regen zulegen. Ich kenne Duschregen, Wohlfühlregen und Killerregen. Und natürlich Dauerregen, Nervregen und tropischer Regen.

Der Rennsteig verläuft über einen Kamm, und schon fünf Kilometer hinter Oberhof erreicht man den höchsten Berg des Thüringer Waldes, den Großen Beerberg, der 982 Meter hoch ist. Die vielgerühmte Aussicht konnte ich nicht genießen, da die Sicht maximal 300 Meter betrug.

Kleinere und größere Wandergruppen begegneten mir auf dem Weg, aber ich traf auf niemanden, der wie ich alleine unterwegs war. Am Ende einer weit auseinandergezogenen Wandergruppe, trug eine junge Dame die große Dreiecksfahne des Rennsteig-Vereins. Sie grüßte mich freundlich mit »Gut Runst!«, denn der Rennsteig besitzt einen eigenen Gruß. Der Angler grüßt mit »Petri Heil«, und die Jäger wünschen sich mit »Waidmanns Heil« Glück, der Rennsteigfreund kommt ohne »Heil« aus. Er wünscht sich eben »Gut Runst«. Dieser Gruß existiert seit 1899, und die Wortschöpfer zeigten große Kreativität: So wie aus »Kennen« »Kunst« wird, sollte aus »Rennen« »Runst« werden. Hört sich zwar lautmalerisch genauso schön an wie ein verschnupftes Schwein, ist aber zweifelsohne sehr originell. Eine richtige Runst hat man nur gemacht, wenn man die gesamten 168 Kilometer des Rennsteigs gewandert ist.

Vom Großen Beerberg ging ich nach Schmücke und machte Mittagspause. Ich war gerade mal sieben Kilometer gelaufen, aber trotz des schlechten Wetters waren mir schon über 100 Wanderer entgegengekommen. Also kein Wunder, dass der Rennsteig 2005 zum beliebtesten Wanderweg Deutschlands gewählt worden war. Aber ist der beliebteste Weg auch der Beste? Das beliebteste Restaurant der Deutschen ist McDonald's, der beliebteste Fernsehsender RTL, und das beliebteste Urlaubsziel ist Mallorca. Ob sie die Besten sind, ist Geschmackssache. Das Gasthaus in Schmücke zumindest hatte etwas sehr Mallorquinisches, um nicht zu sagen Ballermanneskes. Schon von Weitem hörte ich laute Musikfetzen durch den Wald schallen. Als ich näher kam, sah ich Zelte, Bier- und Imbissbuden, und die Menge grölte den Italo-Hit »Volare«. Ich ging ins Innere des Gasthauses, wo es etwas leiser war. So etwas hatte ich noch nie gesehen, hier konnten 300 Wanderer in zwei verschiedenen Räumen, dem »Rucksacktreff« und »Joe's Bar«, sitzen und sich stärken. Es gab sogar ein paar Tische für Selbstverpfleger, obwohl diese nicht zum Umsatz beitrugen. Ich trank eine Apfelschorle, aß ein gebackenes Schollenfilet und machte mich schnell wieder auf den Weg.

Schnell ging es aber nicht weiter. Keine 300 Meter hinter dem Gasthaus versuchte ich, eine sechsköpfige Gruppe zu überholen, was auf dem schmalen Pfad nicht ganz einfach war. Bei zwei Männern gelang es sofort, am dritten kam ich nicht vorbei. Immer wenn ich eine Lücke entdeckt hatte, schwankte er genau vor meine Füße. Er war sturzbetrunken und torkelte hin und her. Mit einem Crosscheck machte ich mir endlich Platz und zog vorbei. Ich muss gestehen, dass mir erst im Zug nach Oberhof bewusst geworden war, nicht an irgendeinem Donnerstag unterwegs zu sein. Es war Christi

Himmelfahrt, auch bekannt als Vatertag. Jede Hütte seit Oberhof war voll mit trink- und sangesfrohen Männern. Die meisten waren eigentlich zu jung, um Väter zu sein, sie waren zwischen 16 und 18 Jahren und setzten sich mit Likören in blauen und roten Neonfarben außer Gefecht. Später erfuhr ich, dass der Vatertag im Osten Deutschlands als Herrentag bekannt ist, was den Kreis der Komawilligen natürlich erheblich vergrößert. Eine Stunde hinter Schmücke kam ich an der Holzhütte »Alte Tränke« vorbei. Drei Bollerwagen lehnten an der Außenwand, die jugendlichen Insassen hatten gegen den Regen eine blaue Plane vor die Hütte gespannt, saßen also im Finsteren, tranken und grillten. Und dann erklang mitten im Thüringer Wald »Viva Colonia«. Karneval am Rennsteig. Wieder ging ich schnell weiter.

Der Weg war eigentlich seit Schmücke sehr schön, es ging durch einen dichten Nadelwald über viele Wurzeln. In 50 Meter Entfernung verlief parallel zum Wanderweg eine Straße, die früher mit Sicherheit der eigentliche Kamm- und damit auch Wanderweg gewesen war. Dann hatte man sie asphaltiert und den Wanderweg daneben angelegt. Es war nicht viel los auf der Straße, sodass man meist vergessen konnte, dass sie überhaupt existierte.

Hinter dem Dorf Allzunah (an was dieser Ort zu nah war, erschloss sich mir nicht. Zu nah am Wald, zu nah an Schmücke, zu nah am Rennsteig?) ließ sich eine siebenköpfige Wandergruppe von einem Kleinbus abholen. Einfach so, mitten auf der Strecke. Die Wanderkollegen klopften sich die Schuhe ab und bestiegen den Bus. Das war aber gar nicht runstig und im Sinne der Rennsteig-Erfinder. Der Busfahrer fragte mich, ob ich auch von Aktiv-Reisen sei. Ich antwortete mit allem gebotenen Wanderstolz, dass ich aktiv sei und zu Fuß weitergehe. Nach 27 Kilometern kam ich um 18 Uhr in Neustadt am Rennsteig an. Nur in Thüringen gibt es Ortschaften, die nach einem Wanderweg benannt sind.

In Neustadt am Rennsteig übernachtete ich nicht im Hotel, sondern in einem Privathaus, da der Ort komplett ausgebucht war. Ich bekam im »Rennsteighotel Hubertus« einen Schlüssel und ging zwei Häuser weiter. Als ich die Haustür aufschloss, hörte ich Hundebellen, öffnete also schnell, wie man mir gesagt hatte, die erste Tür zu meiner Rechten. Dahinter verbarg sich ein Zimmer mit niedriger Decke und ein Badezimmer. Im Raum standen außer einem Bett ein Sessel, ein Fernseher der Marke Robotron (ich versagte beim Versuch, ihn einzuschalten), ein Schaukelstuhl, und über dem Bett hingen zwei Bilder, die einen weinenden Jungen und ein weinendes Mädchen zeigten. Herrlich! Eine richtige Rennsteig-Suite.

Ein bislang unentdeckter Schatz der Kunstgeschichte in der Rennsteig-Suite

Am nächsten Morgen traute ich beim Blick aus dem Fenster meinen Augen nicht. Entgegen aller Vorhersagen hatte sich das regnerische, dunstige Wetter verzogen. Nach dem Frühstück ging ich sofort los. Hinter Neustadt blickt man weit ins Land und schaut über den Thüringer Wald. Nach sieben Kilometern führte ein Hohlweg hoch nach Masserberg. Während ich ein Pärchen beobachtete, dass exzessiv damit beschäftigt war, mit dem Finger ins Grüne zu zeigen (eine meiner liebsten Wandergesten), packte mich der Ehrgeiz. Ich war jetzt über zehn Kilometer unterwegs und fühlte mich großartig. Heute könnte ein großer Wandertag werden. In meinem Kopf entspann sich ein längerer Disput.

»Am vernünftigsten, mein lieber Manuel, wäre es, am Bahnhof Ernstthal nach 32 Kilometern Schluss zu machen. Denk an deine Blasenanfälligkeit, und das Wetter könnte noch schlechter werden.«

»Ach, hör nicht drauf, geh heute mal wieder 40 Kilometer, bis nach Spechtsbrunn«, flüsterte eine andere Stimme. »Wann, wenn nicht heute?«

Eine dritte Stimme kam dazu. »Jetzt überleg mal, auch 40 Kilometer könnten etwas wenig sein. Außerdem gibt es heute in Spechtsbrunn keine Übernachtungsmöglichkeit, wie willst du da denn wegkommen? Komm, trau dich, geh bis zum Bahnhof in Steinbach am Wald, dann bist du 51 Kilometer gegangen – quäl dich, du Sau!«

So ging es hin und her. Andere scheinen sich beim Wandern zu entspannen und bekommen den Kopf frei – mir gelingt das nicht. Beim Wandern kommen mir die besten Ideen und schlimmsten Ohrwürmer, abschalten kann ich nicht.

Perfektes Marketing ist alles.

Sieben Kilometer hinter Masserberg, im Ferienort Friedrichshöhe, umgeben von ausladenden Wiesen, spürte ich ein leichtes Zwicken unter dem rechten Fußballen. Ich machte sofort eine kurze Pause und schaute mir die Fußsohle an. Da war tatsächlich eine kleine Blase zu entdecken. Um den Anfängen zu wehren – ich hatte ja eventuell noch einiges zu gehen –, klebte ich eine PK (Präventiv-Kompresse) unter meinen Fuß. Federleicht und schmerzbefreit ging es weiter. Die Wege waren nun ausnahmslos gut, keine Straße war zu sehen. Der Rennsteig war so geführt, dass selbst Forstwege vermieden wurden, wo es ging. Zwei Kilometer vor Limbach stand ein Schild im Wald, das für die Einkehr in Elke's Jägerstube warb. In eine Klarsichthülle war ein Zettel mit dem Tagesgericht gesteckt worden. Heute gab es Pferdeklops. Ich entschied mich für die Schokolade in meinem Rucksack. Kurz vor Limbach kam ich am Dreistromstein vorbei. Dass der Rennsteig Wasserscheide für zwei Ströme, Weser und Elbe, war, hatte ich gewusst, aber die Stelle war eine Dreifachwasserscheide. Einmalig in Deutschland, hier entsprangen Bäche, die zu drei großen Strömen flossen: Weser, Rhein und Elbe.

Ich hatte inzwischen beschlossen, mindestens die 40 Kilometer bis Spechtsbrunn zu gehen. In einer leeren dunklen Hütte wollte ich mich hinlegen und mit einem Nickerchen Kraft schöpfen. Jeder Schlafwissenschaftler rät zu einem Mittagsschlaf, er sollte nur nicht zu lang sein, sonst bleibt man auch am Nachmittag und Abend müde. Mit meiner Fleecejacke deckte ich mich zu, nahm den Rucksack als Kopfkissen und machte, wie es neudeutsch heißt, einen Power-Nap. Nach einer Viertelstunde ging ich weiter. Erfrischt war ich höchstens, weil es begonnen hatte zu regnen. Von einer wirklichen Regenerierung konnte keine Rede sein. Obwohl ich nun physisch und psychisch stark sein musste, denn: Wanderer kommst du nach Neuhaus am Rennweg, vergiss dein Oropax nicht! Der Ort zieht sich Kilometer um Kilometer, bis auf ein kurzes Stück Wiese, immer an der Bundesstraße entlang. Ich schlage einen Neuhaus-Umgehungs-Shuttle vor. Am Ortseingang müsste ein kleiner Bus stehen, der einen vier Kilometer bis zum Parkplatz der Spedition Anschütz in Ernstthal bringt. Für einen Euro kann man mitfahren, der freundliche Fahrer hätte Kaltgetränke an Bord und beschallt die zufriedenen Wanderer mit dem Rennsteig-Lied auf der Endlosschleife. So wird ein Schuh draus.

Hätte ich in Ernstthal, einem Ortsteil von Neuhaus, die Wanderung beendet, wäre eine richtige Depression zurückgeblieben und den eigentlich schönen Weg zuvor hätte ich wahrscheinlich verdrängt. Hinter Ernstthal tauchte ich in einen dichten Nebel ein. Schemenhaft kamen mir Wanderer entgegen. Sie schienen allesamt besser gegen den Regen geschützt zu sein. Einige hatten mächtige Komplett-Überwürfe für Körper und Rucksack. Ich hatte nur einen Regenschirm für 2,99 Euro in der Hand. Obwohl ich keine Jeans anhatte, sondern eine Wanderhose mit extrem schnell trocknender Faser, wurden die Hosenbeine immer feuchter. Wann sollte die tolle Faser auch trocknen? Denn im Frühjahr 2006 konnte man über jede Stunde, in der es nicht schüttete, goss und kübelte, froh sein.

Bis Spechtsbrunn lief ich durch den Regen und zählte blaue Regenschirme. Auf jedem Kilometer fand man einen Schirm, alles unterschiedliche Fabrikate, aber jeder war blau. Andere Wanderer waren wohl nicht zufrieden gewesen, oder gab es einen speziellen Hass auf blaue Schirme?

Im »Gasthof am Rennsteig« in Spechtsbrunn bestellte ich auf die geschafften 40 Kilometer ein Rennsteig-Gedeck. Heißer Tee und Hefeweizen, das eine zum Aufwärmen, das andere als Schmerzmittel. Gerade recht kam mir die Frage von fünf Holländern am Nebentisch, die auch eine Runst machten, wie viel ich heute schon gewandert wäre. Ich erntete bewundernde Blicke, und dann musste ich doch noch nachschieben, dass ich unbedingt vorhätte, noch weitere elf Kilometer zu gehen. Der holländische Tisch bebte, aber bevor ich Gefahr lief, auf dieses Vorhaben noch einen Genever trinken zu müssen, ging ich weiter. Ich fühlte mich unbezwingbar. Es war 17.15 Uhr, und bis spätestens 20 Uhr wollte ich in Steinbach am Wald sein. Wahnsinniger Hunger trieb mich voran. Ich habe einmal gelesen, dass Fußballspieler vor dem Spiel kein Mittagessen bekommen, damit sie hungrig und aggressiv über den Platz laufen. Das sollte für heute mein Geheimrezept werden. Ich hatte seit dem Frühstück nur ein altes Nusshörnchen und eine Tafel Schokolade gegessen. Ich war nicht eingekehrt, weil Essen mich nur unnötig Zeit gekostet und nur müde gemacht hätte.

Ich ging auf einem langgezogenen, asphaltierten Weg. Der kam mir gerade recht, da ich das Tempo sehr hoch halten konnte. An der Schildwiese überschritt ich die Grenze nach Bayern. Der Rennsteig endet zwar in Blankenstein auf thüringischem Gebiet, verläuft aber hier einige Kilometer durch Oberfranken. Ich war ein bisschen enttäuscht, dass kein blauweißrautiertes Schild auf das neue Bundesland hinwies. Immerhin war hier 40 Jahre lang Schluss gewesen, erst nach der Wiedervereinigung konnte man die historischen 168 Kilometer wieder durchgehend wandern.

Acht Kilometer vor Steinbach kann man entweder durch den Wald oder an der Straße entlanggehen. Ich entschied mich natürlich für den Wald, aber das zog sich elend lang. Wie blöde torkelte ich mit offen stehendem Mund durch das Gehölz. Jetzt war mein Kopf wirklich leer, wenn man von einem gewissen Rest an Konzentration auf Wurzeln und

Steine absieht. War das die berühmte Entspannung beim Wandern? Die letzten vier Kilometer folgten dann wieder der Straße. Noch nie in meinem Leben war ich so froh gewesen, einen Kreisverkehr am Ortsrand zu sehen. In Steinbach waren aller Hotelzimmer belegt. Mit letzter Kraft eilte ich zum Bahnhof und erreichte in buchstäblich letzter Sekunde die Regionalbahn Richtung Kronach in Oberfranken. Im Zug ließ ich mich im Fahrradabteil erschöpft fallen. Mein Rucksack, den ich auf dem Boden abgestellt hatte, sonderte Feuchtigkeit ab. In mehreren Rinnen lief das Wasser durchs Abteil, es sah aus, als hätte ein versoffener Seemann nicht mehr an sich halten können. Ich war genau 51,5 Kilometer an einem Tag gegangen, das bedeutete persönlichen Rekord. Aber war das wirklich erstrebenswert oder einfach nur noch krank?

Ein Dokument der Willensstärke: Nach 48 Kilometern auf dem Rennsteig

Mit seinem Wanderglück kann man sich oft allein fühlen, denn alle anderen fahren Fahrrad, Auto oder sitzen zu Hause. Am Rennsteig ist das definitiv anders. Selten bin ich so vielen Wanderern begegnet, und wie es im Rennsteig-Lied heißt:

Durch Buchen, Fichten, Tannen, so schreit ich in den Tag,
begegne vielen Freunden, sie sind von meinem Schlag.
Ich jodle lustig in das Tal, das Echo bringt's zurück.
Den Rennsteig gibt's ja nur einmal und nur ein Wanderglück.

Es gibt den Rennsteig-Gruß »Gut Runst« und die Mareile. Alles gewachsene Traditionen, die jüngere Fernwanderwege wie der Rothaarsteig nicht zu bieten haben. Trotzdem sollte man auch nicht zu viel erwarten, dann stören auch die Strecken in der Nähe der Straßen nicht. Die Infrastruktur mit Einkehr- und Übernachtungsmöglichkeiten ist hervorragend (so lange man sich rechtzeitig um eine Herberge bemüht). Ob der Rennsteig aber zukünftig auch zum beliebtesten Wanderweg gewählt wird, wenn der Rheinsteig mit im Rennen ist? Das wird abzuwarten sein.

Die klassische Runst von 1830, der Erstbegehung, wird in fünf Tagen gewandert. Viele wandern heute die Strecke eingeteilt in sechs Etappen. Ich schlage als wandersportliche Herausforderung eine Vier-Tage-Runst vor. Das entspricht ungefähr viermal einem Wandermarathon von 42 Kilometern, und die vier Kilometer mit dem bald in die Realität umgesetzten Neuhaus-Umgehungs-Shuttle kann man als Bonus abziehen.

Aufführungslänge

Das Spezielle am Rennsteig ist, dass man durch das sanfte Höhenprofil richtig Kilometer bolzen kann. Auch historisch war der Weg, wie der Name schon sagt, eher ein Weg zur schnellen Fortbewegung von Boten, keine breite Fahr- und Heerstraße, eben ein »Rynnestig«, ein Laufweg für professionelle Kuriere, die, wenn sie denn so fit waren wie ihre antiken Berufskollegen, die 168 Kilometer locker an einem oder zwei Tagen bewältigten.
An dieser Stelle muss mit der Legende aufgeräumt werden, der Bote von der Niederlage Athens in Marathon sei nach 42 Kilometern tot in Athen zusammengebrochen. Das hat sich der Märchenerfinder Plutarch ausgedacht. Historisch richtig ist, dass ein Bote von Marathon 200 Kilometer an einem Tag über hügeliges Gelände nach Sparta lief, um die dortigen Bürger für den gemeinsamen Kampf gegen die Perser zu begeistern. Die zierten sich (»Och nö, heute nicht«), sodass der Bote am nächsten Tag 200 Kilometer nach Athen zurücklegte, um seine Nachrichten aus Marathon zu überbringen. Und der Bote klappte nicht aus Erschöpfung tot zusammen, der war natürlich putzmunter, denn das 200-Kilometer-an-einem-Tag-Laufen war eben dessen Job, dafür hatte er trainiert.
Auf dem Thüringer Rennsteig komme ich noch mal auf die gute alte WDG, die Wanderdurchschnittsgeschwindigkeit, zurück. Am ersten Tag ging ich 27 Kilometer (WDG 5,40 km/h), am zweiten Tag 51,5 Kilometer (WDG 5,01 km/h). Außerdem legte ich bei der Rekordwanderung am zweiten Tag eine saubere Drei-Autokennzeichen-Wanderung hin und ging durch den Ilm-Kreis (IK), den Kreis Sonneberg (SON) und den Kreis Kronach (KC).

Aufführungsdauer

Am ersten Tag 5 Stunden mit 40 Minuten Pause,
am zweiten Tag 11 Stunden und 14 Minuten
mit insgesamt 67 Minuten Pause

Programmheft

Topographische Karte »Rennsteig auf 5 Einzelkarten«, 1:50.000. Braucht man beim Wandern als Orientierung überhaupt nicht, da die Mareile allgegenwärtig ist. Zur Vorbereitung hingegen vor allem wegen des Höhenreliefs unverzichtbar.

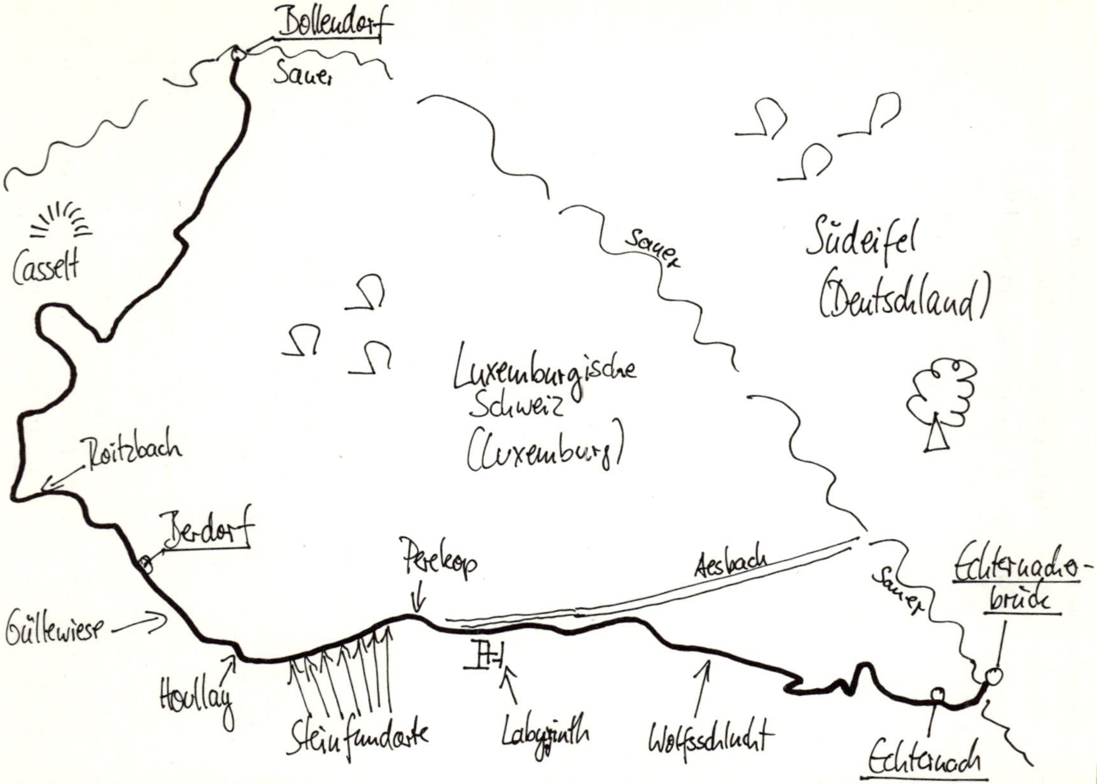
Bollendorf
Sauer
Casselt
Sauer
Südeifel
(Deutschland)
Luxemburgische
Schweiz
(Luxemburg)
Roitzbach
Berdorf
Perekop
Aesbach
Sauer
Echternacher-
brücke
Güllewiese
Houllay
Steinfundorte
Labyrinth
Wolfsschlucht
Echternach

Luxemburg, 12 Points

EIN SCHWANK IN ZWEI AKTEN

Personen

Doro Meine Frau
Luxemburger Volk

Schauplatz ist die Luxemburgische Schweiz, die Zeit April 2006.

Die Sauer ist ziemlich unbekannt. Sowohl als Grenzfluss als auch als Fluss überhaupt. Den Rhein kennt jeder, die Neiße oder die Oder. Dazu passt, dass die Sauer die Grenze zu Deutschlands kleinstem Nachbarland bildet: Luxemburg. Dieses Grenzgebiet kenne ich von zahlreichen Urlauben in der Südeifel. Da ich im Urlaub fast jeden Tag wandere, war ich auch schon oft auf der Luxemburger Seite, in der Luxemburgischen Schweiz. Mir ist natürlich klar, dass dieses Gebiet nicht im strengeren Sinne zum deutschen Mittelgebirge gerechnet werden kann, aber zum Wandern ist es dort einfach derart schön, dass ich es keinesfalls unterschlagen möchte.

Ich war mit dem Bus nach Echternacherbrück, einem Ort auf der deutschen Seite der Sauer, gefahren und erreichte das luxemburgische Echternach über eine alte Grenzbrücke. Die kleine Innenstadt versetzte mich in die Welt meines Französischbuchs des siebten Schuljahrs: Boucheries, Bar-

Cafés, Pharmacies, Telephones, alles Vokabeln, bei denen man schon im Unterricht immer weggehört hatte. Ich war, zum Verdruss meines frankophilen Vaters, so schlecht in Französisch, dass ich in diesem Fach die einzigen Sechsen meiner Schullaufbahn schrieb. In Echternach orientierte ich mich an den Auslagen, und der erste Lernerfolg stellte sich schnell ein: Stimmt, Boucherie heißt Metzgerei! Wer nicht so gut Französisch kann und sich in Luxemburg aufhält, muss das Glück haben, an einen Deutsch sprechenden Luxemburger zu geraten. Das gelingt genau wie in Holland immer seltener. Meistens sprechen die jungen Menschen in Holland und Luxemburg nur noch Englisch. Was jedoch wirklich keinem, selbst dem enthusiastischsten Europäer zuzumuten ist, ist das Erlernen des letzeburgischen Idioms. Diese Sprache, eine Mischung aus Eifeler Platt, Flämisch und etwas Undefinierbarem, ist wirklich den Bewohnern des Großherzogtums vorbehalten.

Am Rand der Innenstadt liegt der Busbahnhof, von dort führt ein Wanderweg bergan. Ich folgte einem nur 50 Zentimeter breiten und gepflasterten Weg. Der Kopfsteinpflasterwanderweg muss eine spezielle luxemburger Variante sein. Schnell gewann ich an Höhe und ging entlang der Sauer zur Wolfsschlucht. Mächtige Sandsteinblöcke links und rechts, jedoch nicht so verwittert, wie ich es aus anderen Gegenden kenne, eher glatte Felsflächen, wie von Menschenhand erschaffen. Sie wirkten wie Mauern einer riesigen Festung: eine luxemburgische Alhambra.

Ich erreichte den Aesbach und folgte ihm ins Landesinnere. Ich hatte nicht viel Zeit zu verlieren, war ich doch erst nach 16 Uhr gestartet. Für mich ungewöhnlich, bin ich doch ein Morgenstund-hat-Gold-im-Mund-Frühwanderer. Aber es hatte sich heute so ergeben, und der nachmittägliche Termin passte zum französischen Ambiente der Wanderung. Hier musste ich nicht seit den Morgenstunden fleißig-deutsch mein Wanderpensum wegwandern. Non, c'est la vie, mon Dieu, man macht sich keinen großen Kopf über das Morgen und Übermorgen, lässt erst einmal den halben Tag verstreichen, setzt sich dann vielleicht zu einem achtgängigen Mittagsmenü zu Tisch, trinkt währenddessen fünf Flaschen Rot- und Weißwein, und dann – voilà – bricht man doch noch zu einer Wanderung auf. Ganz so war es bei mir nicht gewesen, aber im Geiste hing ich dieser frankophilen Wanderbeschwingtheit nach.

Am Aesbach wechselten die Felsattraktionen im Viertelstundentakt. Zunächst kam das »Labyrinth«. Na ja, so richtig verlaufen konnte man sich dort nicht, ich brauchte keinen Faden der Ariadne, und der Minotaurus hätte Mühe gehabt, sich ordentlich hinter den Felsen zu verstecken. Auf der anderen Straßenseite tauchte der mächtige Perekop auf, ein gespaltener Monolith. Wie eine Reise zum Mittelpunkt des Felsens führt eine Treppe dort hinauf. Der nächste Höhepunkt ist der Houllay. Der Houllay (also Hohlfelsen) besteht aus einem ausgehöhlten Brocken. Wenn man im Houllay steht und auf die Landschaft hinausschaut, kommt man sich vor wie in der Kommandozentrale von Raumschiff Enterprise. Futuristische Anmutung plus rundes Design der Sechziger. Seit dem Mittelalter wurden hier riesige Mühlsteine herausgeschlagen. Weil Sandstein so weich ist, ging das wohl relativ gut. Die runden, welligen Spuren des Mühlensteinbruchs sind immer noch gut zu erkennen.

Oberhalb des Houllays erreichte ich das Berdorfer Plateau. Ich ging über eine frisch mit Schweinegülle gedüngte Wiese nach Berdorf. Es soll ja immer noch Menschen geben, die die unterschiedlichen Gerüche der Tiere nicht unterscheiden können. Ganz oben in der Hitparade des Wohlgeruchs steht ohne Zweifel der Pferdemist. Ist auch sehr hochwertig und wurde – zumindest vor ein paar Jahrzehnten – für die besten Weinlagen der Republik verwendet. Auch Kuhmist ist noch erträglich. Aber bei Schweinegülle muss man sich fast übergeben. Man hat das Gefühl, der eigene Körper sei durch den Gestank komplett verseucht. Man kann nur versuchen, schnell über so eine Wiese zu gehen und nur noch durch den Mund zu atmen.

In Berdorf riefen sich die Kinder in ihrem außerirdischen Kauderwelsch Fröhliches zu. Am Rinnstein saß eine schwangere Frau neben ihrem Mann im Trainingsanzug, der ein Bier trank. Ich erreichte das Ende des Ortes und ging den Roitzbach entlang zum Roitzbachley, der auf Französisch Gorges du Roitzbach und auf Luxemburgisch Roitzbachschlüff heißt. Teilweise war es hier so eng, dass ich meinen Rucksack abnehmen und mich seitlich durch die Klüfte hindurchschieben musste. Oben angekommen, fand ich eine Eins-a-Aussicht vor. An diesem Aussichtspunkt, das kann man ja ruhig verraten, ist das Foto auf der Rückseite dieses Buches gemacht worden.

Nachdem ich lange genug wie Caspar David Friedrichs Wanderer in die Landschaft gestarrt hatte, stieg ich auf einem anderen Weg den Roitzbachley wieder hinunter. Was folgte, waren unzählige weitere Kletterspielplätze. Eine halbe Stunde später erreichte ich den Aussichtspunkt Casselt und ging zur Sauer hinunter nach Bollendorf. Wenn ich beschreiben würde, wie ich dorthin gelangt bin, müsste ich schlagartig zum Wanderführer mutieren. Keine Lust. Ich gebe nur vier Tipps:

- Es ist ein bisschen wie eine Schnitzeljagd.
- Gehen Sie nicht ohne Wanderkarte durch den Wald.
- Vertrauen Sie nicht unbedingt den Hinweisschildern nach Bollendorf (zweimal geben sie den richtigen Weg an und zweimal nicht).
- Sobald Sie Bollendorf sehen, peilen Sie bitte den Kirchturm an und gehen immer den direkten Weg bergab.

Ich ging über die Sauer nach Bollendorf, und in der ersten Gaststätte bestellte ich mir ein Wandertaxi und fuhr zurück in mein Urlaubsdomizil.

Meiner Frau Doro erzählte ich von der Wanderung, und wir beschlossen, am nächsten Tag gemeinsam nach Luxemburg zu fahren. Wir parkten unterhalb des Perekops und gingen in Richtung Houllay.

Doro mit dem geologischen Hammer

Sehr weit sind wir nicht gekommen. Doro wandert eigentlich sehr gerne. Nur wandert sie anders als ich. Zunächst mag sie keine Gewaltmärsche und größeren Steigungen. Und vor allem interessiert sie sich für alles, was sie zu ihren Füßen findet. Bei ausgedehnten Strandwanderungen (dort sind meistens keine nennenswerten Steigungen zu verzeichnen) sammelt sie Muscheln und Steine in allen Größen und Formen. Bei unserer ersten gemeinsamen Wanderung in der Eifel suchte meine Frau, wie sie es vom Meer gewohnt war, auch an einem kleinen Flusslauf den Boden ab und entdeckte die Versteinerung einer größeren Muschel. Seit diesem Zeitpunkt wurde es zunehmend schwieriger, mit Doro längere Strecken zu gehen. Ich sehe nur Stein neben Stein und laufe weiter. Sie hat den Fossilienblick und entdeckt immerzu versteinerte Kuriositäten. Nach unserer letzten Fossiliensuchwanderung zählte Doro 306 Versteinerungen und skurrile Steine. Genau konnten wir die meisten Steine allerdings nicht zuordnen. Waren es runde Muscheln oder versteinerte Nacktschnecken? Ein Stein sah aus wie ein furchterregendes Manga, ein anderer wie ein Fat Car des Künstlers Erwin Wurm. Und auf einem Stein mit länglicher Form konnte man eindeutig das Gesicht von E.T. erkennen. Dabei ist Doro nicht kriminell. Da sie kein Steinedieb ist, hat sie ihre größten Schätze vor ein paar Jahren einem Maar-Museum in der Eifel zur Verfügung gestellt. Das sei Vorschrift, heißt es. Der Herr vom Maar-Museum nahm die Schenkung jedoch ohne ein Zeichen der Begeisterung entgegen.

Mit einem geologischen Hammer buddelt Doro die Steine aus und zerklopft sie an Ort und Stelle. So findet sie direkt heraus, ob es sich um eine fossile Versteinerung handelt. Man kann sich mit dem Hammer auch gut an Böschungen abstützen oder auch Spaziergänger vertreiben, die am Wegesrand gaffen.

Dieses Foto entstand kurz bevor ich mich flachlegte.

Ich gebe zu, dass ich nicht immer sehr begeistert war, auf Doro zu warten. Ich wollte zügig vorankommen, sie wollte eher verweilen und nach »Kostbarkeiten« suchen. Inzwischen haben wir uns ganz gut arrangiert. Wenn ich lange Märsche unternehmen will, gehe ich eben alleine oder mit Kumpels los. Wenn ich mit meiner Frau wandere, richte ich mich einfach darauf ein. Zunächst schaue ich mich nach einem guten Platz zum Sitzen um, während Doro ihr Jagdrevier absteckt. In der Umgebung des Perekops gab es in der Mitte des Baches moosbewachsene Steine. Wenn man wandert, empfindet man die Landschaft als Film, der sich verändert und bewegt. Wenn man sitzt und mit viel Muße in die Gegend schaut, wird aus dem Film ein Standbild, ein Gemälde. Aber – das muss hier mal gesagt werden – auch an der schönsten Landschaft hat man sich irgendwann satt gesehen.

Am Perekop las ich Zeitung und in einem Buch. Nachdem Doro nach einer Stunde den Aesbach an dieser Stelle leergesucht hatte, gingen wir ein paar hundert Meter weiter, bis es wieder einen guten Zugang zum Bach gab. Ich streckte mich auf einer Bank aus und schlief anderthalb Stunden. Doros Beute war wieder enorm gewesen, und während ich jetzt erholt noch einige Kilometer hätte wandern können, hatte sie aufgequollene Hände und Rückenschmerzen vom ständigen Knien und Bücken. So kehrten wir direkt zum Auto zurück.

Ich kann die Luxemburger Schweiz jedem passionierten Wanderer nur ans Herz legen. Dort finden sich anspruchsvolle Wege, und auch Doro mit ihrem Faible für Geologie (dazu in einem Exkurs gleich mehr) und Fossilien kommt immer auf ihre Kosten. Und wenn man Kinder hat, sollte man die Gegend um den Roitzbachley besuchen. Das ist besser als jeder Vergnügungspark, eine wahre Achterbahntour in und auf Felsen. Die Luxemburgische Schweiz ist das schönste Wandergebiet von Luxemburg, wahrscheinlich sogar der Benelux-Staaten. Für diesen Vortrag Luxemburgs im Grand Prix d'Eurovison de la Wanderpreis gibt es von mir: 12 Points.

Aufführungslänge

14 Kilometer am ersten Tag, 500 Meter am zweiten Tag

Aufführungsdauer

3 Stunden 57 Minuten mit einer 22-minütigen Pause am ersten Tag und ungefähr 3 Stunden mit (für mich) fast 3 Stunden Pause am zweiten Tag

Programmheft

»Naturpark Südeifel, topographische Karte« 1:25.000, Blatt 3 (Süd) Irrel, Echternach. Die Karte ist nicht mehr aktuell, was die Wegemarkierung angeht, vor allem um Bollendorf herum. Empfehlenswert ist der Wanderführer: »Sauertal ohne Grenzen«. Das Buch enthält nicht nur die üblichen Wandervorschläge. Eine echte Hilfe ist die Übersicht am Ende jeder Tour, wie viele Kilometer über Landstraße, Dorfstraße, Fahrweg und Fußweg führen, auch die kundigen Texte über Hopfenanbau, historische Eisenbahnen, Panzerwerke, Stockhäuser, Wegkreuze, Kohlenmeiler, Mühlen und das Lehnswesen sind lesenswert!

Der Merksatz der Geologie

Sich für Geologie zu interessieren hat ungefähr den gleichen Coolness-Faktor wie Pepitahütchen zu tragen, Physik zu studieren oder Fan des VfL Wolfsburg zu sein. Aber Geologie hat zu Unrecht dieses Langeweilerimage, wobei es der Geologe wissensdurstigen Laien mit seinem Fachchinesisch auch nicht leicht macht. Da mein zweiter Vorname »Didaktik« ist, versuche ich mal auf zwei Seiten die gesamte Geologie Deutschlands verständlich zu erklären.

Nehmen wir als Bild eine sehr, sehr alte Wohnung. Das ist die Erde. In dieser Wohnung gibt es eine Wand, wo in vielen, vielen Jahren verschiedene Tapetenschichten übereinandergeklebt wurden. An einigen Stellen sind die Tapeten eingerissen oder haben (wegen Feuchtigkeit) Blasen geworfen. Die neueste Tapete deckt dabei nicht zwingend alle anderen Schichten ab. Manchmal ist die neueste Schicht abgekratzt, und es scheinen alte Tapeten durch. So ist es auch in der Geologie. Die Meere, die im Laufe der Jahre über Deutschland geschwappt sind, haben Sand, Geröll und Steine hinterlassen, und die haben sich übereinandergeschichtet. Die ältesten Steine in Deutschland finden sich im Bayerischen Wald und sind 3,8 Milliarden Jahre alt, also ziemlich unfassbar alt. Deutschland existierte damals auch nicht ansatzweise in der heutigen Form. Durch den Bayerischen Wald ging der Äquator, und alles war Teil des großen Urkontinents Gondwana. Wahrscheinlich wurde aber damals dort schon Bayrisch gesprochen.

Für die deutschen Mittelgebirge waren andere Phasen entscheidend. Mit den unterschiedlichen Erdzeiträumen kam

Ein 3,8 Mrd. Jahre alter Stein im Bayerischen Wald und ein starker Hobby-Geologe

ich immer durcheinander. Es gibt aber auch im Gegensatz zu den Planeten (»Mein Vater erklärt mir jeden Sonntag unsere neun Planeten« für die Reihenfolge von Mars, Venus, Erde, Merkur, Jupiter, Saturn, Uranus, Neptun und Pluto) keinen Spruch, um sich die urzeitlichen Epochen zu merken.

Das ist die Reihenfolge der Erdzeitalter:

Devon	(395–345 Mio. Jahre)
Karbon	(345–280 Mio. Jahre)
Perm	(280–225 Mio. Jahre)
Trias	(225–190 Mio. Jahre)
Jura	(190–136 Mio. Jahre)
Kreide	(136–65 Mio. Jahre)
Tertiär	(65–2 Mio. Jahre)
Quartär	(2 Mio. Jahre bis heute)

Und das sind vier mögliche Merksätze:

1. Drei Könige planten, theoretisch jedenfalls, keinen totalen Quatsch.
2. Die Kinder piekten tagelang jeden Kadaver toter Quallen.
3. Dänen können peinliche Theorien jedoch kaum tolerieren, quasi.
4. Dieter konnte plötzlich tausend junge Kartoffeln teigig quetschen.

Okay, ist immer noch schwierig zu merken, vergessen Sie also außer Trias und Jura erst einmal alles andere. In diesen Zeiträumen entstanden die meisten landschaftlich prägenden Gebiete der deutschen Mittelgebirge. Im Trias sind, wie der Name schon andeutet, drei kürzere geologische Phasen vereint. Zunächst entstand aus Flussablagerungen der rote Buntsandstein. Den hat wahrscheinlich jeder Wanderer schon einmal gesehen. Nach dem Buntsandstein kam eine Phase, in der zum Beispiel in der Eifel ein flaches Meer existierte. Als sich das Meer verflüchtigte, blieben die Muscheln und kleine Meerestiere zurück und wurden im Muschelkalk eingeschlossen. Nachdem das Meer abgeflossen war, bildeten sich Binnenseen, das war die dritte Zeitspanne des Trias. An den Uferregionen lagerte sich der Keuperton ab, ein heller Stein.

An unserer Wohnungswand sehen wir nun eine rötliche Tapete, eine mit Muschelmustern und eine helle Tapete übereinander. Im anschließenden Jura bringen dann Flüsse aus Richtung Norden (die Fließrichtung war damals anscheinend umgekehrt) Sand in die deutschen Mittelgebirge. Es entstanden riesige Platten aus weichem Sandstein, die in einzelnen Gebieten der Eifel (Irrel, Rurtal und Luxemburg) und Sachsens (Sächsische und Böhmische Schweiz) vorkommen. Im Tertiär (also vor nicht allzu langer Zeit) hob sich das uralte Schiefergebirge, das schon im Devon entstanden war, und durchbrach die jüngeren Schichten so, dass an einigen Stellen auf kleinstem Raum verschiedene Gesteinsarten zu finden sind. Hier sind fast alle Tapetenschichten zu erkennen.

Erdgeschichtlich sind die Alpen ein Kükengebirge, gerade seit zehn Millionen Jahren faltet es sich empor. Aber auch an einigen Orten der Mittelgebirge bewegt sich das Gestein und wächst bis zu einem Millimeter im Jahr. Das sind in einer Million Jahren schon 1000 Meter, und, Sie werden es schon noch sehen, in drei oder vier Millionen Jahren haben Spessart, Hunsrück und Harz die Alpen als Hochgebirge abgelöst, und das neue St. Moritz und das neue Jungfernjoch befinden sich in Quedlinburg, Kastellaun und Miltenberg. Schöne Aussichten.

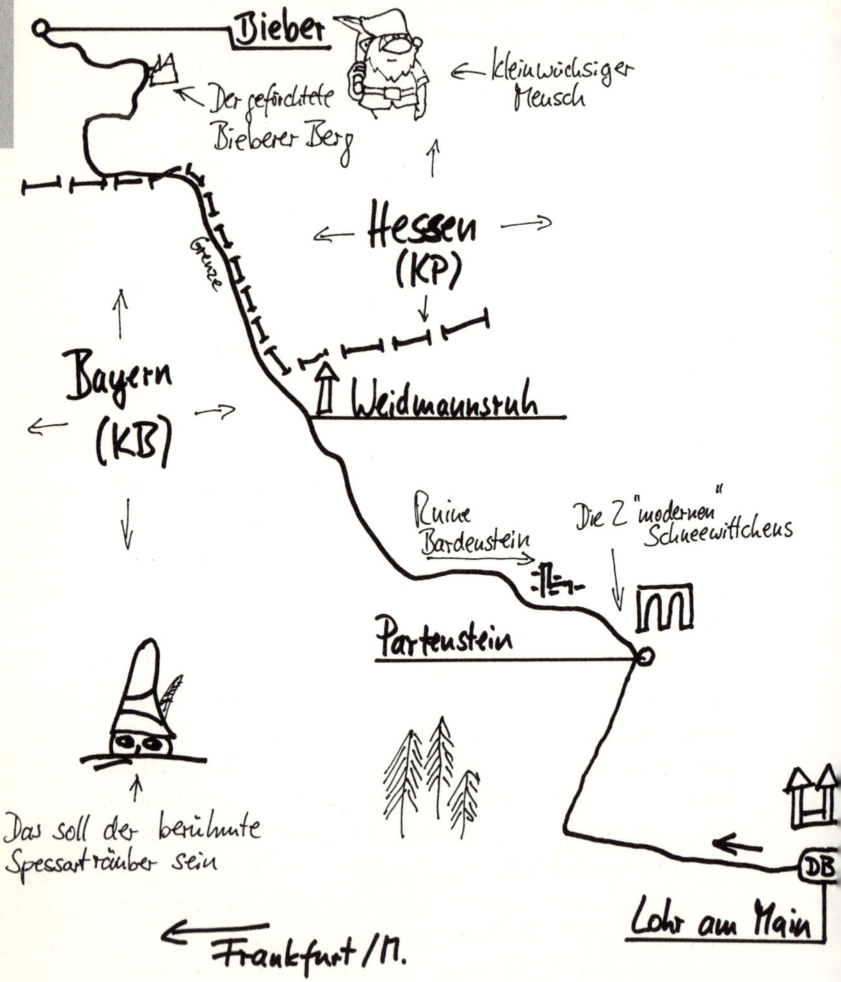
Bieber
kleinwüchsiger Mensch
Der gefürchtete Bieberer Berg
Hessen (KP)
Grenze
Bayern (KB)
Weidmannsruh
Ruine Bardenstein
Die 2 "modernen" Schneewittchens
Partenstein
Das soll der berühmte Spessarträuber sein
DB
Lohr am Main
Frankfurt/M.

Der Schneewittchenfluchtweg

EIN TRAGIKOMISCHES MÄRCHEN

Personen

Christoph Philipp von Erthal	Schlossherr zu Lohr
Maria Sophia von Erthal	Seine Tochter, Spitzname Schneewittchen
Claudia Elisabeth von Erthal	Stiefmutter
Zwei kleine Wanderer	

Schauplatz ist der Spessart, die Zeit Juni 2006.

Bekanntlich fangen viele Märchen der Gebrüder Grimm mit einer ungefähren zeitlichen Zuordnung der Geschichte an. Mit »Es war einmal ...« wird der Leser in eine weit zurückliegende Welt entführt, in der sich Frösche in verwunschene Prinzen verwandelten und gute gegen böse Feen kämpften. Und in dieser Welt spielten die Wanderschaft und der Wald eine sehr große Rolle. Im Märchen wurde viel gewandert, es sei denn, man ergatterte das halbe Königreich und die schöne Königstochter und konnte sich per Pferd oder Kutsche fortbewegen. Für die anderen blieb der Ritt auf Schusters Rappen für die Durchquerung der Wälder, in denen Räuber und wilde Tiere hausten. Das hat sich seit Erfindung der Eisenbahn und des Autos verändert. Aber auch die modernen Massenkommunikationsmittel haben dafür gesorgt, dass erheblich weniger gelaufen wird. Man muss nur bei Dostojewski nachlesen, wie dort hin und her gerannt wird, um

Nachrichten, mündlichen oder schriftlichen Ursprungs, zu übermitteln. Da kommen täglich ein paar Kilometer Wegstrecke zusammen.

Bei den Gebrüdern Grimm wurde gewandert, was das Zeug hielt, allen voran die Handwerksburschen. Das tapfere Schneiderlein wanderte genauso wie der Hans im Glück und die drei Schneidersöhne im Märchen »Tischlein deck dich, Goldesel und Knüppel aus dem Sack«. Und Brüderchen und Schwesterchen liefen von zu Hause fort, weil sie es unter der Knute ihrer bösen Stiefmutter nicht aushielten, und ließen sich in einer Hütte im Wald nieder. Aber der Wald war – wie gesagt – gefährlich. Der Wald war kein angenehmer Ort der Erholung und Entspannung wie im 21. Jahrhundert. Im Wald lauerten die böse Hexe (Hänsel und Gretel) und der Wolf im Bett der Großmutter (Rotkäppchen). Im Wald standen die Räuberhütte (Die Bremer Stadtmusikanten) und der türlose Rapunzelturm. Vielleicht sah man im Wald aber auch ein irres Männchen um ein Feuer herumtanzen, das hinausposaunte, dass es Rumpelstilzchen heiße, was aber keiner wissen dürfe. Der deutsche Wald, ein Hort von Psychopathen und Schwerverbrechern. Und in den Wald musste auch Schneewittchen hinaus, denn die böse Stiefmutter hatte sie dort dem Jäger überlassen, der sie töten sollte. Er brachte es aber nicht über sein Herz, und Schneewittchen floh über die sieben Berge zu den sieben Zwergen.

Diesen Fluchtweg des Schneewittchens findet man zwischen Lohr am Main und Bieber im Spessart. Es ist eigentlich ziemlich plausibel, dass die Gebrüder Grimm auf der Suche nach Stoffen für ihre Märchensammlung in Lohr auf die Schneewittchen-Geschichte gestoßen sein könnten. Lohr liegt immerhin im Einzugsgebiet der Brüder, die um Kassel und Göttingen herum ihre Märchenfindungsnetze ausgeworfen hatten. In der Märchenforschung ist es erwiesen, dass der

Das Schloss in Lohr

Schneewittchen-Weg historisch nicht belegt werden kann. Trotzdem gibt es große Übereinstimmungen.

Ich startete am Schloss in Lohr am Main. Dort residierte der Freiherr Christoph Philipp von Erthal. 1729 wurde seine Tochter, das Freifräulein Maria Sophia Margaretha Christina von Erthal geboren. Ihre Mutter verstarb früh, und der Freiherr nahm sich eine neue Frau, Claudia Elisabeth von Erthal, geborene von Reichenstein. Die war natürlich schön, aber böse. Freiherr Christoph Philipp war Direktor der Lohrer Glasmanufaktur und schenkte der bösen Stiefmutter einen prächtigen Spiegel. Diesen Spiegel, den die äußerst selbstsüchtige Freiherrin ständig um Rat befragte, sah ich im Spessartmuseum, das sich im Schloss befindet. Dort werden auch die Schneewittchenfluchtschuhe aufbewahrt. Ein Echtheitszertifikat liegt leider nicht vor, aber der Glaube versetzt bekanntlich Berge.

Das Spieglein an der Wand

So wie einst das arme Kind mit dem Jäger stieg ich die Anhöhen hinauf. Im Waldgebiet zwischen Lohr und Partenstein studierte ich die Forstwege-Typologie des Spessarts. Ich ging über matschige, geteerte, geschotterte, bewieste und zugewachsene Forstwege. Bergab nach Partenstein lief ich mehr als ich ging. Aber auf einem Fluchtweg sollte man nicht bummeln. Flüchten ist kein Spaß, flüchten ist Stress! In Partenstein hinter einem Eisenbahnviadukt traf ich auf zwei moderne Wiedergängerinnen des Schneewittchens. Die Haare so schwarz wie es das Färbemittel zuließ, die Haut so bleich, als wären beide schon lange nicht mehr an die frische Luft gekommen, und die Lippen so rot wie Lippenstift. Die beiden hatten keine Eile und machten auf einer Bank Erinnerungsfotos. Sie waren nicht auf der Flucht.

Nicht die Schuhe von Aschenputtel, sondern die von Schneewittchen

An der Burgruine Bardenstein machte ich eine kurze Rast und aß eine Tafel Schokolade. Das arme Schneewittchen hatte wahrscheinlich auf seiner langen Flucht nichts dabeigehabt. Allerdings kann die Menge des Proviants entscheidend sein, wie im Märchen »Die beiden Wanderer«, das zu den eher unbekannten der Gebrüder Grimm zählt. Nichts für zartbesaitete Seelen, ein Wanderepos um Schuld und Sühne.

Zwei Handwerksburschen, ein fröhlicher Schneider und ein mürrischer Schuster, beschließen, zusammen auf Wanderschaft durch die großen Städte zu gehen. Der Schneider ist ein wahrer Hallodri, verdient gut und haut mit dem Schuster gemeinsam das Geld wieder auf den Kopf. Auf dem Weg zur prachtvollen Königsstadt müssen die beiden durch einen großen Wald. Dort führen zwei Wege hindurch. Der eine dauert sieben Tage lang, der andere zwei. Kein Mensch weiß aber, welcher Weg der kurze und welcher der längere ist. Der griesgrämige Schuster sorgt für alle Fälle vor und schultert Brot für sieben Tage. Der lebenslustige Schneider sieht überhaupt nicht ein, sich unnötig abzuschleppen, verlässt sich auf Gott und sein Glück und nimmt nur Proviant für zwei Tage mit. Es kommt, wie es kommen muss, die beiden haben den längeren Weg erwischt. Am fünften Tag ist der Schneider kurz vor dem Hungertod, würde ihm der Schuster nicht von seinem Brot abgeben. »Okay, mache ich«, sagt dieser, aber »dafür will ich dir dein rechtes Auge ausstechen«. Gesagt getan, der Schuster gibt ihm das Brot, sticht ihm mit dem Messer das Auge heraus, und die beiden wandern weiter durch den unheimlichen Wald, in dem kein Ton zu hören ist und kein Sonnenstrahl hindurchdringt. Am siebten Tag muss der Schneider auch noch sein zweites Auge für Brot opfern. Nachdem die beiden endlich das Ende des Waldes erreicht haben, lässt der Schuster den blinden und damit berufsunfähigen Schneider unter einem Galgen liegen. Aber siehe da: Der Tau, vermischt mit dem Leichenwasser der Erhängten, bringt dem Blinden das Augenlicht wieder, so dass der Schneider frohgemut und sehend zur Königsstadt am Horizont weiterwandert. Dort wird er Hofschneider, muss sich aber schlimmen Intrigen seines alten Peinigers erwehren, der es inzwischen zum Hofschuster gebracht hat. Der Schneider erfüllt zahlreiche, eigentlich unlösbare Aufgaben, ist der große Held und bekommt die älteste Königstochter zur Gemahlin. Der Schuster dagegen wird aus der Stadt gejagt und empfängt seine gerechte Strafe. Die Krähen auf dem Galgen hacken ihm die Augen aus, und »unsinnig rannte er in den Wald und muss dann verschmachtet sein«. Super-Story, ein richtig guter Hollywoodstoff für eine ganz neue Filmgattung, das Wandermovie.

Eine Stunde nach Partenstein, hinter einer Waldkapelle, kam mir ein älteres Ehepaar entgegen, beide kaum größer als 1,55 Meter. Die Menschen wurden immer kleiner, je mehr ich mich Bieber, dem Ort der Zwerge, näherte. In Bieber wurde seit dem 15. Jahrhundert Silber, Kupfer und Blei abgebaut. Es gab sogar einen Bieberer Taler. Für die Arbeit in den sehr niedrigen Stollen ohne Loren und andere technische Hilfsmittel wurden bevorzugt kleinwüchsige Männer eingestellt, die durch die schwere Arbeit in gebückter Haltung oft noch kleiner wurden und einen Buckel bekamen. Zudem waren anscheinend die Menschen im Spessart wegen Mangelernährung kleiner als in anderen deutschen Landschaften. Im Bergbau setzte man auch Kinder ein, die dann aufgrund der schweren Arbeit Wachstumsstörungen hatten (siehe Oskar der Blechtrommler). Die meist kleinen Bieberer Bergleute wurden dann im Volksmund zu Zwergen. Die putzige Zwergenzipfelmütze war zudem Teil der mittelalterlichen Bergmannstracht: Man trug Kapuze. Das ist auch der ikonographische Hintergrund des klassischen Gartenzwergs. Mit der Zipfelmütze, der Schubkarre und der Spitzhacke möchte er nicht den Vorgarten umgraben, sondern im Bergwerk nach Silber suchen.

Eine Stunde hinter der Waldkapelle kam ich an den Pavillon Weidmannsruh, der aussah wie ein römischer Wachturm: viele Holzplanken, wenige Fenster und Türen und acht Meter hoch. Hier soll angeblich der Jäger Schneewittchen freigelassen haben. Ganz schön weit waren die beiden zu zweit marschiert. Hatte er sie die ganze Zeit hinter sich hergeschleift, oder war sie freiwillig mitgegangen? Auf jeden Fall war der Freilassungspunkt strategisch günstig gewählt. 200 Meter hinter Weidmannsruh endet nämlich das bayrische Territorium, und das hessische beginnt. Dort war die Wahrscheinlichkeit für Schneewittchen höher, sich dem Zugriff ihrer Eltern zu entziehen. Ich ging nun genau auf der Grenze zwischen den beiden Bundesländern und ehemaligen Königreichen. Auf der einen Seite sah ich Grenzsteine mit der Aufschrift KB (steht nicht für Kilobyte, sondern für Königreich Bayern), auf der anderen mit der Aufschrift KP (nicht Kommunistische Partei, sondern Königreich Preußen). Langsam wurde mir klar, dass ich genau auf der Gesinnungs- und Geschmacksgrenze ging, die viele Menschen als »Weißwurstäquator« bezeichnen.

Nach einer längeren Rast am Wiesbüttsee verlief der Schneewittchenfluchtweg eine halbe Stunde lang parallel zum ältesten Fernwanderweg des Spessarts, dem Eselsweg, benannt nach den Eseln, die wertvolles Salz durch den Spessart transportierten. Man hatte den Höhenweg zum Schutz vor den in den Tälern wohnenden Räubern angelegt. Wie kein anderes deutsches Mittelgebirge ist der Spessart verbunden mit einem Gebäude, dem berühmten Wirtshaus, in dem diese mordlustigen Buben hausten. Bei Wilhelm Hauff bildet das Wirtshaus im Spessart die Rahmenhandlung für weitere Geschichten. Die dort abgestiegene Reisegruppe muss realisieren, dass sie in eine Räuberhöhle geraten ist, und vertreibt sich die Zeit unter anderem mit der Erzählung »Das kalte Herz«. Im Schloss von Lohr hatte ich gesehen, dass das original Spessart-Wirtshaus sehr unromantisch vor Jahren einer Autobahnraststätte zum Opfer gefallen war.

An einem Waldrastplatz ging es bergab Richtung Bieber. Ich war in Zwergenbergbaulaune und pfiff laut das Zwergenlied (»Hei ho, hei ho, was sind wir wieder froh«). Kein Scherz, die Vögel des Waldes versuchten ernsthaft, mir Konkurrenz zu machen. Ich überquerte eine Landstraße und ging, statt

Das Ende einer Wanderung: Die Zwergen-Kneipe in Bieber

auf dem kürzesten Weg hinunter nach Bieber, noch einmal bergan zum Burgberg. Ob Schneewittchen auch diesen Umweg gemacht hat? Ich beendete die Wanderung in der Gaststätte »Bieberer Stollen« im Ortskern. Enttäuscht war ich, als in der Gaststätte nur normal gewachsene Menschen saßen. Ich hatte mir das anders vorgestellt. Bieber schien kein Ort zu sein, in dem im 21. Jahrhundert eine siebenköpfige reine Männer-WG wohnen möchte, egal welcher Körpergröße.

Das Besondere am Schneewittchenfluchtweg ist, dass er im Unterschied zu anderen Wegen nur in eine Richtung gegangen werden kann. Normalerweise ist es egal, ob man einen Wanderweg rechts herum oder links herum, von Norden nach Süden oder umgekehrt geht. Aber von den Zwergen in Bieber ins Lohrer Schloss zu flüchten wäre gegen die ganze Intention. Die Wegemarkierung berücksichtigt diesen Umstand, die Pfeile weisen nur in nördliche Richtung.

Um das Schneewittchen-Gefühl zu erleben, sollte man die 35 Kilometer an einem Stück gehen, abends ankommen, von kleinen Tellern essen und sich dann todmüde in das erstbeste Bettchen fallen lassen. Ursprünglich hatten die Gebrüder Grimm ihre Märchen nicht ausschließlich für Kinder gesammelt, und so ist auch dieser Weg nicht wirklich ein Kinderweg. Dafür ist er einfach viel zu lang. Er ist aber trittsicher, und es gibt keine spitzen Steine, von denen im Märchen die Rede ist.

Sehr gut war meine Heimreise. Von Bieber aus nahm ich ein Taxi zurück nach Lohr. Zum einen war es ein gutes Gefühl, eine halbe Stunde lang auf der Bundesstraße im Tal die Strecke mit dem Auto zu fahren, die man vorher gewandert war. Zum anderen war das genau der Weg, den die böse Stiefmutter bei ihren diversen Mordanschlägen genommen hatte. Sie war nämlich nicht den beschwerlichen Waldweg gelaufen, sondern war (zu Pferd?) im Tal von Lohr nach Bieber ins Zwergenhaus gereist. Dieser bequeme Weg hat ihr nichts genutzt. Es ist eben manchmal doch besser, beschwerlich auf der Höhe wandernd ans Ziel zu kommen.

Aufführungslänge

35 Kilometer

Aufführungsdauer

7 Stunden und 38 Minuten
mit insgesamt 70 Minuten Pause.

Programmheft

»Kompass Wander- und Bikekarte Spessart«, 1:50.000.
So ganz klar wird anhand der Karte nicht, wo der Schneewittchenweg verläuft, man braucht aber eigentlich keine Karte, da der Weg ausgezeichnet markiert ist.

WANDER WELTMEISTERSCHAFT

2006

SCHLADMING
ROHRMOOS

Die Wanderweltmeisterschaft

EIN EPISCHES DRAMA

Personen

Stöcke-Mann
Jogging-Mann
Jogging-Frau
Parka-Mann
Speedy-Mann
Graz-Mann

} Konkurrenten um den Titel des Wanderweltmeisters

Bergführer in roter Jacke
Bikini-Frau
Die Jaga-Buam

Schauplatz ist Schladming in Österreich,
die Zeit Juni/Juli 2006.

Die Erwartungen in der Heimat waren riesengroß. Mein Verlag verlangte nichts weniger als den Titel von mir und meine Frau verabschiedete mich mit den Worten: »Gewinn', aber komm heil nach Hause.« Und auch ich hatte mir klinsmannesk zum Ziel gesetzt, Wanderweltmeister zu werden.

So fuhr ich nach Schladming in der Steiermark, wo inzwischen schon die vierte Wanderweltmeisterschaft ausgerichtet wurde. 600 Wanderer aus 17 Nationen hatten sich angemeldet und wer in den drei Tagen die meisten Kilometer wandern würde, wäre der neue Weltmeister. Auf Schnelligkeit kam es dabei nicht an.

Nach einigen Rückschlägen im Winter (als mich mein Freund Victor im Pfälzer Wald mehrfach am Berg stehen ließ) hatte ich im Frühjahr kontinuierlich an meiner Form gearbeitet. Und nach zwei längeren Strecken auf dem Rennsteig und im Spessart fühlte ich mich fit, sodass ich mich drei Wochen vor dem Wettkampf schonte. Denn nach der modernsten Wandertrainingslehre war Regeneration vor dem Wettbewerb das Wichtigste.

Einen Tag vor Beginn der WM traf ich in Schladming ein. Schladming liegt auf halbem Weg zwischen Salzburg und Graz an der Enns in der Dachstein-Tauern-Region. Die Berge waren erdrückend. Als Mittelgebirgsmensch fühlte ich mich umzingelt.

Kurz nach meiner Ankunft ging ich ins WM-Büro und holte meine Startkarten ab. Mit ihnen bereitete ich am Abend meine Taktik vor. Für den ersten Wettkampftag wurden drei unterschiedlich lange Wanderungen angeboten. Schon als man mir die Startunterlagen übergab, wies man mich darauf hin, dass ich nur eine Chance auf den Titel haben würde, wenn ich mehrere Touren kombiniere. Dabei durfte nur in der Zeit zwischen neun Uhr und zwölf Uhr gestartet werden. Man konnte also nicht zuerst eine lange Tour gehen, da man dann für eine zweite Runde zu spät los käme. Spätestens um 17 Uhr mussten alle wieder am Zielpunkt in Schladming sein. Ich plante, zunächst eine 8-Kilometer-Runde zu gehen. Wenn meine Beine und meine Zeit gut wären, könnte ich noch eine weitere 8-Kilometer-Runde anschließen, um dann die 30-Kilometer-Wanderung in Angriff zu nehmen. Dieser Plan war risikolos, da ich je nach Tagesform kurzfristig auf die 25-Kilometer-Variante ausweichen konnte, um rechtzeitig im Ziel zu sein. Das Unternehmen Titeleroberung konnte beginnen.

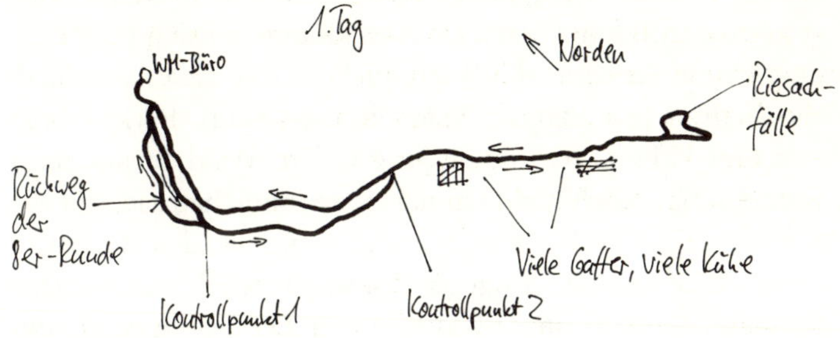

Donnerstag, 29. Juni, erster Tag der Wanderweltmeisterschaft

Die erste Wanderung

Um 8.30 Uhr stand ich vor dem WM-Büro. Unter den Teilnehmern hatte sich herumgesprochen, dass womöglich schon vor neun Uhr gestartet werden konnte. Und um 8.46 Uhr ging es mit dem ersten Zangenabdruck auf der Startkarte los.

Ich lief direkt mit zwei anderen Wanderern vorne weg. Der eine benutzte schon auf den ersten Metern, als es noch über Asphalt ging, seine Stöcke. Der andere war ein Koloss und trug enge Joggingkleidung. Um meine härtesten Mitkonkurrenten auseinanderzuhalten, nannte ich sie Stöcke-Mann und Jogging-Mann.

Nach ein paar Minuten auf gleicher Höhe, rannte Jogging-Mann los und war weg. Das konnte ja heiter werden. Also zog auch ich das Tempo auf dem steil ansteigenden

Weg an. Nach fünf Minuten hörte ich ein Geräusch von hinten. Unglaublich, ich hätte nicht für möglich gehalten, dass mich bei diesem Tempo überhaupt jemand überholen konnte, aber schon war er vorbei gerauscht und ich hatte einen weiteren Favoriten gesehen: den Speedy-Mann. Der erste Kontrollpunkt war eine Ansiedlung, wo sich eine kleine Gruppe versammelte: Jogging-Frau (die sich tatsächlich als Ehefrau von Jogging-Mann herausstellte), Parka-Mann und Graz-Mann. Mit ihnen ging ich im Wald zurück nach Schladming. Noch nicht einmal eine Stunde hatte ich für die 8-Kilometer-Runde benötigt. Auch wenn wir den Berg hinunter mehr gelaufen als gegangen waren, die Längenangabe für diese Runde konnte nicht stimmen. Das waren geschenkte acht Kilometer und ich sah erneut meine Chance. Von Jogging-Frau hatten wir inzwischen erfahren, dass ihr Mann vorhatte, erst die 25er-Runde zu joggen und dann die 30er-Runde zu wandern. Das wären zusammen 55 Kilometer.

Inzwischen sind wir gute Freunde: zum vierten Mal am Kontrollpunkt 1.

Da konnte ich nur dagegen halten, indem ich nochmals acht Kilometer lief.

Die zweite Wanderung

Der Plan von Jogging-Mann hatte mir gezeigt, dass man bei einer Weltmeisterschaft nicht nur auf sich selbst achten darf. Um nicht überrascht zu werden, muss man auch die Taktik der anderen Teilnehmer kennen. Auf der zweiten Runde hatte ich erfahren, dass Parka-Mann und Jogging-Frau direkt die 30er-Strecke anschließen wollten. Ich nutzte erst einmal die Gelegenheit, beide am nächsten Kontrollpunkt abzuhängen. Ich trödelte so lange, bis sie sich zum 30-Kilometer-Weg aufgemacht hatten. So bekamen sie nicht mit, dass ich wieder kehrt machte und zurück zum WM-Büro ging, um mir die nächste 8er-Runde gutschreiben zu lassen. Den gleichen Plan verfolgte Graz-Mann, obwohl er sich nicht sicher war, ob man eine Strecke mehrmals gehen durfte. Auf dem Weg hinunter hatte er Angst, diese Strecke ganz umsonst zu gehen. An den Computern des WM-Büros erhielten wir Klarheit. Auch die zweite Runde wurde gewertet, wir waren nun zwei Stunden unterwegs und hatten schon 16 Kilometer auf unserem Konto. Ein Blitzstart in die WM!

Die dritte Wanderung

Und wieder ging ich mit Graz-Mann bergan und wir passierten zum dritten Mal die Kontrollstelle, wir bekamen zum dritten Mal einen Zangenabdruck und wir machten uns zum dritten Mal wieder auf den Weg hinunter nach Schladming. Diesmal trafen wir aber auf viele Langsamwanderer, die gerade auf ihren ersten acht Kilometern waren. WM-Exoten, ohne echte Chancen, die Vorrunde zu überstehen. Sie waren glücklich, überhaupt bei einer WM dabei sein zu dürfen und die prickelnde Atmosphäre zu schnuppern. Brasilianische Sambawanderinnen mit knappen Oberteilen, die um ihre Wanderstöcke tänzelten, schwedische Wanderhünen und japanische Kamikazewanderer in ihren traditionellen Trekking-Kimonos. So was gab es nur bei einer WM!

Um 11.45 Uhr hatte ich auch den dritten 8er hinter mich gebracht und konnte noch vor Ende der offiziellen Startzeit zur eigentlichen Wanderung aufbrechen.

Die vierte Wanderung

Am ersten Kontrollpunkt kehrte ich dieses Mal nicht wieder um, sondern ging weiter talwärts Richtung Riesachfälle, dem Wendepunkt der 30er-Strecke. Ich redete mir ein, eigentlich erst jetzt loszulaufen. Die drei kleinen Runden vorher waren Stadionrunden zum Aufwärmen gewesen, Dehnübungen, um locker zu werden. Ich versuchte es mir zumindest einzubilden. Außer mir war jetzt keiner mehr auf der Piste, da alle Titelkonkurrenten anscheinend schon losgelaufen waren und sich vor mir befanden. Acht Kilometer hinter Schladming kam ich an die zweite Kontrollstelle. Ab dort waren Hin- und Rückweg der 30er-Runde identisch, so dass mir viele gutgelaunte Wanderer entgegen kamen, die bereits am frühen Morgen zur längsten Wanderung aufgebrochen und nun schon auf dem Rückweg waren. Meine Laune wurde allerdings schlechter. Meinem Körper konnte ich nichts vormachen. Der wusste genau, was er bisher gewandert war. Aber Zeit für eine Pause blieb nicht, wenn ich um 17 Uhr im Ziel sein wollte. Wenn ich nicht das höchste Tempo ginge, würde ich es nicht schaffen. Immer wieder musste ich kleine und große Gatter öffnen und schließen, was lästig war und mich nur aufhielt. An jedem Gatter suchte ich erst einmal zehn Sekunden nach dem Schließprinzip (Kette, Schlaufe, Riegel, Feder), dann schloss ich das Gatter wieder, damit die friedlich grasenden und glotzenden Kühe nicht davonliefen.

Kurz vor den Riesachfällen kam mir lachend und winkend Jogging-Frau entgegen. Später traf ich auf Parka-Mann, der nun gehetzt wirkte. Sein Wanderstil hatte etwas Zwanghaftes, ähnlich wie bei Forrest Gump. Dabei hätte er es ruhig angehen lassen können. Ich war es doch, der noch den Auf- und Abstieg zum Wasserfall vor sich hatte. Wie schön wäre es gewesen, an den Riesachfällen eine Pause zu machen. Das Wasser stürzt hier tosend in die Tiefe. Doch der Zielschluss drängte und ich hastete wieder Schladming entgegen. Es waren immerhin noch 15 Kilometer. Von Zeit zu Zeit lief ich nun mit hocherhobenen Armen. Dabei wollte ich nicht schon die Siegerpose üben, sondern meinen Blutkreislauf etwas in Schwung bringen. Meine Finger waren inzwischen angeschwollen, da mir sämtliches Blut in die herabhängenden Gliedmaßen floss. Das war kein Wanderspaß mehr, das war die Wanderhölle. Als ich schließlich steil nach Schladming hinunterging, verfluchte ich auch noch meine Entscheidung, während den ersten Runden die Berge hinunter gelaufen zu sein. Das rächte sich jetzt mit Muskel- und Gelenkschmerzen.

Sieben Minuten vor Zielschluss kam ich im WM-Büro an. Die letzten Meter wäre ich am liebsten gekrochen.

Genaue Zwischenergebnisse waren an diesem Abend nicht in Erfahrung zu bringen. Ich konnte also nur mutmaßen, an welcher Position im Gesamtklassement ich mich nun befand. Kurz vor dem Ziel hatte mich noch Stöcke-Mann überholt und so ging ich davon aus, dass er und Jogging-Mann heute 55 Kilometer gelaufen waren, während ich insgesamt 54 Kilometer (in acht Stunden!) geschafft hatte. Immerhin: Ich war noch im Rennen um den Titel, vermutlich auf Platz drei, einen Kilometer hinter den beiden Führenden.

Im Drogeriemarkt traf ich Graz- Mann, der genauso viel wie ich gelaufen war. Auch er sah nicht glücklich aus. Ich empfahl ihm Blasenpflaster und kaufte mir ein Entspannungsbad. Normalerweise bin ich kein Badewannentyp, aber ich musste etwas für meine geschundenen Beine tun. Immerhin galt es am nächsten Tag auf der ersten Wanderung eine Höhendifferenz von 1.200 Metern zu überwinden. Und das auch noch bergab. Und nun tat ich etwas, was ich in meinem gesamten Wanderleben kategorisch ausgeschlossen hatte: Ich kaufte mir Wanderstöcke. Ich weiß, ich habe oft darüber gespottet, aber ich wusste, wenn ich überhaupt den morgigen Tag wandermäßig überleben wollte, brauchte ich Stöcke.

Schon um 20.30 Uhr schlief ich ein und verpasste so den Festzug des Schladminger Blasorchesters von der Brauerei zum Rathausplatz und den Abend mit Captain Klug & den Zwergsteirern.

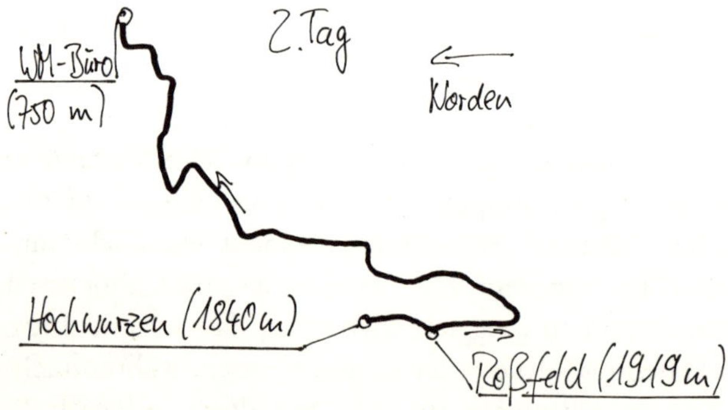

Freitag, 30. Juni, zweiter Tag der Wanderweltmeisterschaft

Die erste Wanderung des Tages war eine Sonnenaufgangswanderung. Um vier Uhr brachte uns ein Bus zum Gipfel. Auf dem Weg zum Bus bemerkte ich, dass ich humpelte. Während ich durch die Dunkelheit schlich, überholten mich mit forschem, frischem Schritt Stöcke-Mann und Graz-Mann. Ich war ein Nichts unter diesen Wandergiganten. Das hatte doch alles keinen Sinn, ich sollte umdrehen und abbrechen, dachte ich. Wenn ich es noch nicht einmal schaffe, bis zum Bus zu gehen, wie sollte ich heute eine Bergwanderung überstehen. Doch schon auf dem Weg zurück ins Hotel wurde es mit jedem Schritt besser. Also machte ich wiederum kehrt. Als Letzter stieg ich in die wartenden Busse. Alle Teilnehmer waren auf eine Wanderung um diese Tageszeit eingestellt und ausgerüstet mit Taschenlampen und Stirnlampen. Einige hatten sogar Fackeln dabei. Doch schon während der Fahrt dämmerte es und zum Start der Wanderung war es schon taghell. Verschämt wurden die Illuminationshilfen weggepackt.

Vom Gipfel des Hochwurzen stiegen wir auf einen weiteren Gipfel, das Rossfeld (1.919 Meter hoch). Als Mittelgebirgsei befand ich mich nun mitten im Hochgebirge. Viele standen an, um sich einen Gipfelstempel für ihr Wanderbuch abzuholen. Ihnen lag nichts am Weltmeistertitel, sie sammelten Gipfel. Auch eine Leidenschaft.

Je länger es dauerte, desto unruhiger wurden die Favoriten. Jogging-Mann nörgelte in einem fort: »Gemma, Herrschaftszeiten, gemma endlich.« Doch es handelte sich um eine geführte Wanderung und der Bergführer in der roten Jacke entschied, wann es weiterging.

Ab diesem Zeitpunkt sollte es nur noch bergab gehen. Erst schmale steinige Pfade hinunter, dann über steile Forstwege. Im österreichischen Wanderjargon heißen diese Wege, so habe ich mir sagen lassen, »Knieschnaggler«.

Auf halber Strecke wartete der Bergführer auf die Nachzügler. Auch auf mich, da ich am Ende des Feldes den Berg hinuntergestolpert kam. Die Drängler hatte er inzwischen von der Leine gelassen. »Du schwitzt aber«, sagte er zu mir, und ich wusste selber nicht, ob ich vor Anstrengung oder Hitze schwitzte. Oder ob es reiner Angstschweiß war. Auf meinen Hinweis, dass es hier schon heftig hinunterging, antwortete er nur lakonisch: »So ist das bei uns in den Bergen.« Recht hatte er und ich musste mir eingestehen, dass ich Berge nicht mochte. Ich bin gern am Meer, mir gefällt die endlose Weite, in den Bergen fühle ich mich beengt. Mit einem Bus einen Berg hinaufzufahren, um dann unter Schmerzen wieder hinunterzugehen, schien mir in diesem Moment völlig sinnentleert.

Die Morgenwanderung würde ich noch zu Ende gehen, aber keine der noch angebotenen Strecken in den Längen 6, 10 und 25 Kilometer kamen an diesem Tag in Frage. Damit waren auch alle Chancen auf den Titel futsch. Egal! Sollten diese Wanderbestien doch die Weltmeisterschaft unter sich ausmachen. Sollten sie sich doch meinethalben ohne Sinn und Verstand abhetzen. Ich hatte die Schnauze vom Wandern gestrichen voll.

Im Fußball nennt man mein Los bei dieser Wander-WM das spanische Schicksal. Die Vorrunde der WM mit Bravour überstehen, um dann im Achtelfinale auszuscheiden. Mit viel Vorschusslorbeeren starten und dann traditionell früh rausfliegen. Oder sollte ich mich mit einer schwarzafrikanischen Mannschaft vergleichen, die im Hurrastil ins Achtelfinale stürmt, später aber weder die körperliche

Fitness noch die taktische Finesse hat, um ins Finale zu kommen?

Am Nachmittag traf ich auf einen am Boden zerstörten Graz-Mann. Erst war er den Berg hinuntergestürmt und dann noch zehn Kilometer gegangen. Dann war Schluss gewesen. Er hatte sich kaputtgemacht, konnte keinen Schritt mehr laufen. Immer wieder schüttelte er den Kopf. »Warum bin ich nur vom Hochwurzen hinuntergerannt?« Ich hatte Mitleid und verspürte keine Schadenfreude. Wir hatten uns beide am ersten Tag übernommen. Gleichzeitig spürte ich, wie sich mein Körper bereits erholte. Vielleicht konnte ich am letzten Tag doch wieder mithalten.

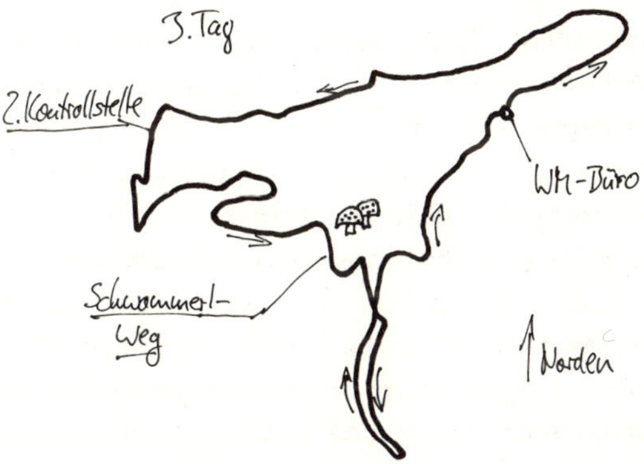

Samstag, 1. Juli, dritter Tag der Wanderweltmeisterschaft

Heute stand ein Wandermarathon auf dem Programm. Ungefähr 40 Kilometer war ich schon öfter gegangen, ich war auch schon einmal den Köln-Marathon gelaufen, aber

Der Wegweiser in die Wanderhölle

das war heute mein erster offizieller Wandermarathon. Ich war pünktlich um sechs Uhr aufgebrochen, um bis zum Zielschluss um 17 Uhr Zeit zu haben. Das erste Drittel der Strecke ging ich entlang der Enns. Nach 15 Kilometern, am zweiten Kontrollpunkt, legte ich eine kurze Rast ein. Ich setzte mich für zehn Minuten hin und aß etwas. Was ein Fehler sein sollte, denn danach fiel mir das Laufen besonders schwer. Meine Rettung war ein steiler Aufstieg über 400 Höhenmeter. Langsam bergan zu steigen, ging eigentlich immer. Hier überholte mich Bikini-Frau. Von ihr hatte ich bereits gehört, sah sie aber nun zum ersten Mal. Sie war um die 60 Jahre alt, klein gewachsen und drahtig, trug Wanderschuhe, eine Sporthose und ein sehr buntes Bikini-Oberteil, in dem ihre Brüste lustig auf und ab wippten. Ein etwas gewöhnungsbedürftiges Outfit. Auf den nächsten zehn Kilometern begegneten wir uns immer wieder, weil sie mal ein Schwätzchen mit Wanderkollegen hielt, dann überdimensionale Pilze aus Pappmaché am Wegesrand fotografierte (hier entlang lief der »Schwammerlweg«). So schaffte ich es trotz meines gemächlichen Tempos sie immer wieder einzuholen. Aber genauso schnell war sie auch schon wieder an mir vorbeigezogen.

Die Hälfte der Kontrollstellen auf diesem Wandermarathon war nicht von Mitarbeitern des WM-Büros besetzt, sondern sogenannte Selbstkontrollen. Da war eine Tafel in

Denn er wusste nicht, was er tat.

den Boden gerammt worden und daran hing eine Zange, mit der man seine Startkarte selbst lochen musste. Schummeln konnte man nicht, da jeder Zangenabdruck eine andere Form aufwies.

Kurz nach 15 Uhr kam ich schließlich wieder in Schladming an, nicht ohne Stolz. Ich hatte mich mit Anstand aus dem Turnier verabschiedet.

Am Abend gab es eine zünftige Siegerehrung in der Stadthalle. Die Jaga-Buam, zwei fesche Mannsbilder in Trachten an der Gitarre und dem Akkordeon, spielten Stimmungslieder (zu denen getanzt wurde) und Volksweisen (zu denen nicht getanzt wurde). Ich hörte keinen Unterschied.

Der Moderator des Abends kürte zunächst die zehn erfolgreichsten Wandergruppen. Dann wurden die Einzelweltmeister gekürt. Parka-Mann war fünfter geworden, Jogging-Mann war zweiter und sichtlich enttäuscht. Wanderweltmeister war Speedy-Mann mit insgesamt 194 Kilometern Gesamtleistung. Das war ein Schnitt von fast 65 Kilometer pro Tag. Ich hatte Speedy-Mann seit den ersten fünf Minuten der WM nicht mehr gesehen, aber deswegen war er auch Speedy-Mann.

Meine eigene Leistung von insgesamt 116 Kilometern reichte für den 25. Platz der Gesamtwertung und weil ich nicht aufgegeben hatte, war ich doch noch ganz zufrieden. Graz-Mann hatte schon die Heimreise angetreten und dem Vernehmen nach hatte auch Stöcke-Mann die WM nicht beenden können, da er sich an den ersten beiden Tagen übernommen hatte.

Am Ende der Veranstaltung wurden alle Teilnehmer zur Wanderweltmeisterschaft 2007 nach Innsbruck eingeladen. Ich glaube, die müssen dort ohne mich auskommen. Wie hatte der Bergführer in der roten Jacke an meinem Schicksalsberg Hochwurzen gesagt: »Ich halte nichts vom Wandern als Hochleistungssport. Wandern sollte etwas mit Naturgenuss zu tun haben.« Nie wieder werde ich sinnlos und stumpf aus falschem Ehrgeiz heraus Kilometer bolzen. Ich werde brav auf meinen Orthopäden hören und meine Gelenke schonen. Immerhin bin ich nicht mehr der Jüngste. Ich werde immer aufs Neue, bei jeder neuen Tour, die ich plane, an jeder neuen Ecke in Deutschland, die ich entdecke, in mich hineinhorchen, was das genau ist: Wandern.

Aufführungslänge

54 Kilometer am ersten Tag, 20 Kilometer am zweiten und 42 Kilometer am dritten Tag. Zusammen 116 Kilometer. Die Kilometerangaben zumindest an den ersten beiden Tagen waren unmöglich realistisch. Ich schätze, dass ich korrekt gemessen insgesamt ungefähr 100 Kilometer gegangen bin.

Aufführungsdauer

Am ersten Tag 8 Stunden und 7 Minuten ohne Pause, am zweiten Tag knapp 4 Stunden mit ganz vielen Pausen und am dritten Tag 9 Stunden und 3 Minuten mit zwei 10-minütigen Pausen. Die zweite Pause nur im Stehen da ich – wie gesagt – nach dem Sitzen nicht mehr laufen konnte. Mit diesen 9 Stunden war ich nur gute 4 Stunden langsamer als bei meinem »richtigen« Marathon in Köln gewesen, für den ich quälende 4 Stunden und 52 Minuten gebraucht habe. Aber das ist eine andere Geschichte.

Blick ohne Aussichtstürme

Wieder auf dem Rheinsteig

Es war nicht mein Tag. Ein »Jour sans« sagen die Franzosen, wenn ein Fahrer während der Tour de France etwas schwächelt. Ja, wahrscheinlich lag es am »Tag ohne«, dass ich eine der tollsten Aussichten entlang des Rheins überhaupt genießen konnte. Eine Viertelstunde nach Beginn meiner Wanderung war ich mit meinen Kräften am Ende.

Ich war mit dem Zug nach Braubach südlich von Koblenz gefahren und wollte wieder einen Tag auf dem Rheinsteig wandern. Die Etappe zwischen Braubach und Koblenz ist mit 21 Kilometern eine der längsten und mit 1.145 Höhenmetern auch eine der anspruchsvollsten. Und ausgerechnet auf diesem Abschnitt hatte ich einen »Jour sans«! Ich wusste nicht, was los war, aber schon die erste Steigung hinter Braubach ließ meinen Atem flach und meine Beine schwer werden. Ich musste mich kurz am Wegesrand auf eine kleine Mauer setzen und ausruhen. Und dann dieser Ausblick!

Es gehört zum Wesen des Rheinsteigs, reich an Aussichten zu sein. Das kann sogar ein wenig nerven, wenn man immer auf die nächste Anhöhe gejagt wird, um wieder und wieder auf den Rhein zu schauen. Aber dieser Blick war anders.

Ich versuche mal eine Bildbeschreibung. In der Bildmitte erhob sich die Marksburg, eine der schönsten Burgen Deutschlands, wenn nicht gar der Welt, auf einem kleinen Hügel. Zumindest ist es eine echte Burg, das heißt, dass dort einst auch Grafen und Ritter gehaust haben, und nicht

Uerdinger Zuckerfabrikanten, Japaner oder Thomas Gottschalk. Unterhalb des Hügels schmiegte sich die kleine Stadt Braubach zwischen Rhein und Burg. Da dieser Sprengel einst zu Hessen gehörte, ist er noch heute eine evangelische Enklave.

Der Rhein zog im Hintergrund nicht gewohnt majestätisch vorbei, sondern nahm keck eine Neunzig-Grad-Kurve Richtung Westen, die ihn fast verspielt mosellesk wirken ließ. Denn eigentlich verläuft der Rhein von Bingen bis Bonn relativ schnurstracks in nördlicher Richtung. Nur zwischen Braubach und Filsen beschreibt er eine kühne S-Kurve. Im Bildvordergrund hingegen wuchs ein riesiger Schornstein in den Himmel, aus rotem Backstein und umgeben von dichtem Grün. Ein Monument aus einer vergangenen Industrieepoche. Aber der Schornstein störte nicht und machte einen altertümlicheren und ruinöseren Eindruck als die herausgeputzte Burg. Wie man nach einem anstrengenden Tag im Museum vor einem gelungenen Gemälde wieder Kraft tankt, konnte ich nach dem beeindruckenden Ausblick trotz meines kleinen Schwächeanfalls meine Wanderung fortsetzen.

Und zum ersten Mal begegnete ich leibhaftigen Winzern, mit Kiepe auf dem Rücken und Rebenschere in der Hand. Ich bin schon oft im Herbst durch Weinanbaugebiete gewandert, aber die arbeitenden Menschen waren immer seltsam unsichtbar geblieben. Waren sie gerade in höheren Lagen beschäftigt, während ich unten entlanglief? Machten sie Pause? Oder tranken sie schon einen Schoppen? Am Wegesrand stand ein Traktor mit Hänger, wo die Trauben gesammelt wurden. Und es stank. Da kann man nur hoffen, das das fertige Produkt eines Tages besser riecht und schmeckt.

Die erste Wanderhütte findet man oberhalb von Braubach. Hier stand nun der offizielle Abfalleimer des Rheinsteigs: ein blaues Ölfass. Früher brauchte man solche Fässer für Hip-Hop-Videos, nur dass die nicht frisch mit dem großen R-Logo des Rheinsteigs bemalt waren. Wahrscheinlich hat man sich mit dem ortsansässigen Müllentsorger darauf geeinigt, die Dinger nur alle fünf Jahre zu leeren, und daher das Volumen etwas erhöht. Die Tiere des Waldes wird es jedenfalls freuen.

Fünf Kilometer hinter Braubach, oberhalb der Lahn, sah ich vor mir zwei Reiter, die im Schritt durch den Wald ritten. Langsam kam ich näher. Ich wollte sie unbedingt überholen und strengte mich mächtig an. Doch dann fielen sie in einen gemütlichen Trab und ritten mir davon. Trotzdem ging ich beschwingt im Wandergalopp die Kehren hinunter zur Lahn und weiter zur Ruppertsklamm.

Dort ist zwar meist viel los, doch die wilde, felsige Strecke lohnt sich. Schon nach wenigen Metern verschluckt das schmale Tal die Geräusche der nahen Bundesstraße. Ich muss zugeben, eine solch steile Klamm war ich noch nie hinaufgestiegen. Teilweise waren Stricke an den Felsen angebracht, um besseren Halt zu bieten. Nach einer Viertelstunde war der Spaß allerdings schon vorbei, und ich stand vor der Klammhütte. Ich hatte mir schon gedacht, dass die Zeitangabe am Einstieg, man bräuchte eine Stunde bis zur Hütte, absolut unrealistisch sein musste. Wenn man wirklich langsam geht und mit Kind und Kegel unterwegs ist, braucht man eine halbe Stunde. Wer so hinfällig und gebrechlich ist, dass er wirklich eine Stunde bis zur Hütte braucht, der wird es überhaupt nicht bis dorthin schaffen, da er vorher kollabiert.

Nach der Ruppertsklamm ging es noch ungefähr dreieinhalb Kilometer, teilweise extrem steil, bergan, bis ich den Lichter Kopf erreichte, die höchste Erhebung in der Nähe von Koblenz. Und auf der Lichtung dieses Bergs stand ein Aussichtsturm. Ich überlegte hin und her. Dann bin ich hochgegangen. Und schnell wieder hinunter. Und fand alle meine Befürchtungen bestätigt. Ich habe nämlich etwas gegen Aussichtstürme. Das hat hauptsächlich vier Gründe:

1. Aussichtstürme sind ausnahmslos hässlich. Wahrscheinlich liegt es in der Natur der Sache, dass sie aussehen müssen wie Wachtürme von schlimmen Straflagern, aber sie stören mein ästhetisches Empfinden, wie sie da so deplatziert in der Landschaft herumstehen.
2. Ich bin der Meinung, dass man durch das Besteigen eines solchen Turms aus dem Wanderrhythmus kommt. Während man vorher zügig geht, kommt man sich im Aussichtsturm vor wie im Treppenhaus eines siebenstöckigen Hochhauses, in dem der Aufzug streikt.
3. Dieser Grund mag etwas individuell sein: Ich habe Höhenangst. Kurioserweise macht es mir überhaupt nichts aus, ohne Sicherung in eine mehrere hundert Meter tiefe Schlucht hinabzuschauen. Aber ein Gebäude (Hochhaus, Kölner Dom, Aussichtsturm) zu besteigen, verursacht bei mir ein unangenehmes Kribbeln in Körperpartien, in die kein Kribbeln gehört. Daher bin ich immer froh, wenn ich von den Dingern wieder runter bin.
4. Die Aussicht ist meistens nicht so toll, wie man sich das vorgestellt hat oder wie es versprochen wurde. So steht zum Beispiel im Rheinsteigführer, dass man vom Lichter Kopf aus die gesamte Tagesetappe von Braubach nach Koblenz überblicken könne. Braubach indes war komplett von Bäumen verdeckt. Von Koblenz hingegen hätte ich

gerne weniger gesehen. Sooo hübsch ist die Stadt nun auch wieder nicht. Und das Atomkraftwerk von Mülheim-Kärlich im Hintergrund trug auch nicht zur Schönheit der Landschaft bei. Dass dieses Ding nie ans Netz gegangen ist, müsste selbst den größten Atomkraftfan freuen. Denn wie viel Dummheit dazugehört, wenige Meter vom Rhein, einer bekannten und berüchtigten Erdbebenspalte, ein Atomkraftwerk zu bauen, ist kaum in Worte zu fassen.

Ich ließ Lichter Kopf und Aussichtsturm hinter mir und ging bergab Richtung Koblenz. Hier läuft man mitten durch die Stadt zum Rhein und dann weiter am Ufer entlang. Das muss man sich mal vorstellen: Statt der Rheinsteig-typischen Achterbahn, geht man relaxed am Fluss aller Flüsse. Die Festung Ehrenbreitstein kam immer näher, und ich beschloss, mir den Aufstieg zu schenken – es war immer noch ein »Jour sans« – und ganz gemütlich mit dem Sessellift hoch zu fahren.

Im Innenhof der preußischen Festung befindet sich ein wunderschöner Biergarten. Und von hier hatte ich nun wirklich eine tolle Aussicht auf Koblenz und das Deutsche Eck, wo Mosel und Rhein aufeinandertreffen. Daher stammt auch der Name der Stadt, denn aus der Bezeichnung »confluentes« für die beiden zusammenfließenden Flüsse wurde Coblenz. Coblenz, nicht Koblenz. Fast alle deutschen Städte, die heute mit »K« geschrieben werden, begannen vor hundert Jahren noch mit einem »C«: Cassel, Coblenz, Crefeld, Cleve, Cöln. Das »C« hat sich bei nur wenigen deutschen Städten durchgesetzt: Cottbus, Coburg und Colmar. Schade eigentlich. Ich habe mir nun angewöhnt, auf amtlichen Formularen und als Absender nur noch Cöln zu schreiben.

Ich sah mir noch einen fantastischen Sonnenuntergang über Coblenz an und fuhr dann mit dem Zug zurück nach Cöln. Auch während mehrtägiger Wanderungen auf dem Rheinsteig schlafe ich meist zu Hause. Das liegt an meinem Rheinbrohl-Trauma. Dorthin war ich auf dem Rheinsteig gewandert und suchte an einem Abend im Spätsommer, es dunkelte schon, nach einem Bett. In der ersten Gaststätte bedauerte man, das Schild mit den Gästezimmern noch nicht abgeschraubt zu haben. Das könnte irreführend sein, denn man habe jetzt keine Gästezimmer mehr. Ich solle es mal im Hubertushof versuchen. Schon auf dem Weg dorthin kamen mir wankende Gestalten mit weinlaubumkränzten Häuptern entgegen – anscheinend hatte man ein bacchantisches Lustspiel angeschaut. Im Hubertushof gab es kein Bett, aber tief empfundene Worte des Bedauerns: »Sie armer, armer Mensch, ob Sie noch etwas finden?« Ich versuchte es noch hier und dort, alles ohne Erfolg. Schließlich sah ich ein Etablissement in der dunkelsten Ecke des Marktplatzes von Rheinbrohl. Warum mir diese Schenke vorher nicht empfohlen worden war, sah ich beim Näherkommen – eine richtige Kaschemme, aber was solls, sie hatten Fremdenzimmer. Als ich hereinkam, kümmerte sich der Wirt minutenlang nicht um mich, weil er – ich kenne das nur aus Filmen – in einem unbeleuchteten Hinterzimmer irgendwelche wahrscheinlich hoch seriösen Geschäfte abwickelte. Ich wollte gar nicht wissen, um was es sich da handelte, ich wollte nur ein Fremdenzimmer, denn ich war fremd in Rheinbrohl: »Keine Chance«, kam es knapp zurück, »Kegelsaison im Nachbarort, alles voll.« Kegelsaison, so, so. Das war also ein »Jour sans«, ein Tag ohne Fremdenzimmer. Also hastete ich zum Bahnhof und bekam noch den letzten Zug zum Heimatzimmer. In Cöln am Rhein